KB270850

경제신문이 무지무지 재밌어지는
시사경제 포인트 따라잡기

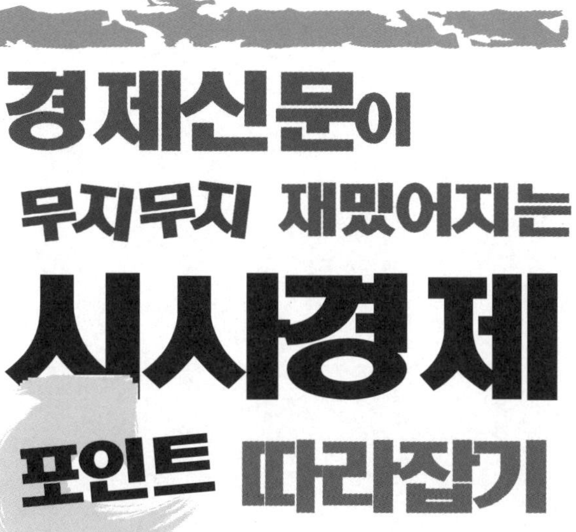

경제신문이
무지무지 재밌어지는

시사경제

포인트 따라잡기

김영권 지음

굿인포메이션

경제기사 재밌게 읽을 수 있다

경제기사가 어렵고 재미없는 이유

경제기사는 어렵다. 독자들이 읽기에만 어려운 게 아니다. 기자가 쓰기에도 어렵다.

왜 그럴까. 경제기사는 사건·사고나 사람을 다룬 내용이 아니기 때문이다. 사회부 기자들이 쓰는 사건기사에는 대개 사건이 벌어진 현장이 있다. 그래서 누가 언제 무엇을 어떻게 왜 했는지 하나하나 짚어가며 쓸 수 있다. 현장에서 취재하다 보면 남들보다 사건에 대해 많이 알게 된다. 그래서 사건의 배경과 의미도 확실하게 전달할 수 있다. 사건에서 느끼는 감상도 분명해진다. 정확한 기사와 날카로운 해설, 독자들의 심금을 울리는 칼럼은 기자가 사건이나 사고가 벌어진 상황을 '장악'할 수 있을 때 가능하다.

쉬지 않고 와글와글 대는 정치권의 이야기를 다룬 정치기사에도 현장이 있다. 주인공도 분명하다. 누구는 무슨 꿍꿍이에 무슨 말을 하고, 또다른 누구는 뭐라고 대꾸하는지 잘 드러난다. 말을 하지 않더라도 정치인들의 속셈과 대의명분, 이해득실을 따져볼 수 있다. 정치권력이 막강하기에 정치게임은 중요한 기사거리다. 정치기사는 재미도 있다. 정치권에서 벌어지는 사건 중에는 황당하고 희한한 게 얼마나 많은가?

스포츠기사나 연예기사가 재미있는 이유도 사건[경기]과 주인공[스타]이 분명하기 때문이다. 그런데 경제기사에는 대부분 현장이 없다. 스타도, 희한한 것도 별로 없다. 모든 사람들이 매일매일 돈을 벌고 쓰는 경제생활을 하고 있는데 정작 경제기사에서는 경제현장을 찾아보기 힘들다.

예컨대 성장률이 높아지고, 실업률이 떨어졌다는 기사에는 정해진 현장이 없다. 산업생산이 늘고, 소비가 살아나고 있다는 기사에도 딱 떨어지는 현장이 없다. 공장과 백화점 등이 현장이지만 경제기사에 구체적으로 지정된 공장이나 백화점의 이야기가 나오지는 않는다. 주가가 오르고 금리와 환율이 내렸다는 기사에는 사람 얘기가 전혀 없다.

대신 찬찬히 들여다보지 않으면 알 수 없는 복잡한 개념들이 많다. 이런 기사는 쉽게 쓰기 어렵다. 재미있게 쓰기는 더 어렵다. 그러니까 독자들도 경제기사가 어렵고 재미없는 것이다.

'원－엔 환율이 1% 떨어졌다'는 기사를 '한국이 일본과 축구경기를 해서 1대0으로 이겼다'는 기사처럼 쉽게 쓸 수는 없다.

경제기사를 읽어야 하는 이유

그래도 경제기사는 읽어야 한다. 왜냐하면 중요하기 때문이다. 우리 생활에 꼭 필요한 정보를 담고 있기 때문이다. 경제기사에는 사건이나 사고가 없는 대신 정보가 있다. 지식사회에서 가치있는 정보는

‘돈’이나 마찬가지다. 경제를 모르고 사업을 하면 위험하다. 정보없이 투자하면 낭패를 당하기 십상이다. 그것은 지도없이 항해하는 것과 똑같다. 세계시장은 동서남북이 하나로 묶이는 대변혁을 겪으면서 이제 ‘거대한 바다’가 되었다. 시시각각 일기가 변하는 그 바다에는 기회와 위험이 공존한다. 바람이 불고 파도가 넘실거린다. 경제를 모르면 격변하는 세계시장에서 파도를 탈 수 없다. 기회를 잡을 수 없다.

경제가 얼마나 중요한지 신문사 조직이나 신문 지면에서도 쉽게 가늠해 볼 수 있다. 1997년말 외환위기 전까지만 해도 신문사에서 취재기자가 가장 많은 부서는 사회부였다. 그 다음은 정치부, 경제부 순. 그래서 기자하면 의례 사회부의 ‘터프가이’ 기자를 떠올리는 사람들이 많았다. 사건 현장을 누비는 민완 기자, 비리를 파헤치고 불의에 대처하는 정의파 기자, 아니면 남을 등쳐 이권을 챙기는 수완 좋은 사이비 기자 등도 모두 사회부 기자와 이미지가 통한다.

그런데 지금은 어느 신문사나 경제부 기자가 사회부, 정치부 기자보다 많다. 신문 지면도 경제면이 제일 많다. 종합지의 경우 정치면이나 사회면은 대개 2~3개 면 정도다. 이에 비해 경제면은 20개 면을 넘는다. 비교가 안 되는 수준으로 경제 지면이 늘어난 것이다. 신문에서 경제기사를 읽지 않으면 그 신문의 절반 내지 3분의1은 보지 않고 버리는 것과 같다.

경제기자가 많아지고 경제지면이 급증한 이유는 너무 분명하다. 그만큼 경제가 중요해졌기 때문이다. 그만큼 경제가 복잡하고 다양해졌기 때문이다. 경제기사는 이처럼 복잡하고 다양한 경제가 지금 어디쯤에 있고, 어디로 가고 있는지를 보여주는 길잡이다.

경제기사를 쉽게 읽으려면

경제기사를 쉽게 읽으려면 자기가 원하는 경제정보부터 찾아 읽는 게 좋다. 자기에게 꼭 필요한 정보가 담긴 경제기사라면 어려워도 읽지 않을 수 없다.

수출업자라면 항상 해외 바이어 동향과 환율 움직임에 관심이 많을 것이다. 반대로 수입업자들은 국내시장 동향이 최대 관심사일 것이다. 창업을 하려는 사람은 어디에 틈새시장이 있는지, 요즘 뜨는 사업이 무언지 바쁘게 정보를 모을 것이다. 주식투자자라면 당연히 어떤 종목이 유망한지 탐색할 것이다. 빚이 많은 사람은 금리가 오르지 않을까 걱정될 것이다. 반대로 연금생활자들은 금리가 자꾸 떨어지는 게 우려될 것이다. 자녀에게 매달 유학경비를 보내는 학부모들은 원화 환율이 얼마나 중요한지 실감하고 그 동향에 관심을 보일 것이다.

자기가 원하는 정보, 자기 이익과 직결되는 정보를 찾아 읽으면 경제기사가 쉽게 다가온다.

눈길이 가는 기사를 찾았으면 그 다음에는 흐름을 해석해 보라. 경제는 흐름이다. 경제기사에는 사건이 없는 대신 흐름이 있다. 사건에는 파격이 있지만 흐름에는 파격이 별로 없다. 그런데도 나중에 보면 어느 순간이 '바닥'이었고, 또 어느 순간은 '상투〔정점〕'였다. 경제기사에서 독자들이 가장 절실하게 찾는 것도 사실은 바닥과 상투에 관한 것이다.

사업하는 사람은 경제기사에서 지금 경기가 어떤지, 향후 경기가 불황으로 갈지 아니면 호황으로 갈지를 알고 싶어한다. 주부들은 장바구니 물가가 오를지 내릴지 궁금해 한다. 복부인은 집값, 땅값이 어떻게 될지 알고 싶어한다. 주식투자자들은 주가가 어디로 튈지 촉각을 곤두세운다. 주식투자를 할 때 가장 좋은 호재는 '바닥'이다. 바닥만큼 확실한 호재는 없다. 반대로 '상투'는 최대 악재이다. 주식투자자가 바닥과 상투를 알 수 있다면 얼마나 좋을까? 바닥에 사서 상투에 판다면 '대박'은 따놓은 것이다. 사업하는 사람에게도 경기의 바닥과 상투는 사업의 성패를 결정하는 양대 변수다.

그러나 어디가 바닥이고, 어디가 상투인지 확실하게 찍어낼 수 있는 공식은 없다. 경제기사에도 확실한 답은 없다. 하지만 경제가 어디로 흐르고 있는지 판단할 수 있는 다양한 정보들이 있다. 독자들은 경제기사에서 경제의 흐름을 읽고, 유익하게 활용하는 법을 익힐 수 있다.

경제기사를 쉽게 읽으려면 숫자와도 친해져야 한다. 경제기사에는 통계가 많다. 그래서 기사가 더 딱딱해 보인다. 숫자에 약하면 경제기사는 지루해진다. 하지만 경제지표들은 경제의 온도를 재는 체온계 같은 것이다. 체온계를 읽을 수 있어야 체온의 변화를 정확히 알 수 있다.

산업생산이 5% 늘고, 재고는 10% 줄었다고 하자. 이때 두 숫자는 물건이 불티나게 팔려나가고 있다는 것을 말해 준다. 경제적으로 성공하려면, 부자가 되려면 '숫자'에 밝아야 한다. 숫자에는 경제의 체온을 알려주는 정보가 함축되어 있기 때문이다.

경제통계는 발표 주기가 있다. 따라서 숫자를 다룬 통계기사도 일정 주기로 반복된다. 이른바 리듬이 있는 것이다. 경제지표는 딱딱해 보이지만 한번 익숙해지면 숫자가 변하는 흐름과 함께 주기적인 리듬을 탈 수 있다.

관심있는 기사를 찾아 읽으면서 그 흐름을 느끼기 시작했다면 경제기사는 더이상 어렵지 않다. 그 다음부터는 관심의 영역을 넓히고, 깊이를 더하는 기사들을 차근차근 챙겨보면 된다. 몇줄의 짧은 기사에 만족할 수 없다면 해설기사를 찾아보고, 그래도 섭섭하다면 경제사설이나 칼럼을 읽어보라. 해설에는 다양하고 복잡한 정보들을 해석하는 방법이 제시되어 있다. 사설이나 칼럼에는 경제정보들을 묶어 더 유용한 지혜로 전환시킬 수 있는 방안이 담겨 있다. 경제 사설과 칼럼의 제목이 눈에 들어온다면 그때는 경제기사도 재미있는 스토리로 여겨질 것이다.

'경제학 박사'가 '경제박사'는 아니다

경제를 쉽게 풀어놓은 책은 많다. 그러나 이런 책을 볼 때마다 경제가 진짜 '어디로 굴러가는지' 앞뒤 맥락을 이어주는 흐름은 빠져있다는 생각이 들었다. 경제학 교과서에도 이런 흐름은 잘 보이지 않았다. 경제이론이나 경제상식을 많이 안다고 반드시 경제에 해박해지는 것은 아니다. 복잡한 경제변수들이 어떤 상관관계를 갖고 있는지 이론적으로 공부한 사람도 현실경제에 어두울 때가 많다. '경제학 박사'가 모두 '경제박사'는 아닌 것이다.

내가 이 책을 쓰기로 한 것도 이런 이유에서 비롯되었다. 경제지식이나 경제상식에 흐름이란 현실경제의 살을 붙이려는 게 이 책의 취지다. 지난 1989년부터 14년 동안 줄곧 경제부 기자를 하면서 보고 느끼고 생각했던 것들도 이 책에 담으려고 노력했다. 때문에 이 책은 경제이슈와 경제용어를 많이 다루었지만 흐름이 있다는 점에서 기존의 경제 입문서들과 다르고, 경제이론을 전문적으로 다룬 경제학 교과서와도 다르다. 경제학 교과서나 경제상식을 다룬 책들을 열심히 읽어도, 경제기사를 부지런히 챙겨 읽어도 무언가 빠진 것 같다고 느꼈던 독자라면 이 책에서 부족한 부분을 채울 수 있을 것이다.

이 책은 핵심 경제이슈 가운데 선별한 50개 아이템을 주축으로 구성되어 있다. 50개 아이템은 크게 ▷기업〔재벌, 바꿔! 바꿔!〕 ▷금융〔금융빅뱅의 회오리〕 ▷증권[머니게임 열풍] ▷거시경제〔한국경제 흐름타기〕 등 4대 부문에서 뽑은 것이다. 각 아이템에는 적게는 2~3개, 많게는 10개 가량의 시사경제용어가 경제이슈의 흐름과 함께 엮여 있다. 그래서 이 책을 잘 읽다 보면 300여 개의 시사경제 상식을 현장감 있는 경제지식으로 바꿀 수 있을 것이다.

이 책을 쓰는 동안 격려와 도움을 아끼지 않은 분들이 정말 많았다. 그분들께 진심으로 고마움을 전한다.

2002년 9월
김영권

■ 차례

1부 재벌, 바꿔! 바꿔!

1 산업지도를 뒤흔든 빅딜   P.27

빅딜은 한국판 '비즈니스 스왑 | 최초의 빅딜 시나리오-3각 빅딜 | 빅딜 대신 사업구조조정으로 응수한 재계 | 실체를 드러낸 첫 빅딜-현대·LG의 반도체 통합 | 7개월간의 해프닝-삼성자동차·대우전자 빅딜

2 30대 재벌이 싫다 - 대규모 기업집단 지정제도 폐지 논쟁   P.36

정부가 인증한 재벌-의무만 많아진다 | 대규모 기업집단 지정제도 | 재벌 지정제도 폐지 공방 | 달라진 대규모 기업집단제도

3 누이와 매부만 좋다 - 부당 내부거래   P.43

누이와 매부만 좋은 부당 내부거래 | 부당 내부거래와의 전면전 | 부당 내부거래 천태만상

4 문어발 자르기 - 출자총액제한 공방   P.49

상호출자와 순환출자의 마술 | 문어발식 사업확장을 막는 출자총액제한 제도 | 출자총액제한 제도 폐지 공방

5 빚더미 경영 바로잡기 - 부채비율 200% 룰   P.55

부채비율이란 | 부채비율과 자기자본비율은 동전의 양면 | 부채비율은 '빚더미 경영'의 바로미터 | 부채비율 200% 감축 논란

6 동반부실, 연쇄도산의 고리 - 상호지급보증   P.62

빚사슬 만들기 | 빚사슬 해체 공방

7 재벌들의 종합성적표 - 결합재무제표   P.66

장부도 여러가지 | 결합재무제표와 연결재무제표 | 결합재무제표 도입 공방 | 결합재무제표, 뚜껑을 열어보니

2부 금융빅뱅의 회오리

3부 머니게임 열풍

4부 한국경제 호롤타기

시사용어로 찾아보기

1부 재벌, 바꿔! 바꿔!

1부 재벌, 바꿔! 바꿔!

1997년 11월. 우리나라는 외환위기의 거대한 격랑속으로 휩쓸려 들어가고 있었다. 그러던 어느날 우리가 IMF에 '구제금융'을 신청하기로 했다는 소식이 들렸다. 그때 기분이 지금도 생생하다. 일단 자존심이 상했다. 국민소득이 1만 달러를 넘고, OECD에 가입해 선진국 문턱에 다가선 나라가 무슨 망신인가. 좀더 버티지 아쉽게 손을 벌리나. 그러고 보면 우리는 정말 '범국민적 착각'에 빠졌던 게 확실하다. 그 착각의 대가는 참혹했다. 그 당시 필자는 재계를 출입하고 있었다. 산업계는 순식간에 초토화됐다. 금리는 30%를 넘는 살인적인 수준으로 치솟았다. 달러당 850원 정도이던 환율은 달러당 2,000원 선으로 급등했다. 기업들은 줄줄이 나가떨어졌다. 그리고 거리에는 실업자가 넘쳤다.

'재벌, 바꿔! 바꿔!'는 IMF 사태가 재계에 몰고온 변혁의 태풍을 주제로 한 것이다. 기업들은 '변하지 않으면 살 수 없다'는 냉엄한 현실에서 한발짝도 비켜설 수 없었다. 하지만 어떻게 변해야 하는지, 어떤 방법으로 변해야 하는지에 대해서는 논란이 많았다. 혼선도, 실

수도 많았다. 오죽했으면 재벌들에게 '그룹'이란 말을 쓰지 못하게 하는 정책까지 나왔을까.

빅딜, 부채비율 '200% 룰', 부당 내부거래 조사 파문, 출자총액제한 공방, 결합재무제표 작성 논란 등등 각각의 주제에는 상당히 많은 사건과 사연들이 얽혀 있다. 이 이슈들은 우리나라 핵심 산업정책의 흐름과 골격을 이해할 수 있는 열쇠이기도 하다.

이 중 상호지급보증 규제처럼 성공을 거둔 정책도 있다. 법정관리 · 화의 · 워크아웃 등 복잡한 과정을 거쳐 '도산3법' 통합으로 결실을 맺어가는 경우도 있다. 반면 빅딜처럼 실패로 끝난 정책도 있다. 어떤 경우든 이 이슈들은 지금도 재계의 화두로서 한국 기업들의 어제와 오늘을 규정하고 있다.

1 산업지도를 뒤흔든 빅딜

빅딜 | 비즈니스 스왑 | 3각 빅딜 | 사업구조조정 | 반도체 빅딜 | 삼성자동차 · 대우전자 빅딜

빅딜은 한국판 '비즈니스 스왑'

'빅딜'은 재벌그룹간 대규모 사업교환을 뜻한다. 즉 대형사업〔Big Bussiness〕을 서로 맞바꾸는 거래〔Deal〕다. 보다 정확한 용어는 '비즈니스 스왑〔Bussiness Swap〕'. 한국식 조어이기 때문에 외국사람들은 빅딜이라고 하면 모르기 십상이다.

빅딜이 비즈니스 스왑을 지칭하는 뜻으로 언론에 등장한 때는 환란과 정권교체기가 겹쳤던 1997년말쯤이다. 당시 IMF 사태를 계기로 재벌그룹들의 과잉 · 중복투자 문제가 심각한 현안으로 부각되자 이를 해결할 수 있는 묘안 중의 하나로 거론되기 시작했다.

국내에서 빅딜의 필요성을 공식적으로 처음 언급한 사람은 김원

길 민주당 의원이다. 그는 국민회의 정책위원회 의장이던 1998년 1월 21일 "재벌들이 주력기업을 강화하고 기업간 빅딜을 자율적으로 추진해야 한다"고 운을 뗐다.

그러나 빅딜을 보다 체계적으로 검토한 보고서는 포항제철 계열의 경제연구소인 포스코 경영연구소[포스리]에서 나왔다. 포스리는 1998년 1월 24일자 〈빅딜관련 의견〉이란 대외비 보고서에서 업종전문화를 통한 국제경쟁력 제고, 중복과잉투자 해소, 해외투자자 신뢰회복, 노사정 합의 조기도출 등을 위해 재벌간 빅딜이 필요하다며 5대 재벌간 '빅딜 가상도'를 제시했다.

포스리는 이 가상도에서 반도체 · 전자[업계1위 삼성], 정보통신[SK], 자동차[현대], 건설[현대], 조선[현대], 석유화학[LG], 금융[삼성] 등 7개 업종별로 5대 그룹의 경쟁력 순위를 매기고 이를 근거로 서로 핵심역량을 몰아주는 시나리오를 제시했다. 그룹별 경쟁력을 판단하는 기준은 재무구조 건전성, 시장점유율, 수익성, 브랜드이미

〈1-1〉 포스코 경영연구소가 작성한 5대 그룹간 빅딜 가상도

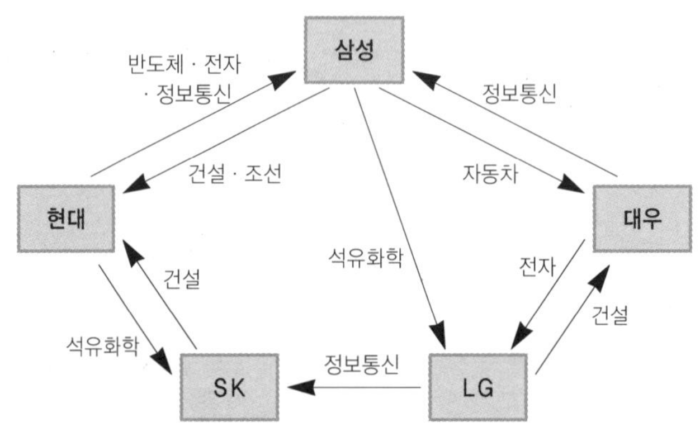

지, 핵심기술 등 5가지.

포스리가 만든 빅딜 가상도의 골격은 ▷현대가 삼성에 반도체 · 전자 · 정보통신을 주고 삼성에서 건설과 조선을 받는다 ▷삼성은 LG에 석유화학을, 대우에 자동차를 각각 주고 대우에서 정보통신을 받는다 ▷LG는 대우에 건설을, SK에 정보통신을 주고 대우에서 전자를 받는다 ▷SK는 현대에 건설을 주고 석유화학을 받는다는 매우 복잡한 5각 구도로 짜여져 있다.

포스리가 이 보고서를 만든 때는 김원길 국민회의 정책위원회 의장이 재벌간 빅딜을 강력히 촉구하고 나섰던 때와 일치한다. 따라서 포스리 시나리오는 '포철사단'을 이끌던 박태준 당시 자민련 총재를 통해 여권에 전달되었고, 이후 3대 재벌간 '3각 빅딜'로 보다 단순화되었다는 게 정설이다. 빅딜은 재계나 정부 경제부처에서 나온 아이디어가 아니라 정치권에서 나와 경제계로 흘러든 용어인 것이다.

최초의 빅딜 시나리오—3각 빅딜

정치권과 정부가 가장 유력하게 검토했던 최초의 빅딜 시나리오는 삼성 · 현대 · LG 등 3대 그룹을 대상으로 한 '3각 빅딜'이다. 즉 ▷삼성은 현대에 자동차를 주고 ▷현대는 석유화학을 LG에 ▷LG는 반도체를 삼성에 각각 주도록 한다는 것이다.

이런 극적인 3각 빅딜은 청와대의 강력한 압력에 따라 거의 타결 직전까지 갔다. 1998년 6월 10일 김중권 당시 청와대 비서실장은 "빠른 시일 안에 기업 쪽에서 빅딜 발표를 할 것"이라고 말해 재계를 발칵 뒤집어놓았다. 그러나 바로 일주일 뒤 김대중 대통령은 "대기업 한 곳이 약속을 어기고 빅딜을 거부하고 있다"며 불쾌함을 표시했

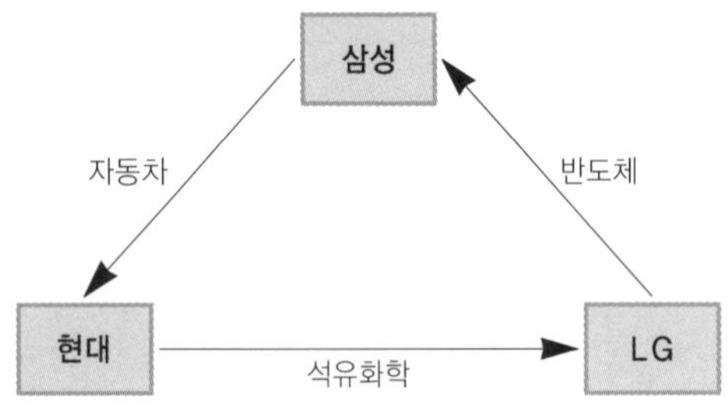

다. 무언가 일이 잘못된 것이다.

대통령이 지목한 빅딜 거부기업은 LG였다는 게 지배적인 관측이다. 구본무 LG그룹 회장이 LG반도체를 넘기겠다고 했다가 나중에 이를 번복했다는 것이다. 3각 빅딜이 불발한 이후 요란한 빅딜은 점점 미궁으로 빠져든다.

빅딜 대신 사업구조조정으로 응수한 재계

정부가 아무리 빅딜을 강요해도 재계는 쉽게 움직이지 않았다. 강압적인 빅딜을 원치 않던 재벌들은 궁리 끝에 빅딜 대신 '사업구조조정'에서 돌파구를 찾는다.

1998년 8월 4일 박태영 당시 산업자원부 장관은 10개 중복투자 업종을 선별했으며 구체적인 해결책을 강구하겠다고 김대중 대통령에게 보고했다. 이때 선별된 업종은 자동차, 반도체, 철강, 석유화학, 조선, 발전설비, 항공기, 철도차량, 시멘트 등 우리나라의 핵심산업이 거의 망라돼 있다.

그러나 손병두 전국경제인연합회 부회장은 "산자부가 우리가 애써 만든 작품을 마치 자기 작품인 양 발표해 생색을 내고 있다"며 불쾌함을 감추지 않았다. 10개 업종을 골라 사업구조조정이란 새로운 방식으로 중복투자 문제를 풀려는 아이디어 자체가 전경련과 5대 재벌의 작품이었던 것이다.

이들의 암중모색은 3주 뒤인 1998년 9월 3일 공식 발표된다. 손병두 부회장과 5대 그룹 구조조정본부장은 여의도 전경련회관에서 기자회견을 갖고 "7개 업종의 구조조정안을 마련해 관련기업간 양해각서를 교환했다"고 발표했다. 이때 손 부회장이 공개한 구조조정 방법은 인수합병, 단일법인 설립, 사업양도·이관 등이다. 이 때문에 그는 "빅딜이란 말보다는 사업구조조정이란 말이 더 정확하다"며 "앞으로는 언론에서도 정확한 말을 사용해 달라"고 주문했다.

5대 그룹 사업구조조정의 대상이 된 7개 업종은 반도체, 석유화

〈1-3〉 7개 업종 사업구조조정 내용

업종	사업구조조정 내용	구조조정 이후
반도체	현대전자가 LG반도체 인수	하이닉스반도체 출범과 경영위기
정유	현대정유가 한화에너지 인수	
철도차량	현대·대우·한진중공업 등 3사 철도차량 부문 통합. 한국철도차량 출범	현대자동차에서 한국철도차량 인수. 로템으로 사명변경
항공기	대우중공업 항공부문·삼성항공·현대우주항공 통합. 한국우주항공 출범	대한항공 항공사업부문·한국우주항공에 동참 추진
발전설비	현대·삼성중공업 관련부문을 한국중공업으로 이관	두산에서 한국중공업 인수 → 두산중공업으로 사명 변경
선박용 엔진	한국중공업 중심으로 삼성·대우중공업 관련 부문 통합. HSD선박엔진 출범	
석유화학	대산단지 내 현대석유화학과 삼성종합화학 통합	통합 무산

학, 항공, 철도차량, 정유, 발전설비, 선박용 엔진 등이다. 이 중 ▷반도체는 현대전자와 LG반도체의 합병 ▷석유화학은 대산단지의 현대석유화학과 삼성종합화학의 통합 ▷항공업종은 삼성항공, 대우중공업 항공사업본부, 현대우주항공 등 3사의 통합 ▷철도차량은 현대정공, 대우중공업, 한진중공업 3사의 관련사업 통합 ▷정유는 현대정유의 한화에너지 인수 ▷선박용 엔진은 삼성중공업의 관련부문을 한국중공업으로 이관 ▷발전설비업종은 삼성중공업과 현대중공업의 관련부문을 한국중공업으로 이관 등이 핵심내용이다.

전경련은 이후 석유화학, 화학섬유, 면방, 시멘트, 농기계, 전기로, 제지 등 7개 업종을 다시 골라 2001년부터 2차 사업구조조정 작업을 벌이고 있다.

실체를 드러낸 첫 빅딜–현대·LG의 반도체 통합

전경련과 5대 그룹이 발표한 주요업종 사업구조조정은 과잉·중복투자 문제를 해결하는 방안이란 점에서 빅딜과 같은 효과를 겨냥하고 있다. 그러나 차이점도 많다. 사업구조조정은 같은 업종 내에서 합병이나 관련사업 통합 등을 통해 중복업체 수를 줄이는 방식이다. 반면 빅딜은 자동차와 전자를 맞바꾸는 것처럼 다른 업종간 사업교환을 핵심으로 한다.

이런 의미에서 반도체 통합은 빅딜이 아니다. 하지만 그 의미와 규모 면에서 DJ정부 최대의 빅딜로 인정받았다. 현대전자〔세계시장점유율 3위〕와 LG반도체〔6위〕는 합병을 통해 삼성전자에 이어 세계 2위의 메모리반도체 업체로 거듭나게 된다.

'반도체 빅딜'은 물론 쉬운 일이 아니었다. 현대와 LG는 반도체 통합원칙을 처음으로 공식 발표한 1998년 9월 3일 당일에도 치열한 세다툼을 벌였다. 이에 따라 공식 발표문안도 "현대전자와 LG반도체는 일원화를 위해 지분비율을 계속 논의하기로 한다"는 식으로 매우 애매하게 나왔다. 원래는 "일원화하여 운영하되 지분비율은 계속 논의한다"였으나 LG 측에서 발표 직전에 자구수정을 요구하는 바람에 엉성하게 고쳐진 것이다.

반도체 통합협상에서 가장 어려운 쟁점은 역시 누가 경영권을 차지하느냐는 것이었다. 이에 대해 현대는 7대3 지분을, LG는 5대5의 공동지분을 주장하면서 팽팽하게 맞섰다.

이 문제를 풀기 위해 결국 미국의 컨설팅기관인 아더 D. 리틀〔ADL〕이 양사의 우열을 가리는 평가기관으로 개입했다. ADL의 최종 결론은 현대가 LG보다 낫다는 것. ADL은 1998년 12월 25일 고심 끝에 "현대가 우세하다"며 현대의 손을 들어주었다. 그러나 LG 측은 즉각 '부당한 평가'라며 "ADL을 명예훼손으로 제소하겠다"고 맞섰다. LG가 평가결과에 승복하지 않자 은행들은 금융감독위원회의 지시에 따라 LG반도체에 대해 신규대출을 중단하는 금융제재에 나섰다. 이런 파행은 1998년말까지 지속되었다.

하지만 LG가 장기간 정부에 정면으로 맞서기는 불가능했다. 구본무 LG그룹 회장은 결국 1999년 1월 6일 김대중 대통령을 방문해 'LG반도체를 포기하고 현대에 넘기겠다"는 뜻을 밝혔다. 5대5 지분도, 7대3 지분도 아니라 아예 LG반도체 지분 전체를 현대에 넘기기로 한 것이다. 구 회장은 이날 회사로 돌아와 임원들에게 "반도체를 지키지 못해 미안하다"며 눈물을 흘렸다.

반대로 전통의 LG를 누른 현대는 쾌재를 불렀다. 현대의 뚝심은 역시 대단했다. 그러나 그것은 과욕이었다. 2001년 들어 D램 반도체 가격이 걷잡을 수 없이 폭락하자 11조원의 부채를 떠안고 있던 하이 닉스반도체〔현대반도체와 LG반도체의 통합법인〕는 심각한 경영위기에 직면했다. 2000년말 하이닉스의 부채비율은 186%였다. 반면 라이벌 인 삼성전자는 66.1%, 미국 마이크론은 46.6%, 독일 인피니온은 52.4%에 불과했다. 영업이익으로 금융비용을 충당할 수 있는 능력인 이자보상배율은 인피니온이 242.0배, 삼성전자가 31.3배, 마이크론이 20.3배였으나 하이닉스는 1.4배밖에 안되었다. 이런 상태에서 '버티 기 경쟁'의 승패는 분명했다. 하이닉스는 결국 한국경제의 '부실뇌 관'으로 전락하였다. 그리고 빅딜정책의 꽃인 '반도체 빅딜'은 실패 로 끝났다.

7개월간의 해프닝—삼성자동차 · 대우전자 빅딜

1998년 12월초, 현대와 LG가 반도체 통합협상 문제로 극심한 진 통을 겪고 있을 때 또 하나의 빅딜안이 수면 위로 떠올랐다. 삼성과 대우가 삼성자동차〔현 삼성르노자동차〕와 대우전자를 맞바꾸는 빅딜 을 하기로 한 것이다. 이는 재벌들이 서로 다른 업종의 대형사업을 주고받는 완벽한 형태의 빅딜이었다.

1998년 12월 2일, 강봉균 당시 청와대 경제수석은 "삼성자동차가 비슷한 규모의 부채가 있는 회사와 교환될 것으로 보인다"며 빅딜 추진사실을 처음으로 공개했다. 이렇게 중요한 경영기밀이 청와대 쪽에서 먼저 흘러나온 게 예사롭지 않았다. 아니나 다를까. 삼성과 대우는 며칠 뒤 청와대에서 열린 정재계 간담회에서 자동차 - 전자 빅딜추진에 공식 합의했다. 이어 1개월 뒤에는 김대중 대통령이 이

건희 삼성회장과 김우중 대우회장을 잇따라 만나 조기타결을 종용하
는 등 빅딜협상은 급류를 타는 듯했다.

하지만 최종 결과는 완전 실패였다. '삼성 - 대우 빅딜'은 7개월
동안 국력만 낭비하다가 무산되고 말았다. 빅딜안이 나오자마자 삼
성자동차와 대우전자 노조는 파업에 돌입했고, 협상은 난항에 빠졌
다. 대우전자는 끝끝내 독자생존을 고집했다. 삼성도 대우전자 인수
에 별로 애착이 없었다. 정부는 이 빅딜에 부정적인 입장을 밝힌 배
순훈 정보통신부 장관을 전격 경질하고, 빅딜 실무작업을 담당하던
임내규 당시 자본재산업국장을 무역조사실장으로 좌천시켰다. 와중
에 대우전자를 독립법인으로 키워나가겠다는 이메일을 사원들에게
보냈던 전주범 대우전자 사장까지 물을 먹고 물러났다. "반대란 있
을 수 없다"는 식의 공포 분위기였던 것이다.

그래도 당사자들이 싫다는 데는 정부도 어쩔 도리가 없었다. 1999
년 6월 30일 삼성은 빅딜 백지화를 공식 선언했다. 아울러 자동차사
업도 포기하겠다고 밝혔다. 이건희 회장은 삼성자동차의 부채처리와
납품업체 보상용으로 보유중인 삼성생명 주식 400만 주를 내놓았다.
이것으로 삼성의 자동차사업 진출 드라마는 막을 내렸다. 그리고 보
름 뒤 대우그룹은 극심한 자금난을 버티지 못하고 두손을 들었다. 이
른바 '대우사태'가 터진 것이다.

2 30대 재벌이 싫다
– 대규모 기업집단 지정제도 폐지 논쟁

대규모 기업집단 지정제도 | 출자총액제한 | 상호출자 | 상호지급보증 | 재벌
개혁 5＋3원칙

정부가 인증한 재벌–의무만 많아진다

매년 4월 2일자 신문에 큼지막하게 나오는 기사가 있다. 우리나라
를 대표하는 재벌〔대규모 기업집단〕이 누구이고, 이들의 자산과 부채
는 얼마인지, 또 이들이 얼마나 많은 계열사를 거느리고 있는지 소상
하게 밝히는 공정거래위원회의 기사가 그것이다. 이들이야말로 정부
가 인정한 한국의 간판기업인 셈이다.

그런데 정부로부터 재벌 인증을 받은 그룹들은 전혀 즐거운 표정
이 아니다. 공정위가 지정한 재벌이 되면 이런저런 제약이 무척 많기
때문이다. 예컨대 공정위는 2001년까지 총자산규모를 기준으로 30대
재벌을 지정했다. 이 과정에서 30대 재벌이 된 그룹들은 계열사간 상

36

호출자와 맞보증[상호지급보증]이 금지되었고, 다른 기업에 대한 투자도 제한[출자총액제한]을 받았다. 계열사간 내부거래도 감시가 엄격해졌다. 계열 증권사나 보험사 등 금융회사들은 자신이 보유한 계열사 주식에 대해 마음대로 의결권을 행사할 수도 없었다. 이뿐만이 아니다. 공정거래법상 규제는 아니지만 부채비율을 200% 밑으로 낮춰야 했고, 전계열사의 경영실적을 하나로 묶은 결합재무제표도 작성해야 했다.

여론의 눈총도 매우 따가웠다. 공정위는 물론이고 금융감독원과 증권거래소까지 수시로 30대 재벌의 경영상태나 대주주 지분상황을 체크해 발표했다. 참여연대 등 시민단체들 또한 30대 재벌들이 부당행위를 하지 않는지 감시의 눈길을 놓지 않았다.

이런 형국이니 한국을 대표하는 재벌이라고 반드시 좋을 리만은 없다. 재벌들이 틈만 나면 세계에서 유례없는 대규모 기업집단 지정제도를 없애야 한다고 목소리를 높이는 이유도 여기에 있다.

대규모 기업집단 지정제도

우리나라에서 대규모 기업집단을 처음 지정한 것은 1987년이다.

〈2-1〉 대규모 기업집단 지정현황

(단위 : 개)

구분	2002년		2001년
	출자총액제한 기업집단	상호출자제한 기업집단	30대 기업집단
기업집단	19 (7)	43 (9)	30
계열사 수	356 (35)	704 (39)	624

※ ( ) 안은 공기업

공정위는 1986년 '대규모 기업집단 지정제도'를 도입하고 이듬해 4월 32개 그룹[509개 계열사]을 지정했다. 당시는 자산총액이 4,000억 원 이상인 그룹이 대상이었다. 이 제도는 이후 대기업들의 덩치가 계속 불어나면서 지정대상 그룹까지 따라서 늘어나는 곤란한 문제에 직면하게 된다. 1992년에는 무려 78개 그룹에 1,056개 계열사가 대규모 기업집단으로 지정되었을 정도였다.

공정위는 결국 1993년 자산총액 합계액 순위가 30위 안에 드는 재벌로 지정대상을 좁혔다. 2001년에는 공기업도 민간기업과 경쟁하고 있을 경우 자산규모를 따져 30대 재벌에 지정하려고 했으나 불발에 그쳤다. 공정위는 한국전력 등 30대 재벌이 될 만한 공기업 후보들이 대부분 민영화 작업을 진행중인 만큼 그 결과를 보고 지정여부를 다시 검토하겠다며 막판에 방침을 바꾸었다.

재벌 지정제도 폐지 공방

대규모 기업집단 지정제도를 둘러싸고 공정위와 재벌들은 끊임없는 공방을 벌여왔다. 재벌들은 대규모 기업집단을 지정해 규제하는 나라는 한국밖에 없다면서 대기업의 경영의욕을 꺾고 다양한 투자활동을 가로막는 과잉규제를 없애야 한다고 주장했다. 이에 대해 공정위는 문어발식 기업복합체인 재벌이란 것이 한국밖에 없기 때문에 대규모 기업집단 지정제도도 한국에만 있는 것이라고 반박했다. 공정위는 재벌체제가 남아 있는 한 대규모 기업집단 지정제도는 불가피하다는 입장을 강력히 고수했다.

그러나 IMF 사태 이후 재벌들은 많은 변화를 겪는다. '대마불사[大馬不死]'의 신화가 무너지면서 적지 않은 재벌들이 도산했다. 살아남은 재벌들에게도 개혁의 태풍이 몰아닥쳤다. 정부는 이른바 '5＋3 원칙'〔김대중 정부 초기 재벌개혁의 원칙을 5가지로 제시하고, 이후 3가지를 추가해 이를 '5＋3 원칙'으로 제시〕에 입각해 재벌들의 무분별한 차입경영과 문어발식 사업확장, 오너의 경영전횡을 막는 제도를 잇따라 도입했다. 상·하위 재벌간 격차도 갈수록 벌어져 30대 재벌이라고 해도 모두 똑같은 잣대로 규제하기가 곤란해졌다. 2001년 4월 1일 재계 1위인 삼성의 총자산은 70조원이었지만 30위인 고합은 2조5,000억원에 불과했다. 삼성의 자산이 고합보다 무려 28배나 많은 것이다. 또 4대 재벌의 총자산은 223조원으로 30대 전체 438조원의 50.9%에 달했다.

이에 따라 정부는 2001년 8월 '여·야·정 정책포럼'에서 기업집

〈2-2〉 출자총액제한 기업집단(자산규모 5조원 이상 19개)

(2002년 4월 1일 현재 기준, 단위 : 개, 10억원)

집단명	계열사 수	자산총액	집단명	계열사 수	자산총액
한국전력공사	14 (−)	90,889 (−)	현대	12 (26)	11,784 (53,632)
삼성	63 (64)	72,351 (69,873)	금호	15 (17)	10,608 (11,606)
LG	51 (43)	54,484 (51,965)	현대중공업	5 (−)	10,323 (−)
SK	62 (54)	46,754 (47,379)	한화	26 (25)	9,892 (11,496)
현대자동차	25 (16)	41,266 (36,136)	한국수자원공사	2 (−)	9,521 (−)
KT	9 (−)	32,617 (−)	한국가스공사	2 (−)	9,134 (−)
한국도로공사	4 (−)	26,353 (−)	두산	18 (18)	8,988 (11,192)
한진	21 (19)	21,596 (21,307)	동부	21 (19)	6,083 (5,831)
한국토지공사	2 (−)	14,915 (−)	현대정유	2 (2)	5,884 (7,243)
대한주택공사	2 (−)	14,493 (−)	합계	356(303)	497,935 (327,660)

※ ( ) 안은 2001년 4월 2일 지정시 수치임
　부채비율 100% 미만인 롯데와 포항제철 제외

단 지정기준을 자산순위에서 과거처럼 자산규모로 다시 돌리고, 지정대상 수를 줄이기로 결정했다. 자산기준을 높여 이에 해당하는 그룹의 수를 줄이기로 한 것이다. 이와 관련해 공정거래위원회는 자산규모 3조원 선을 제시했다. 이 경우 2001년 4월 1일 자산기준으로 24대인 신세계그룹까지 대규모 기업집단이 된다. 반면 재정경제부는 10조원으로 정해 11대 그룹인 두산까지만 포함시키자고 맞섰다. 두 부처는 이후 4개월 가까이 옥신각신하며 실랑이를 벌이다가 2001년 11월 마침내 절충안을 만들게 된다.

달라진 대규모 기업집단제도

재정경제부와 공정거래위원회의 타협과 공정거래법 개정에 따라 2002년 4월부터는 대규모 기업집단제도도 많이 달라지게 되었다.

우선 자산순위에 따라 일률적으로 정하던 30대 기업집단 지정제도는 폐지되었다. 대신 30대 재벌에 한해 적용하던 핵심규제인 '상호출자'와 '상호지급보증' 금지는 자산규모 2조원 이상인 기업집단으로 대상을 늘렸다. 덩치가 커도 30대 그룹으로 지정하지 않았던 공기업도 대상에 포함시켰다. 반면 부채비율이 100% 미만인 그룹은 규제대상에서 뺐다. 이에 따라 34개 그룹과 9개 공기업 등 43개 그룹이 상호출자와 맞보증을 못하게 되었다.(☞ '6. 동반부실·연쇄도산의 고리 -상호지급보증' 참조)

대신 '출자총액제한' 대상은 공기업을 포함해 자산규모 5조원 이상인 그룹으로 줄였다. 2002년 4월 1일 기준으로 이같은 기준에 들어간 그룹은 7개 공기업을 포함해 모두 19개다. 정부는 이와 함께 출자총액에 넣지 않는 예외를 확대하고, 무조건 처분토록했던 출자총액

〈2-3〉 상호출자·채무보증 제한 기업집단(자산규모 2조원 이상 43개)

(2002년 4월 1일 현재기준, 단위 : 개, 10억원)

기업집단명	동일인	계열회사수	자산총액	자본총액	부채총액	매출액	당기순이익
한국전력공사	한국전력공사	14	90,889	52,815	38,074	31,218	2,918
삼성	이건희	63	150,797	44,270	106,526	128,739	5,320
LG	구본무	51	70,973	23,135	47,838	79,966	1,627
SK	최태원	62	49,345	19,247	30,098	50,319	1,157
현대자동차	정몽구	25	47,095	17,570	29,525	45,904	2,859
KT	KT	9	32,617	16,169	16,448	16,616	1,528
한국도로공사	한국도로공사	4	26,353	13,149	13,204	2,445	43
한진	조중훈	21	24,285	6,157	18,128	15,231	-751
포항제철	포스코	15	20,835	12,184	8,652	15,893	961
롯데	신격호	32	18,669	10,500	8,170	15,316	710
한국토지공사	한국토지공사	2	15,689	3,314	12,375	3,640	100
대한주택공사	대한주택공사	2	14,493	5,082	9,411	3,510	-326
현대	정몽헌	12	17,328	1,608	15,720	36,517	-1,025
금호	박성용	15	13,238	2,195	11,043	7,777	-750
현대중공업	정몽준	5	10,510	3,291	7,219	8,481	-131
한화	김승연	26	10,511	3,107	7,404	7,820	-732
한국수자원공사	한국수자원공사	2	9,521	7,488	2,034	1,280	102
한국가스공사	한국가스공사	2	9,134	2,566	6,568	7,296	300
두산	박용곤	18	9,012	3,093	5,919	5,990	-11
동부	김준기	21	9,791	2,376	7,415	6,862	9
현대정유	현대정유	2	5,884	628	5,257	10,836	-535
효성	조석래	15	5,213	1,939	3,274	4,455	72
대림	이준용	15	4,985	2,249	2,736	5,234	62
코오롱	이동찬	29	4,704	1,786	2,918	4,073	-3
제일제당	이재현	28	4,842	1,956	2,886	4,900	130
동국제강	장세주	6	4,267	1,812	2,455	2,837	43

기업집단명	동일인	계열회사수	자산총액	자본총액	부채총액	매출액	당기순이익
하나로통신	하나로통신	8	4,201	1,657	2,543	1,038	−269
한솔	이인희	12	5,724	1,313	4,411	2,561	−668
농업기반공사	농업기반공사	2	4,081	1,205	2,876	2,057	6
담배인삼공사	담배인삼공사	2	3,954	2,869	1,084	4,888	363
신세계	이명희	10	3,935	1,388	2,546	6,106	242
동양	현재현	16	11,582	858	10,724	4,517	−395
현대백화점	정몽근	10	3,262	1,368	1,894	3,494	156
현대산업개발	정세영	10	3,032	1,089	1,943	2,753	−100
영풍	장병희	24	2,831	1,347	1,484	2,541	−15
대상	임창욱	12	2,370	913	1,457	1,869	−7
동원	김재철	17	3,171	1,566	1,605	1,797	−106
태광산업	이식진	18	6,209	1,789	4,420	3,386	−182
KCC	정상영	6	2,311	1,296	1,015	1,986	101
동양화학	이회림	19	2,293	969	1,324	1,791	−142
대성	김영대	32	2,126	913	1,213	2,107	39
한국타이어	조양래	6	2,102	1,023	1,079	1,661	28
부영	이남형	4	2,107	266	1,841	743	33
합계		704	746,271	281,515	464,756	568,450	12,761

한도〔순자산의 25%〕 초과분에 대해서도 의결권만 제한하기로 했다.(
☞ '4. 문어발 자르기 – 출자총액제한 공방' 참조)

3 누이와 매부만 좋다
－부당 내부거래

시사용어 포인트

내부거래 | 부당 내부거래 | 공정위 계좌추적권

누이와 매부만 좋은 부당 내부거래

계열사들끼리 주고받는 거래가 '내부거래'다. 이런 거래도 공정하게 한다면 아무 문제가 없다. 그러나 내부거래 중에는 공정하지 못한 게 많다. 이른바 '부당 내부거래'다. 부당 내부거래는 자기들끼리만 잘살자고 하는 거래다. 예컨대 같은 계열사에게만 물건을 싸게 팔았다면 부당 내부거래다. 계열사 형편이 좋지 않다고 이자도 안 받고 돈을 빌려줬다면 역시 부당 내부거래다.

인정상 같은 식구끼리 팔이 안으로 굽는 걸 어떻게 하느냐고 항변하는 사람도 있다. 하지만 이런 거래를 방치하면 부작용이 심각하다. 부실한 재벌 계열사들은 사정 좋은 다른 계열사에서 도와주겠지 하며 책임경영에 소홀하게 된다. 열심히 경영을 해서 흑자를 낸 우량 계열사도 돈이 엉뚱한 곳에 빠져나가면 일할 맛이 안 나게 된다. 잘 못하면 재벌 계열사 전체가 동반부실화될 우려도 있다. 더 억울한 쪽 은 재벌에 속하지 않은 힘없는 기업들이다. 그렇지 않아도 경쟁하기 버거운 상대인데 막후에 버티고 선 식구회사들이 부당지원을 일삼는 다면 도저히 당해낼 재간이 없기 때문이다. 재벌 계열사가 아니면 '왕따'를 당하는 풍토에서는 경제가 제대로 발전할 수 없다.

부당 내부거래와의 전면전

공정거래위원회는 1980년 설립 때부터 재벌들의 부당 내부거래를 법으로 규제해 왔다. 그러나 초기에는 대기업과 중소기업 간 불공정 거래에 초점을 맞추었고, 부당 내부거래를 직접 단속하는 일은 많지 않았다. 더구나 법적인 규제대상이 상품에 국한되어 허점이 많았다. 재벌들의 부당 내부거래는 물건을 사고파는 거래보다는 돈이나 건물 을 빌려주거나 인력을 지원해 주는 형태가 훨씬 많기 때문이다.

공정위가 재벌들의 부당 내부거래와 전면전을 시작한 것은 1997 년부터다. 그해 4월 공정위는 부당 내부거래 단속대상에 자금과 인 력, 자산을 포함시켰다. 이어 7월에는 무엇이 부당 내부거래인가를 일일이 명시한 심사지침을 마련했다. 법적인 그물망을 촘촘하게 짠 것이다. 그리고 4개월 뒤 IMF 사태가 터졌다. IMF는 한국에 재벌개 혁을 요구하면서 투명·공정경쟁을 위해 부당 내부거래를 강력히 단 속해야 한다고 권고했다.

1998년 공정위는 마침내 칼을 뺐다. 공정위는 그해 5~6월 2개월 동안 삼성, 현대, LG, 대우, SK 등 5대 그룹에 대해 대대적인 부당 내부거래조사를 벌였다. 이같은 전면조사는 사상 처음이었다. 그리고 7월에 2차, 다음해 5~6월에 3차 조사를 잇달아 벌였다. 그 결과 5대 그룹에 부과된 과징금이 1차 704억원, 2차 209억원, 3차 790억원 등 무려 1,703억원에 이른다.

타깃은 5대 재벌만이 아니었다. 1998년 10~12월에는 6대 이하 그

〈3-1〉 1998~2000년 공정거래위원회의 부당 내부거래 전면전

(단위 : 억원)

구분		조사기간	지원주체	지원객체	지원성 거래규모	지원금액	과징금액
5대 그룹	1차 5대	1998.5.8~6.20 (44일)	현대중공업 등 80개 사	대한알미늄공업 등 35개 사	40,263	2,244	704
	2차 5대	1998.6.29~7.24 (26일)	현대중공업 등 30개 사	현대리바트 등 18개 사	14,927	546	209
	3차 5대	1999.5.6~7.3 (59일)	현대중공업 등 53개 사	현대증권 등 38개 사	123,327	2,500	790
	4차 4대	2000.8.16~10.14 (53일)	현대증권 등 32개 사	현대건설 등 20개 사	24,638	1,262	442
6대 이하	1차 6대 이하	1998.10.19~12.2 (45일)	동양시멘트 등 35개 사	대원산업 등 45개 사	24,837	693	142
	2차 6대 이하	2000.5.9~6.30 (53일)	금호산업 등 26개 사	금호개발 등 34개 사	39,577	499	161
	계열분리 회사	1999.11.2~12.4 (33일)	현대자동차 등 23개 사	성우정공 등 23개 사	10,786	124	75
소계		7회 (313일)	279개 사	213개 사	278,355	7,868	2,523
공기업	1차 공기업	1999.3.2~3.31 (90일)	한국통신 등 13개 사	한국공중전화 등 18개 사	3,933	254	37
	2차 공기업	2000.11.16~12.16 (32일)	한국통신 등 5개 사	한국공중전화 등 10개 사	9,382	696	395
소계		2회 (62일)	18개 사	28개 사	13,315	950	432
총계		총 9회 (375일)	297개 사	241개 사	291,670	8,818	2,955

※ 자료 : 공정거래위원회

룹 중 동양, 동부, 한진, 한화, 한솔 등 5개 그룹을 조사해 142억원의 과징금을 매겼다. 1999년 3월에는 한국전력, 한국통신, 주택공사, 도로공사, 가스공사, 토지개발공사, 난방공사, 한국냉장 등 8개 공기업도 조사해 37억원의 과징금을 부과했다. 부당 내부거래에 관한 한 공기업도 예외가 아니었던 것이다. 1999년 11월에는 일부 계열사를 분리시켰거나 친족에게 넘긴 현대, 삼성, LG, SK, 한화, 롯데, 쌍용, 금호 등 8개 그룹을 조사했다. 겉으로는 계열분리를 해놓고는 남모르게 부당한 지원을 일삼는 혐의가 짙었기 때문이다. 이때 부과된 과징금은 75억원.

공정위는 1999년 부당 내부거래 혐의가 짙을 경우 대주주의 계좌를 조사할 수 있는 '계좌추적권'까지 2년 시한으로 인정받았다. 이 권한을 발동해 1999년 5대 재벌에 대한 3차 조사 때는 8조원대의 부당 내부거래를 적발하기도 했다. 이는 1, 2차 조사 때 적발된 5조 5,000억원보다 훨씬 많은 사상 최대 규모다.

공정위는 재벌들의 부당 내부거래가 근절될 때까지는 고삐를 늦추지 않고 철저히 감시하겠다는 입장이다. 이런 차원에서 공정위의 계좌추적권도 시한이 계속 연장되고 있다.

부당 내부거래 천태만상

재벌들이 부실 계열사를 부당하게 지원하는 방법도 여러가지다. 예를 들어보자.

|후순위채권 사주기| 후순위채권이란 발행회사가 망해 빚잔치를 할 때 채권변제순위가 가장 늦어 떼일 위험이 높은 채권이다. 이 때문에 이자를 많이 준다고 해도 사는 사람이 많지 않다. 재벌들은

형편이 어려운 계열 금융기관이 후순위채를 발행할 때 이를 낮은 금리로 대량 매입하곤 한다.

| 무보증 전환사채, 기업어음 사주기 | 원금상환이 불확실한 유가증권을 사준다는 점에서 후순위채권 매입과 성격이 비슷하다.

| 받을 돈 안 받기, 줄 돈 미리주기 | 임대료, 물품대 등 받아야 할 돈을 받지 않거나 늦게 받고도 이자를 물리지 않는 수법. 선급금이란 명목으로 계열사에 무이자 자금지원을 하거나 공사비를 정상가격보다 낮게 매겨 지원하는 경우도 있다.

| 특정금전신탁을 통한 우회지원 | 특정금전신탁이란 예금자가 은행에 돈을 맡기면서 어디에 투자해 달라고 투자처를 지정하는 금융상품. 재벌계열 금융기관이 은행 특정금전신탁에 거액을 예치하고는 자기 계열사들이 발행한 기업어음을 낮은 금리로 사라고 주문하는 사례가 많다.

| 금융기관에 낮은 금리로 입금해 주기 | 어려운 계열 금융기관을 지원하기 위한 방법. 여윳돈을 이자를 많이 주는 고수익 예금에 넣을 수 있는데도 굳이 자기 계열사의 저금리 예금에 넣는다.

| 유상증자 참여 | 계열사를 도와주기 위해 유상증자에 참여하는 방법이다. 유상증자에 참여하는 주주가 별로 없어 대량의 실권주가 발생할 것을 알면서도 유상증자를 강행한 뒤 계열사들이 실권주를 대거 매입해 준다. 반대로 유상증자가 인기일 때에는 특정 주주에게 주식을 몰아주기 위해 여러 계열사 주주들이 고의로 실권하는 수법도 있다.

| 인력 지원 | 자기 회사 직원으로 꼬박꼬박 월급을 주면서 실제로는 다른 계열사에서 근무하게 하는 방법.

이런 예는 일부분일 뿐이다. 재벌들의 부당 내부거래는 공정위의 단속을 피하기 위해 갈수록 교묘하고 은밀한 형태로 발전하고 있다.

4 문어발 자르기
– 출자총액제한 공방

상호출자 | 순환출자 | 출자총액제한 제도 | 내부지분율 | 출자총액제한 조기
졸업제 | 가공자본

상호출자와 순환출자의 마술

기업들은 경쟁력을 강화하거나 새로운 유망사업에 진출하기 위해
항상 투자할 곳을 찾는다. 다른 기업에 자본금을 대는 출자도 이같
은 경영활동의 하나이다. 그러나 출자도 출자 나름이다. 수십 개씩
계열사를 거느린 재벌들의 상호출자와 순환출자는 정상적인 출자가
아니다.

'상호출자'란 A가 B에게 출자하고, 다시 B가 A에게 출자하는 것
이다. 이른바 '맞출자'다. 이런 출자는 A와 B의 결속력을 강화시키
는 효과가 있다. 따라서 전략적 자본제휴를 위한 수단으로 많이 활용
된다. 그러나 가공자본을 만들어 실제보다 자기자본을 부풀리는 문

제가 있다. 자기자본을 부풀리면 은행돈을 빌리거나 회사채를 발행할 때 유리하다. 자본금이 많은 것처럼 위장해 더 많은 돈을 빌리고 더 많은 일을 벌이는 데 상호출자가 악용될 수 있는 것이다. 예컨대 A와 B의 자본금이 각각 100억원씩인데, 이 돈으로 서로 50억원씩 상호출자를 했다고 치자. 그러면 A와 B의 자본금은 각각 150억원씩 총 300억원으로 늘어난다. 하지만 이렇게 늘어난 100억원은 수치상의 트릭일 뿐이다.

공정거래위원회는 이런 문제점을 감안해 1987년 4월 공정거래법을 고쳐 30대 재벌의 상호출자를 일체 금지시켰다. 이어 2002년 4월부터는 공기업을 포함해 자산규모가 2조원 이상인 그룹〔2002년 4월 1일 자산기준 34개 그룹과 9개 공기업〕으로 적용대상을 확대했다. 이밖에 다른 기업들도 40% 이상 출자한 기업으로부터는 맞출자를 받을 수 없게 상법상 제한을 받는다.

'순환출자'는 상호출자의 변형이다. 예컨대 A가 B에게, B가 C에게, C가 A에게 돌려가며 출자하는 것이다. 순환출자는 상호출자보다 훨씬 더 많은 계열사를 하나로 결속시킬 수 있다. 또한 그룹 전체에 가공자본을 만들면서 문어발식 사업확장을 꾀하는 수단이 된다. 재벌 총수들이 10%도 안되는 지분으로 수십 개 계열사를 좌지우지할 수 있는 것도 거미줄처럼 엮어놓은 순환출자 때문이다.

문어발식 사업확장을 막는 출자총액제한 제도

공정위는 재벌들이 순환출자를 이용해 무분별하게 계열사를 확대하고 통제하는 것을 막기 위해 1987년 4월부터 '출자총액제한 제도'를 도입했다. 재벌들이 다른 기업에 출자할 수 있는 한도를 순자산

〔당초 기준은 자본총액 - 계열사 출자분. 그러나 2002년 4월부터는 자본총액 또는 자본금 중 큰 금액 - 계열사 출자분〕의 40% 이내로 묶은 것이다. 순환출자를 많이 할수록 출자총액이 자꾸 늘어나는 만큼 이 총액을 제한하면 과도한 순환출자를 억제하는 효과를 거둘 수 있다. 일본도 1977년 출자총액제도를 도입했다. 그러나 한도는 순자산의 100%로 우리나라보다 높고, 최근에는 이것도 폐지하는 방안을 검토중이다. 세계적으로 출자한도를 제한하는 나라는 한국과 일본밖에 없다. 양국을 제외하면 재벌폐해가 없다는 반증이기도 하다.

출자총액제한 제도는 이후 몇차례 우여곡절을 겪는다. 공정위는 순자산의 40%인 느슨한 총액한도로는 재벌들의 왕성한 식욕을 막는 데 역부족이라고 보고 1995년 4월 총액한도를 순자산의 25% 이내로 대폭 낮추었다. 그러나 IMF 사태 이후 외국기업들이 헐값이 된 국내 알짜기업들을 줄줄이 사들이는 '기업사냥'에 나설 것으로 우려되자 1998년 2월 이 제도를 폐지했다. 외국기업에게는 출자총액한도를 두지 않고 국내 재벌기업만 규제하다 보니 이른바 '역차별' 문제가 발생한 것이다. 재벌들은 순환출자를 제한하는 출자총액한도 때문에 내부지분을 높이는 데 한계가 있어 외국기업들의 적대적인 M&A〔인수·합병〕 공세를 막아낼 수 없게 되었다고 하소연했다.

하지만 출자총액한도를 없애자 다시 순환출자가 만연하는 부작용이 불거지기 시작했다. 1997년 4월 순자산의 27.5%였던 30대 그룹 출자총액 비율은 1년 뒤에 29.8%, 다시 1년 뒤에는 32.5%로 뛰었다. 특히 5대 그룹의 출자총액 비율은 1999년 4월 44.3%에 달했다. 그만큼 계열사간 순환출자가 급증하면서 그룹 '내부지분율'〔총지분 중 오너 일가와 계열사들이 갖고 있는 지분〕이 높아진 것이다. 1998년 4월

44.5%였던 30대 그룹의 내부지분율은 1년 뒤 50.5%로 치솟았다.

재벌들의 '선단식 경영'을 해체하고, 계열사별 독립경영을 강화하기 위해 강도높은 재벌개혁정책을 펼치던 정부는 결국 출자총액제한 제도를 2001년 4월부터 부활시켰다. 한도는 과거처럼 순자산의 25% 이내. 정부는 이 한도를 넘어선 초과출자분을 2002년 3월말까지 모두 해소하도록 했다. 다만 계열사가 아닌 벤처기업〔지분율 30% 미만〕에 투자하는 경우나 민영화되는 공기업에 투자하는 경우 등은 출자총액에서 빼주기로 했다.

출자총액제한 제도 폐지 공방

출자총액제한 제도는 2001년 또 한번 중대한 도전에 직면한다. 한국경제는 미국과 일본발 동시불황 여파에 휩쓸려 수출과 투자가 격감하고 성장률이 추락하는 심각한 침체국면에 빠져 있었다. 재벌들은 "경기를 살리고 투자를 부추기려면 과도한 재벌규제부터 풀라"며 목소리를 높였다. 전국경제인연합은 "30대 그룹이 출자총액제한에 묶여 5조원 이상의 투자를 포기하고 있다"고 주장했다. 재계의 입장을 대변하는 산업자원부도 출자총액제한 제도를 폐지하든지, 아니면

〈4-1〉 30대 그룹 출자비율과 내부지분율 동향

(단위 : %)

구분	1995년 4월	1996년 4월	1997년 4월	1998년 4월	1999년 4월	2000년 4월	2001년 4월
출자비율	26.3%	24.8%	27.5%	29.8%	32.5%	32.9%	35.6%
내부지분율	43.3%	44.1%	43.0%	44.5%	50.5%	43.4%	45.0%

※ 자료 : 공정거래위원회
　　내부지분율은 동일인, 친족, 계열사 지분율을 포함

<4-2> 출자총액제한 대상그룹 출자현황

(단위 : 조원, %)

구분	2002년 출자총액 제한기업집단			2001년	
	전체 (19개 집단)	민간기업 (12개 집단)	공기업 (7개 집단)	5조원 이상 기업집단(17개)	30대 기업집단
출자총액(A)	55.0	31.4	23.6	46.9	50.8
순자산(B)	199.7	102.5	97.2	127.0	142.8
출자비율(A/B)	27.5	30.6	24.3	36.9	35.6

※ 자료 : 공정거래위원회

적용대상을 5대 그룹 정도로 대폭 줄이자고 거들었다.

여기에 경제총괄부서인 재정경제부가 가세했다. 재경부는 IMF 사태 이후 재벌들이 많이 변한 만큼 이에 맞게 재벌규제의 수위도 조절하자는 입장이었다. 이에 따라 출자총액제도의 적용대상을 10대 그룹 정도로 줄이고, 출자총액한도는 순자산의 40% 선으로 올리자는 절충안을 제시했다.

공정거래위원회의 모태〔경제기획원〕이기도 한 재경부가 재계 입장에 동조하자 공정위는 난감했다. 그러나 공정위는 완강하게 버티었다. 재벌들이 변했다고 하지만 재벌행태가 근본적으로 고쳐진 게 아닌 만큼 제도를 완화해서는 안 된다고 맞섰다. 재경부와 공정위의 힘겨루기는 4개월 이상 계속됐다. 재경부가 출자총액제한 제도 완화방침을 밝히면 공정위는 "결정된 바 없다"고 부인했다. 하지만 '왕따'가 된 공정위가 버티는 데는 한계가 있었다.

재경부와 공정위는 결국 2001년 11월 타협안을 만들었다. 우선 출자총액제한 제도의 적용을 받는 대상을 공기업을 포함해 '자산규모 5조원 이상'〔상호출자 금지대상은 공기업 포함 자산규모 2조원 이상으로 확대)으로 정했다. 이와 함께 자산이 5조원을 넘더라도 롯데나 포항제철처럼 결합재무제표상 부채비율이 100% 미만인 그룹은 규제대상에서 빼주기로 했다. 이른바 '출자총액제한 조기졸업제'이다. 이에 따라 2002년 4월 1일부터는 출자총액제한 대상기업이 30대 그룹에서 7개 공기업을 포함해서 총 19개 그룹으로 줄었다. 정부는 이들 그룹에 대해 '순자산의 25% 이내'인 출자총액 한도를 그대로 적용하되 한도 초과분에 대해 처분의무를 부과하지 않고 의결권만 제한하기로 했다. 출자총액을 계산할 때 빼주는 예외도 대폭 확대했다. 예컨대 외국인 투자기업에 대한 출자, 기술개발 등 국가경쟁력 강화를 위해 필요한 산업에 대한 출자, 법정관리·화의·워크아웃 등 부실기업에 대한 출자 등은 예외로 인정해 주기로 했다.

5 빚더미 경영 바로잡기
   – 부채비율 200% 룰

시사용어 포인트

부채비율 | 자본금 | 자기자본 | 자기자본비율 | 순자산 | 부채비율 200%
룰 | 자산재평가

부채비율이란

'부채비율'이란 부채가 자기자본과 비교해 얼마나 되는지를 나타
내는 경영지표다. 즉 부채를 자기자본으로 나눈 백분율이 부채비율
이다. 산출공식은 (부채 / 자기자본)×100.

이 중 부채는 쉽게 말해 '남의 돈'[타인자본]이다. 주로 은행차입
금, 외상매입금, 지급어음, 회사채 등을 말한다. 그러나 나중에 직원
들에게 지급해야 하는 퇴직급여 충당금도 부채다. 반면 '자기자본'
은 총자본에서 부채를 뺀 진짜 '자기 돈'이다. 따라서 '순자산'이라
고도 한다. '자본금'과 자기자본은 다르다. 자기자본은 자본금에다
회사에 쌓아둔 이익잉여금과 자본준비금 등을 합한 개념이다. 헷갈

리지 않기 위해 공식을 정리하면 다음과 같다.

총자본 = 타인자본〔부채〕 + 자기자본〔순자산〕. 따라서 자기자본 = 총자본 − 부채, 부채 = 총자본 − 자기자본이다.

자기자본 = 자본금 + 법정준비금〔자본준비금 + 이익준비금〕 + 잉여금

부채 = 유동부채〔차입금 + 외상매입금 + 지급어음 등〕 + 고정부채〔장기차입금 + 회사채〕 + 충당금〔퇴직급여 충당금 + 수선충당금〕

부채비율과 자기자본비율은 동전의 양면

부채비율과 자기자본비율은 동전의 양면이다. 자기자본비율은 자기자본이 총자본과 비교해 얼마나 되는지를 나타낸다. 즉 (자기자본 / 총자본)×100이다. 부채비율과 자기자본비율은 반비례한다. 따라서 부채비율이 올라갈수록 자기자본비율은 떨어진다. 반대로 자기자본비율이 높아지면 부채비율이 떨어진다. 예컨대 부채비율이 100%이면 자기자본비율은 50%다. 그런데 부채비율이 200%가 되면 자기자본비율은 33.3%가 된다.

부채비율과 자기자본비율은 기업의 경영상태가 얼마나 건강한지를 가늠해 볼 수 있는 '체온계'라고 할 수 있다. 부채비율이 높은 회사는 아무리 이익을 많이 내도 이자를 내고 나면 남는 게 없게 된다. 또 경기가 조금 나빠지거나 시중 자금사정이 빡빡해지면 빚더미에 몸을 가누지 못해 도산하기 십상이다.

부채비율은 '빚더미 경영'의 바로미터

우리나라에서 부채비율이 문제가 된 이유는 대기업들의 무분별한

<5-1> 제조업 주요 경영지표 추이

구분		1997	1998	1999	2000	2001	비고
재무구조 관련지표	차입금 의존도[1]	54.2%	50.8%	42.8%	41.2%	39.8%	미국(2001) 27.4% 일본(2000) 29.7%
	부채비율[2]	396.3%	303.0%	214.7%	210.6%	182.2%	미국(2001) 159.4% 일본(2000) 159.7%
	자기자본비율[3]	20.2%	24.8%	31.8%	32.2%	35.4%	미국(2001) 38.6% 일본(2000) 38.5%
	유동비율[4]	91.8%	89.8%	92.0%	83.2%	97.9%	
	고정비율[5]	261.1%	242.5%	202.3%	198.5%	181.6%	
수익성 관련지표	매출액 영업이익률	8.3%	6.1%	6.6%	7.4%	5.5%	
	매출액 경상이익률	−0.3%	−1.8%	1.7%	1.3%	0.4%	
	금융비용 부담률[6]	6.4%	9.0%	6.9%	4.7%	4.2%	
	이자보상비율[7]	129.1%	68.3%	96.1%	157.2%	132.6%	미국(1999) 354.0% 일본(1999) 367.5%
	차입금 평균이자율	10.6%	13.5%	11.5%	10.5%	9.4%	
	인건비 부담률[8]	11.4%	9.8%	9.8%	9.7%	10.0%	
	재료비 부담률[9]	10.6%	49.4%	49.0%	50.0%	49.8%	
성장성 관련지표	매출액 증가율	11.0%	0.7%	8.0%	15.2%	1.7%	
	유형자산 증가율	13.7%	17.2%	−0.0%	2.4%	−1.5%	
	총자산 증가율	22.4%	3.5%	2.8%	−0.8%	−1.8%	

※ 자료 : 한국은행
1) (장·단기 차입금 + 회사채)/총자본   2) 부채/자기자본
3) 자기자본/총자본   4) 유동자산/유동부채
5) 고정자산/자기자본   6) 금융비용/매출액
7) 영업이익/이자비용   8) 인건비/매출액
9) 재료비/매출액

차입경영 때문이다. 남의 돈 무서운 줄 모르고 마구잡이로 돈을 빌려 방만하게 사업을 벌이다 부도를 내는 일이 비일비재했던 것이다.

특히 IMF 사태 이후 줄줄이 부도를 낸 재벌들은 예외없이 엄청난

<5-2> 부채비율 구간별 업체수 비중

부채비율		100% 이하	100~ 200%	200~ 300%	300~ 400%	400~ 500%	500% 초과	자본 잠식
업체수 비중	1999	25.4%	28.0%	15.8%	7.3%	3.9%	9.2%	10.4%
	2000	28.0%	28.8%	15.6%	7.7%	4.4%	9.6%	5.9%
	2001	37.2%	27.1%	13.6%	6.1%	4.0%	6.9%	5.1%

※ 자료 : 한국은행

<5-3> 이자보상비율[1] 구간별 업체수의 차입금 비중[2]

이자보상비율		0% 미만	0~50%	50~ 100%	100~ 150%	150~ 200%	200% 이상
업체수 비중	1999	14.3%	7.8%	10.5%	15.6%	10.6%	38.6%
	2000	11.3%	6.1%	8.9%	14.1%	10.3%	46.6%
	2001	14.1%	6.0%	8.5%	13.0%	9.1%	46.4%

※ 자료 : 한국은행
 1) 이자보상비율 = (영업이익 / 이자비용)×100
 2) 금융비용 "0"인 기업 제외

부채에 짓눌려 있었다. 한국은행 조사에 따르면 외환위기가 일어난 1997년말 제조업체의 부채비율은 396%로 400%에 육박했다. 이는 바로 1년 전인 1996년말 317%보다 79%포인트가 높아진 것이다. 당연히 자기자본비율은 24.0%에서 20.2%로 떨어졌다. 총자본이 500억원이라면 자기 돈은 100억원에 불과하고 400억원은 빌린 돈인 셈이다.

특히 30대 재벌들의 부채비율은 1996년 387%에서 1997년에는 무려 519%로 치솟았다. 이 중 뉴코아는 부채비율이 무려 1,784%에 달했다. 또 해태는 1,501%, 아남은 1,499%였다. 이들 모두 IMF 사태 때

경영위기가 불거져 부도를 냈거나 긴급자금을 수혈받았다는 공통점이 있다. 5대 재벌 중에서는 현대가 579%로 가장 높고 이어 LG 506%, 대우 472%, SK 468%, 삼성 371% 순이었다.

이에 비해 선진국인 미국의 부채비율은 당시 154%〔1997년〕, 일본은 186%〔1997년〕로 모두 한국의 절반 이하였고, 경쟁국인 대만은 86%〔1995년〕에 불과했다.

부채비율 200% 감축 논란

IMF 한파가 거셌던 1998년 정부는 30대 재벌들에게 1999년말까지 부채비율을 200% 이하로 낮추라고 지시했다. '200% 룰'은 선진국 기업들의 수준을 감안한 것이다. 정부는 대기업들이 부채비율을 최소한 200% 이내로 낮춰야만 경쟁력을 갖출 수 있고, '제2의 국가위기'도 막을 수 있다고 판단했다. 이 때문에 무슨 일이 있어도 '200% 룰'은 지켜야 한다고 강력하게 밀어붙였다. 그러나 재벌들의 저항도 만만치 않았다. 재벌들은 정부가 현실을 무시한 억지정책으로 기업경영을 더 위축시키고 있다고 주장했다. '관치경제' 여부를 둘러싼 논란도 뜨거웠다.

'자산재평가'를 통해 장부상으로만 부채비율을 낮추는 '눈속임'도 있었다. 예컨대 10년 전에 10억원에 산 부동산을 현재 시가로 재평가해 50억원을 만들고 장부가와의 차액인 40억원을 자본에 전입하면 빚은 한푼도 갚지 않은 채 부채비율을 뚝 떨어뜨릴 수 있다. 대기업들 사이에 이같은 자산재평가가 유행하자 정부가 다시 제동을 걸고 나섰다. 정부는 자산재평가라는 트릭을 구사해 부채비율을 낮추는 것은 인정하지 않기로 했다. 기업들은 자산재평가도 엄연히 법으로 인정된 경영합리화 수단의 하나인데 무슨 소리냐며 반박했다.

　정부와 재벌 간 힘겨루기는 아주 팽팽했다. 하지만 정부의 의지가 더 강했다. 5대 재벌들은 결국 평균 473%에 이르던 부채비율을 2년 만에 200% 이하로 낮추는 초고속 개혁을 단행했다. 이들은 빚을 갚아 부채를 줄이고, 유상증자를 통해 자본금을 늘리는 두 가지 노력을 강도높게 추진했다. 계열사를 아예 통채로 팔아 정리하거나 분리 · 독립시키는 구조조정도 대대적으로 전개했다. 계열사 주식이나 자산을 해외업체에 팔아 외자를 유치하는 데도 열중했다. '200% 룰'은 논란도 많았지만 재벌들의 차입경영 관행을 개선하는 데 큰 기여를 한 것으로 평가된다. 2001년말 제조업체 평균 부채비율은 182.2%로 IMF 사태가 터졌던 1997년말〔396.3%〕과 비교해 절반이 안된다.

〈5-4〉 각국의 부채비율과 이자보상비율

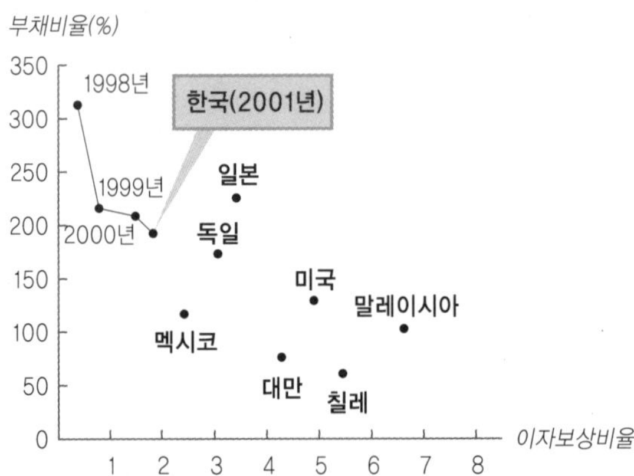

※ 자료 : Worldscope DB, 한국은행
　외국은 1995~1996년 평균

〈5-5〉 주요 재무비율의 산식 및 의미

비율		산식	의미
수익성	매출액 영업이익률	(영업이익/매출액)×100	영업 외 손익을 제외한 순수한 영업이익만을 매출액과 대비한 이익률 지표
	매출액 경상이익률	(경상이익/매출액)×100	기업의 영업활동과 재무활동에서 발생한 경영성과를 종합적으로 나타내는 대표적인 이익률 지표
	총자산 경상이익률	(경상이익/총자산)×100=(경상이익/매출액)×(매출액/총자산)×100	총자산운용의 효율성을 나타내는 지표로서 수익성 변동요인 분석에 주로 활용
안정성	자기자본비율	(자기자본/총자본)×100	자본구성의 안정성을 판단하는 지표
	유동비율	(유동자산/유동부채)×100	단기채무에 대한 지급능력을 판단하는 지표
	고정비율	(고정자산/자기자본)×100	기업자산운용 측면의 안정성을 측정하는 지표
성장성	매출액 증가율	(당기매출액/전기매출액)×100-100	영업활동의 신장세를 나타내는 대표적인 지표
	총자산 증가율	(당기말 총자산/전기말 총자산)×100-100	기업에 투하·운용된 총자산이 얼마나 증가하였는가를 나타내는 지표
현금흐름	현금 보상비율	(영업활동에 의한 현금수입 + 금융비용) / (단기차입금 + 금융비용)×100	영업활동에 의한 현금수입으로 단기차입금 및 금융비용을 얼마나 충당할 수 있는가를 나타내는 기업의 단기지급능력 측정지표
	금융비용 보상비율	(영업활동에 의한 현금수입 + 금융비용) / 금융비용 × 100	영업활동에 의한 현금수입으로 금융비용을 얼마나 충당할 수 있는가를 나타내는 지표

6 동반부실·연쇄도산의 고리 －상호지급보증

상호지급보증 | 맞보증 | 순환보증 | 이자보상비율

빚사슬 만들기

'상호지급보증'이란 그룹 계열사끼리 서로 빚보증을 서주는 것이다. 우리나라 은행들은 돈을 빌려줄 때 거의 예외없이 담보나 보증을 요구한다. 이러다 보니 담보도 없고 보증인도 세우지 못하는 중소기업들은 은행돈을 구경하기 어렵다.

그러나 많은 계열사를 거느린 재벌들은 이 문제를 상호지급보증으로 쉽게 해결해 왔다. 예컨대 그룹 계열사인 A와 B가 서로 '맞보증'을 서거나 A가 B에, B가 C에, C가 D에, D가 A에 '순환보증'을 서는 식으로 은행돈을 독식한 것이다.

재벌들은 이같은 상호지급보증을 통해 문어발식 차입경영을 확대

<6-1> 30대 그룹 상호지급보증 추이

연도	자기자본	상호지급보증	지급보증비율
1993년 4월 1일	35.2조원	120.6조원	343.4%
1994년 4월 1일	42.8조원	72.5조원	169.3%
1995년 4월 1일	50.7조원	48.3조원	95.2%
1996년 4월 1일	62.9조원	35.2조원	55.9%
1997년 4월 1일	70.4조원	33.6조원	47.7%
1998년 4월 1일	68.1조원	26.0조원	39.5%
1999년 4월 1일	100.4조원	9.8조원	9.8%
2000년 4월 1일	129.6조원	0[1]	0

※ 1) 1998년 이후 신규지정되어 해소시한이 2001년 3월말인 5개 그룹 채무보증(0.4조원)과 해소시한이 연장된 5개 그룹의 채무보증(1.1조원) 등 합계 1.5조원 제외

할 수 있었다. 그 결과 재벌 계열사들은 서로 헤어나기 힘든 '빚사슬'로 묶이게 됐다. 계열사 중 어느 한 곳만 잘못돼도 그 여파가 순식간에 전계열사로 퍼지게 된 것이다. 이런 재벌들은 계열사별 독립경영이 불가능하고, 우량 계열사라도 그룹 내 다른 계열사가 부실해지면 동반부실과 연쇄도산의 위기를 맞게 된다.

빚사슬 해체 공방

정부와 재벌들은 상호지급보증을 놓고 팽팽하게 맞서왔다. 공정거래위원회가 "재벌들에게 채무보증을 빨리 풀라"고 지시하면 재벌들은 "은행들이 무조건 보증을 요구하는데 어떻게 하느냐"며 현실론을 내세웠다.

정부는 1993년 4월, 재벌들의 차입경영이 위험수위를 넘었다고 판

단하고 상호지급보증에 대한 실질적인 규제를 시작했다. 이른바 재벌들의 빚사슬을 해체하는 작업에 들어간 것이다. 당시 30대 재벌의 계열사간 상호지급보증 규모는 120조6,000억원. 이는 30대 재벌의 자기자본[35조2,000억원]보다 3.4배가 많은 것이다. 공정위는 이같은 상호지급보증을 1년 뒤인 1994년 3월말까지 자기자본의 2배 이내로 줄이라고 지시했다. 당시로서는 대단히 혁명적인 조치였다. 그리고 1996년에는 이 비율을 다시 1998년 3월말까지 100% 이하로 낮추도록 했고, 이후에는 새로운 신규보증을 전면 금지시켰다. 100% 이하로 줄어든 기존 상호지급보증도 2000년 3월말까지 완전 해소토록 했다가 1999년말까지로 시한을 단축했다. 그 결과 현재 30대 재벌들의 계열사간 빚보증은 기업 인수·합병 등에 따라 일시적으로 발생한 경우를 제외하고는 거의 다 해소되었다.

이에 따라 정부는 2002년 4월부터 상호채무보증 금지대상을 더 늘렸다. 규제대상을 30대 그룹에서 공기업을 포함해 자산규모 2조원 이상인 43개 그룹으로 확대한 것이다. 2002년 4월 1일 현재 이들 43개 그룹 가운데 규정을 위반하여 상호지급보증을 한 그룹은 현대자동차, KT 등 7곳이며 규모는 6,758억원이다.

〈6-2〉 그룹별 채무보증 위반현황

(2002년 4월 1일 현재 기준, 단위 : 억원)

구분	기존 기업집단		2002 신규지정 기업집단						합계
	현대자동차	소계	KT	한국토지공사	동원	KCC	대성	소계	
금액	885	885	313	800	1,226	638	2,896	5,873	6,758

※ 자료 : 공정거래위원회

〈6-3〉 채무보증 제한제도의 변천

구분	제도의 내용	제한제외대상
제도도입 (제3차 공정거래법 개정, 1992.12.8)	• 채무보증한도를 자기자본의 200%로 제한 • 1996.3.31까지 유예기간 인정(3년)	• 산업합리화 관련보증 • 국가경쟁력강화 관련 − 수출입제작금융 관련보증 − 해외건설 관련보증 − 기술개발 관련보증 등
1차 변천 (제5차 법개정, 1996.12.30)	• 채무보증한도를 자기자본의 100%로 제한 • 1998.3.31까지 유예기간 인정(1년)	• 제한제외대상 추가 − 국내금융기관의 해외지점여신 중 해외직접 투자·건설, 용역 관련보증 − 법정관리회사의 제3자인수 관련보증
2차 변천 (제6차 법개정, 1998.2.24)	• 신규채무보증 금지, 2000.3.31까지 기존 채무보증 해소(2년)	변동없음

7 재벌들의 종합성적표, 결합재무제표

시사용어 포인트

결합재무제표 | 연결재무제표

장부도 여러가지

어느 기업이나 장부를 만든다. 많은 기업을 거느린 재벌들도 각 계열사별로 장부를 만든다. 이 장부들을 모두 모아 합산하면 재벌그룹의 모습이 제대로 드러날까? 그렇지 않다. 재벌들은 계열사간 출자나 내부거래 관계가 매우 복잡하기 때문이다.

예컨대 현대자동차가 현대자동차써비스에 차를 팔고 현대자동차써비스는 이 차를 다시 고객에게 팔았다면 현대가 판 차는 사실 1대다. 하지만 장부상으로는 현대자동차 1대, 현대자동차써비스 1대 등 총 2대가 된다. 삼성전자가 자본금 1조원 중 1,000억원을 삼성전기에 출자했다면 삼성이 조달한 총자본금은 여전히 1조원일 뿐이다. 그러나 장부에는 삼성전자 1조원, 삼성전기 1,000억원 등 총 1조1,000억원으로 불어난다. 이런 복잡한 관계를 모두 드러내는 장부가 바로 결합재무제표다.

결합재무제표와 연결재무제표

'결합재무제표'란 계열사 전체를 하나의 기업으로 보고 중복된 부분을 상계처리한 장부이다. 계열사에는 그룹 오너가 실질적으로 경영권을 행사하고 있는 자회사까지 모두 포함된다. 따라서 겉으로 드러나지 않았던 위장 계열사를 포함해 국내외 모든 계열사의 빚이나 경영상태를 한눈에 볼 수 있다. 예컨대 장부에 기록된 영업실적은 아주 좋은데 알고 보니 소리소문 없이 다른 부실 계열사에 대규모 출자를 했거나 돈을 빌려줬다면 위험하다고 할 수 있다. 결합재무제표는 재벌들의 경영투명성을 감시하고 확인할 수 있는 핵심수단이다.

이와 달리 30% 이상의 지분관계가 있는 계열사만 하나로 묶어 작성하는 장부를 '연결재무제표'라 한다. 연결재무제표에는 그룹 오너의 지분율은 낮지만 사실상 경영권을 행사하는 계열사들이 빠져 있다. 그만큼 결합재무제표보다 그물망이 허술하다. 30대 재벌이 결합재무제표를 만들 때는 대상회사가 그룹당 평균 50여 개 사에 이르지만, 연결재무제표에서는 대상회사 수가 절반 정도로 줄어들게 된다.

결합재무제표 도입 공방

우리나라는 1999년부터 결합재무제표 작성을 의무화했다. 1991년 말 증권감독원〔현 금융감독원〕이 장기 추진과제로 처음 거론한 지 8년 만이다.

<7-1> 1999년말 기준 16대 그룹 결합재무제표

(단위 : 조원, %)

구분	자산	매출	영업이익 (영업이익률)	당기순이익 (당기순이익비율)	이자보상비율 (영업이익기준)	부채비율 (전체)	부채비율 (비금융)
현대	100	69.9	3.5 (5.03)	0.1 (0.11)	0.91	296.21	229.72
삼성	124	86.4	8.9 (10.35)	2.9 (3.37)	3.15	443.7	194.0
LG	55	51.7	3.0 (5.87)	2.7 (5.26)	1.42	357.6	273.1
SK	34	33.0	2.1 (6.20)	0.3 (0.81)	1.47	254.8	227.5
4대 합계 또는 평균	312.7	241.2	17.6 (7.28)	6.0 (2.48)	1.71	349.4	225.4
한진	25.6	15.8	0.6 (4.07)	0.2 (1.41)	0.78	277.5	239.7
롯데	14.4	9.0	0.5 (5.61)	0.3 (2.96)	3.81	86.8	81.9
한화	10.4	6.2	0.5 (8.07)	0.1 (2.35)	1.16	246.5	227.5
쌍용	9.8	11.4	0.2 (1.99)	0 (−0.18)	0.28	1173.6	1789.2
한솔	9.3	3.9	0.2 (3.97)	−0.2 (−4.03)	0.38	267.0	226.3
두산	6.6	3.5	0.4 (10.78)	0.3 (9.22)	0.9	242.0	240.4
동부	8.1	6.0	0.4 (6.68)	0.1 (2.23)	1.7	453.5	252.6
코오롱	4.3	4.4	−0.1 (−3.14)	0.3 (6.25)	−0.53	214.2	208.7
동양	11.6	5.6	0.3 (5.99)	0.1 (1.83)	1.48	1254.6	280.7
새한	3.2	1.8	0.1 (4.58)	−0.1 (−6.29)	0.41	295.6	295.6
한라	1.2	2.3	0 (−0.51)	0.6 (24.42)	−0.08	297.8	297.8
강원	2.0	1.3	0 (−0.88)	−0.2 (−18.28)	−0.06	973.4	973.4
전체 합계 또는 평균	419	312.4	20.6	7.5	1.42	331.9	225.4

※ 자료 : 금융감독원
모든 액수와 비율은 금융부문 포함
영업이익률과 당기순이익률은 매출액 대비
이자보상비율은 영업이익과 금융기관 이자액을 비교한 것으로 1이면 영업이익이 이자비용
과 일치

<7-2> 1999년말 기준 16대 그룹 내부거래 현황

(단위 : 조원)

구분	총매출액 전체[1]	내부매출액 전체[2]	내부거래 비율	구분	총매출액 전체	내부매출액 전체	내부거래 비율
현대	112.98	43.04	38.1%	두산	4.78	0.40	8.3%
삼성	148.17	61.73	41.7%	동부	6.56	0.51	7.8%
LG	83.48	31.76	38.0%	코오롱	4.84	0.41	8.6%
SK	51.72	18.68	36.1%	동양	6.02	0.40	6.6%
4대 계	396.36	152.21	39.2%	새한	2.34	0.56	23.8%
한진	19.95	1.15	6.8%	한라	2.41	2.41	3.9%
롯데	10.12	1.09	10.8%	강원산업	1.66	0.37	2.5%
한화	6.95	0.75	10.7%	기타계	77.89	10.43	13.4%
쌍용	12.44	1.07	8.6%	총계	474.25	165.64	34.9%
한솔	5.25	1.32	25.2%				

※ 자료 : 금융감독원
　1) 내부거래 상계 전 총매출액임
　2) 내부매출액비율은 내부거래 상계 전 총매출액 대비 비율임

　그동안 정부와 재벌들 간에는 논란이 많았다. 정부는 재벌들의 경영실태를 감시하고 문어발식 사업확장을 규제하기 위해 결합재무제표가 필요했다. 그러나 재벌들은 세계 어느 나라에도 모든 관계사를 포괄하는 결합재무제표를 요구하는 나라는 없다고 맞섰다. 정말 그럴까?

　외국의 경우 결합재무제표는 최대주주가 사실적인 지배력을 행사하는 경우에 한해 작성한다. 따라서 오너가 최대주주가 아닐 경우나, 최대주주라도 지배력을 행사하지 않은 경우에는 대상에서 빠진다. 이 때문에 재벌들은 우리도 외국에서 하는 정도만 하자고 맞섰다. 그러지 않으면 내부 경영정보가 지나치게 많이 노출돼 경영계획을 세

우고 집행하는 데 어려움이 많을 것이라고 지적했다. 또 해외 현지법인, 금융기관 등 회계기준과 결산시점 등이 다른 계열기업을 한데 묶어 장부를 만들면 시간과 비용이 많이 들고 회계정보도 왜곡될 우려가 있다고 주장했다.

틀린 말이 아니다. 재벌들은 지금도 같은 주장을 굽히지 않고 있다. 하지만 외국에는 우리나라 재벌처럼 총수 일가가 얼마 안되는 지

〈7-3〉 2001년말 기준 12대 그룹 주요 경영지표

(단위 : 억원, %)

구분	자산		매출액		당기순이익		부채비율		이자보상비율[1]	
	2000	2001	2000	2001	2000	2001	2000	2001	2000	2001
삼성	1,386,666	1,523,094	1,039,918	1,050,193	68,445	48,855	398.66	363.02	8.22	7.62
LG	630,914	686,640	640,227	695,909	9,235	18,874	389.41	376.98	2.29	2.51
SK	384,053	410,680	364,640	426,203	9,338	12,025	256.40	265.52	2.86	2.95
현대자동차	319,872	398,723	325,180	398,515	6,138	14,178	220.07	247.20	2.70	5.45
4대 계	2,721,505	3,019,137	2,369,965	2,570,820	93,156	93,932	342.75	331.25	4.31	4.22
현대	610,204	274,006	618,974	387,217	-62,010	-8,666	591.10	698.71	1.10	1.36
한진	259,539	267,244	157,221	163,114	-7,074	-7,353	339.32	423.19	0.85	0.53
포스코	201,467	194,053	137,762	131,211	16,423	8,372	110.78	87.48	6.95	4.91
롯데	151,300	162,944	113,615	133,972	4,007	5,498	86.50	89.45	6.53	7.53
금호	131,946	130,829	67,916	73,438	-2,701	-4,132	652.82	928.21	0.70	0.87
한화	82,388	80,689	42,008	79,907	-445	-3,583	350.68	441.61	0.96	0.79
두산	66,362	72,438	36,214	55,276	-226	51	254.37	236.33	0.98	0.45
동부	83,885	95,066	63,780	66,832	-243	791	423.76	415.12	0.90	2.01
기타 계	1,587,091	1,277,269	1,237,490	1,090,967	-52,269	-9,022	302.17	272.91	1.47	1.53
총계	4,308,596	4,296,406	3,607,455	3,661,787	40,887	84,910	326.88	312.08	2.86	3.02

※ 자료 : 금융감독원
　이자보상비율은 영업이익대비 기준

분으로 경영권을 독점하고 많은 계열사를 지배하는 기업이 없다. 재벌들의 이런 경영관행이 얼마나 위험한 것인지는 IMF 사태 때 여실히 드러났다.

정부는 결국 1997년 12월, 5대 그룹 총수들과 이른바 '재벌개혁 5원칙'에 대한 합의를 이끌어내면서 그 중 하나로 결합재무제표 도입을 못박았다. 경영투명성을 확보하기 위해 1999 사업연도부터 결합재무제표를 작성하겠다는 약속을 받아낸 것이다. 결합재무제표 작성대상은 30대 그룹으로 정했다가 2002년부터는 자산규모 2조원 이상인 그룹으로 바뀌었다.

결합재무제표, 뚜껑을 열어보니

2000년 7월 31일, 마침내 30대 재벌의 결합재무제표가 처음으로 모습을 드러냈다. 1999년도 계열사별 결산결과를 하나로 묶은 종합성적표가 나온 것이다. 그 실상은 어땠을까.

예상한 대로 30대 재벌들의 '거품'이 한눈에 드러났다. 결합재무제표를 낸 16개 그룹〔나머지 14개 그룹은 이미 부실판정을 받아 워크아웃 등에 들어간 상태〕 가운데 재무내용이 더 좋아진 곳은 한 곳도 없었다. 계열사별 경영현황을 단순합산한 일반재무제표상으로는 11개 그룹의 부채비율이 200%를 밑돌았다. 그러나 결합재무제표상으로는 롯데만 합격점이었다. 특히 쌍용그룹은 부채비율이 633.6%에서 1,773.4%로 3배 이상 치솟았다.

그룹 매출도 계열사간 내부거래를 상계하고 나니 3분의1가량 줄었다 현대의 경우 단순합산한 매출액이 96조원이었으나 중복분을 상계한 다음에는 69조9,000억원으로 26조1,000억원이 감소했다. 삼성은 148조원에서 86조4,000억원으로 거의 반토막이 났다. 또 LG는 83조원에서 51조7,000억원으로, SK는 51조원에서 33조원으로 각각 줄어들었다. 현대·삼성·LG·SK 등 4대 재벌의 총매출 중 내부거래가 차지하는 비중은 평균 39.2%로 40%에 육박했다. 이는 5∼30대 그룹 평균인 13.4%보다 3배 가까이 높은 것이다.

당기순이익도 현대가 단순합계치 2조원에서 745억원으로 줄었고,

〈7-4〉 4대 그룹 내부거래 동향

(단위 : 조원, %)

그룹		총매출액	내부매출액	내부거래비율
현대	1999년	113.0	43.0	38.1
	2000년	91.4	29.5	32.3
	2001년[1]	47.6	7.8	16.3
삼성	1999년	148.2	61.7	41.7
	2000년	185.7	81.7	44.0
	2001년	178.9	73.8	41.3
LG	1999년	83.5	31.8	38.0
	2000년	107.8	43.7	40.6
	2001년	115.3	45.7	39.6
SK	1999년	51.7	18.7	36.1
	2000년	60.6	24.1	39.8
	2001년	70.0	27.4	39.1
계	1999년	396.4	155.2	39.2
	2000년	445.4	179.0	40.2
	2001년	411.8	154.7	37.6

※ 자료 : 금융감독원
 1) 현대그룹은 2001년 현대자동차 계열과 현대계열로 분리. 4대 그룹에는 현대자동차그룹이 들어감

삼성 3조6,000억원 ⇒ 2조9,000억원, LG 3조8,000억원 ⇒ 2조7,000억원, SK 5,500억원 ⇒ 2,600억원으로 각각 줄어들었다.

1년 뒤인 2001년 7월, 2000년도 결산실적을 묶어서 집계한 30대 그룹의 두 번째 결합재무제표도 결과는 마찬가지였다. 15개 대상그룹 가운데 부채비율이 200% 아래인 곳은 롯데와 영풍, 단 2곳이었다. 계열사간 기형적인 상호매출도 여전해 삼성의 경우 매출액 103조9,000억원 중 81조원이 상호매출로 나타났다. 4대 그룹의 내부거래비율은 40.2%로 더 높아졌다.

다시 1년 뒤인 지난 2002년 2월에 나온 2001년도 결합재무제표에서는 12개 대상그룹 중 포스코와 롯데만 부채비율 200% 이하로 합격점을 받았다.

8 회사 위의 회사   – 지주회사 설립 공방

순수지주회사 | 혼합지주회사 | 사업지주회사 | 금융지주회사

지주회사는 '회사 위의 회사'

지주회사〔Holding Company〕는 자회사를 거느리고 지배하는 모회사다. 다른 일은 하지 않고 오로지 자회사들만 지배·관리하는 '순수지주회사'와 자기사업을 하면서 휘하에 자회사들까지 두고 챙기는 '혼합지주회사'〔또는 '사업지주회사'〕 등 2가지 유형이 있다. 어떤 경우든 지주회사는 자회사를 지배할 수 있을 정도로 충분한 주식지분을 확보하고 있어야 한다.

지주회사는 20세기 초부터 외국에서 여러 기업들이 사업확장과 계열사 관리를 위한 대표적인 수단으로 활용해 왔다. 그러나 우리나라에서는 우여곡절이 많았다. 지주회사를 허용해 달라는 재벌들과

〈8-1〉 지주회사 제도의 장단점

긍정적 효과	부정적 효과
• 전략적 의사결정과 일상적 의사결정의 분리 • 유사업종 계열사의 통합관리 • 분사화를 통한 사업의 분리매각 등 구조조정과 유연한 사업으로의 진입·퇴출 용이	• 소액자본으로 다수기업을 지배할 수 있어 문어발식 사업확장 가능 • 재벌 총수의 경영지배력 강화 • 경제력 집중 심화 우려

이들의 문어발식 경영을 막으려는 공정거래위원회가 팽팽한 접전을 벌인 것이다. 공정위는 결국 1999년 4월부터 지주회사 제도를 허용했다. 하지만 설립조건이 매우 까다로워 지주회사 설립은 생각보다 지지부진하다. 이에 따라 지금은 지주회사 설립요건의 완화 여부를 둘러싸고 재벌과 공정위가 치열한 2차 공방을 벌이고 있다. 일본도 우리나라와 비슷해 1997년 6월, 뒤늦게 지주회사 제도를 도입했다.

재벌과 공정위의 지주회사 공방전

지주회사는 양면성이 있다. 여러 자회사를 거느리는 지주회사를 허용하면 선단(船團)식 재벌체제가 더욱 강화될 우려가 있다. 반면 지주회사가 기업문화가 같은 기업들을 묶어 구조조정을 강력히 추진하는 기관차 역할을 할 수도 있다. 공정위와 재벌의 오랜 공방도 이런 양면성에서 비롯된다.

1997년말 IMF 사태 이전에는 정부의 논리가 훨씬 우세했다. 정부는 1986년 공정거래법에 지주회사 금지조항을 명시했다. 그러나 재벌들의 무분별한 사업확장과 경제력 집중은 완화되지 않았다. 지주회사가 아니더라도 재벌들은 충분히 선단을 꾸릴 수 있었다.

삼성·현대·LG 등 주요 재벌들은 '기획조정실'이나 '비서실' 등 총수를 보좌하는 강력한 내부통제조직을 만들어 전계열사를 일사불란하게 지휘했다. 기획조정실이나 비서실은 신입사원 채용은 물론 계열사 임원인사까지 모두 좌지우지하는 막강한 권한을 휘둘렀다. 하지만 계열사 경영이 엉망이 돼 주주들에게 큰 피해를 입히더라도 기획조정실이나 비서실에는 아무런 법적인 책임이 없었다. 이런 상황에서 공정위는 재벌들에게 지주회사를 허용해 줄 엄두를 내지 못했다.

그러나 IMF 사태 이후에는 상황이 많이 달라졌다. 1998년 2월 출범한 김대중 정부는 5대 재벌들에게 강력한 개혁과 구조조정을 요구했다. 그 중 하나가 총수들의 경영권 전횡을 뒷받침하고 있는 기획조정실과 비서실을 해체하고, '그룹'이란 말도 쓰지 말라는 것이었다.

재벌들은 난감했다. 정부가 시키는 대로 시늉은 했지만 현실적으로 그룹이란 실체가 엄연히 존재하고, 그룹을 관리할 내부조직도 필요했기 때문이다. 재벌들은 궁여지책으로 기획조정실을 개편해 '구조조정위원회'나 '구조조정본부'를 만들었다. 간판이야 어떻든 사실 하는 일은 똑같은 눈속임이었다. 구조조정본부 역시 그룹 계열사에 대해 막강한 권한을 휘둘렀지만 경영잘못에 대한 법적 책임은 없었다.

재벌들은 이런 식의 편법을 되풀이하지 않게 정식으로 지주회사를 허용해 달라고 다시 요구했다. OECD〔경제협력개발기구〕와 세계은행도 1998년 4월, "한국이 기업지배구조를 개선하려면 법적 책임이 없는 비서실이나 기획조정실을 없애는 대신 지주회사를 합법화해 경영상 책임을 묻도록 해야 한다"고 권고했다.

안팎의 거센 요구에 정부도 조금씩 밀리기 시작했다. 김대중 정부

예 1. 동일인, 주력기업 등이 보유하고 있는 계열사(A, B, C, D) 주식을 현물출자하여 지주회
사를 설립하고 외국인의 현물출자를 유치하여 재무구조 개선을 도모

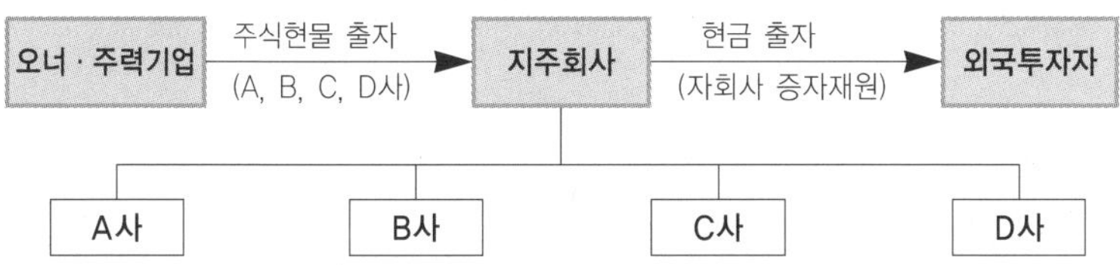

예 2. 기존회사의 분사화를 통하여 특정사업부문의 매각, 외국인투자 유치, 자회사별 책임경
영체제 등 구조조정에 지주회사를 활용

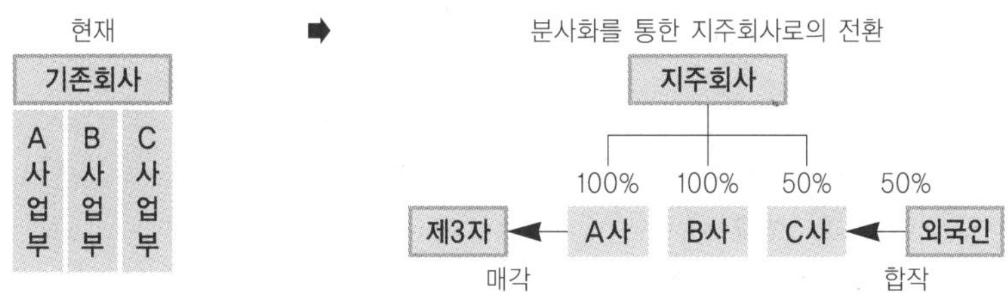

※ 자료 : 공정거래위원회

는 출범 직후 지주회사 허용은 상호지급보증 해소, 결합재무제표 작
성 등 재벌개혁의 성과를 보아가면서 2000년 이후에 검토할 사안이
라고 못박았다. 그러나 얼마 뒤인 1998년 4월, 공정위는 지주회사 조
기허용 요구를 받아들였다. 대신 매우 까다로운 조건을 내걸었다. 즉
재벌들이 지주회사를 설립하려면 ▷지주회사의 부채비율을 100% 이
내로 낮추고 ▷계열사간 상호 빚보증을 완전해소하며 ▷50% 이상의
자회사 지분[상장사는 30%, 벤처는 20% 이상]을 확보하라는 것이다.
또 금융·비금융 회사를 함께 거느리는 지주회사는 안 된다는 단서
도 달았다. 당시 30대 그룹의 부채비율이 평균 518%였다는 점을 감

안하면 사실상 '불허'에 가까운 조건이었다. 또한 지주회사가 여러 자회사의 지분을 일시에 50% 이상씩 확보하는 것도 자금부담 등 여러 면에서 쉬운 일이 아니다.

지지부진한 지주회사 설립

지주회사는 공정거래법 개정을 거쳐 1999년 5월 정식으로 허용되었지만 법적인 요건을 제대로 갖춘 순수 지주회사는 아직 많지 않다. 2000년 2월 C&M커뮤니케이션이 방송·통신부문의 지주회사로 공정위에 첫 신고를 한 이래 SK엔론, 세종금융지주회사, 대한색소공업, 온미디어, 우리금융지주회사, 가오닉스, 미디어월, 미래케이블TV, 동원엔터프라이즈, 신한금융지주회사, 대교네트워크 등 2001년 9월말까지 총 22개 사가 순수 지주회사를 설립했다. 그러나 대부분 규모가 크지 않은 것들이다.

재벌들은 '정중동[靜中動]'이다. 삼성은 삼성전자·삼성생명·삼성물산이 3대 축이 되어 실질적인 지주회사로서의 위상을 강화하고 있다. 이 중 삼성물산은 2005년까지 국내외에 100개의 자회사를 보유한 지주회사로 변신한다는 계획을 세워놓고 있다. SK는 SK주식회사와 SK텔레콤이 지주회사 격이다.

기업분사와 벤처투자가 붐을 이룸에 따라 이들 주력회사에 의지하는 자회사들은 앞으로 더욱 늘어날 전망이다. 따라서 이들 주력회사들은 정부가 지주회사 설립요건을 점차 완화하고, 스스로도 부채비율 감축 등 법적인 요건을 갖추는 준비과정을 거쳐 진짜 혼합지주회사로 변신하거나 별도의 순수 지주회사를 설립할 가능성이 높다. 또한 각 그룹의 구조조정본부 중에서도 자회사들을 통합관리하는 순수 지주회사로 전환하는 경우가 많을 것으로 보인다.

LG전자와 LG화학을 양날개로 하는 LG그룹이 대표적인 예이다. LG는 2001년 LG화학을 지주회사인 LGCI와 자회사인 LG화학 및 LG생활건강으로 개편했다. 이어 2002년 4월에는 LG전자를 지주회사인 LGEI와 자회사인 LG전자로 나누었다. LG는 2003년 3월 LGCI와 LGEI를 합쳐 단일 지주회사인 (주)LG를 출범시켰다.

금융지주회사 설립 논란

'금융지주회사'도 공정거래법상의 지주회사 설립요건을 모두 갖추어야 한다. 그러나 산하에 은행을 거느리고 있는 경우에는 조금 다르다.

현행 은행법은 재벌〔산업자본〕들의 은행소유를 막기 위해 은행에 대한 지분한도를 최대 10% 이내로 제한(☞ '18. 은행 주인은 누구? - 은행 주인만들기 논란' 참조)하고 있다. 그런데 공정거래법에서는 지주회사에 대해 50%〔상장사는 30%〕 이상의 계열사 지분을 확보할 것을 요구하고 있다.

이런 법적 충돌을 해결하기 위해 정부가 짜낸 방법이 금융지주회사에 대한 지분제한이다. 금융지주회사에 대해 은행 자회사 지분을 50%〔상장사는 30%〕 이상 확보하도록 하는 대신 지주회사에 대한 동일인 지분한도를 10% 이내로 규제한 것이다.

그러나 여기에도 예외가 있다. 한빛은행〔현 우리은행〕 등 공적자금이 투입된 부실 금융기관들을 묶은 우리금융지주회사의 경우 100% 정부 소유다. 이처럼 금융구조조정을 위해 정부가 불가피하게 개입한 경우에 대해서는 금융지주회사에 대한 지분제한을 풀어주고

연도	제도내용	사유
1986년 12월	• 지주회사 설립금지 규정 신설 지주회사의 설립·전환을 원칙금지하고 법률에 의해 설립되거나 외국인 투자사업 영위를 위해 필요한 경우에만 예외적으로 허용	• 대규모기업집단 지정제도 출자총액제한 제도 등과 함께 공정거래법상 경제력집중억제 시책의 일환으로 도입
1999년 5월	• 지주회사를 제한적으로 허용 지주회사를 허용하되 다음과 같은 행위제한 의무를 부여 - 지주회사의 부채비율 100% 이내 - 지주회사는 자회사의 발행주식총수의 50% 이상(1999년 4월 1일 현재 주권상장법인의 경우에는 39% 이상) 소유 - 지주회사는 자회사 이외의 국내회사 주식을 지배목적으로 소유 금지 - 금융지주회사는 비금융회사의 주식소유 금지 - 일반지주회사는 금융회사의 주식소유 금지 - 일반지주회사의 자회사는 관련다각화를 위한 회사, 당해 지주회사의 다른 자회사 외에는 지배목적으로 국내회사 주식소유 금지(손자회사 원칙 금지) - 30대 기업집단의 동일인 또는 특수관계인이 지주회사를 설립할 경우 지주회사와 자회사 간, 지주회사와 계열사 간, 자회사와 계열사 간, 자회사간의 채무보증을 해소해야 함 * 다만, 현물출자를 통해 지주회사로 전환하는 경우에 부채비율, 자회사지분율 요건, 지배목적 주식소유 금지 등의 제한에 대해 유예기간 부여	• 1997년말 IMF 사태 이후 구조조정의 원활한 추진이 시급히 요청되면서 허용 필요성 대두 • 이에 따라 지주회사가 구조조정의 수단으로 활용될 수 있도록 경제력 집중의 폐해 방지 한도 내에서 지주회사 설립을 제한적으로 허용
2001년 1월	• 지주회사의 제도적 보완 - 법 적용대상이 되는 지주회사의 최저 자산총액 기준을 300억원 이상으로 상향 조정 - 주권상장 또는 협회등록된 법인에 대하여 상장시점에 관계없이 자회사 주식소유한도를 30% 이상으로 통일 - 벤처지주회사에 대하여 자회사 주식소유한도를 20%로 완화 - 상법상 회사분할을 통해 지주회사로 신설·전환하는 경우에도 현물출자를 통한 전환의 경우와 동일한 유예기간 부여	• 현행 경제력 집중억제원칙의 틀 내에서 지주회사가 구조조정수단으로 원활히 이용될 수 있도록 제도보완

있다.

정부는 자율적인 금융구조조정을 촉진하고, 금융의 대형화 · 겸업화 추세에 효율적으로 대응하기 위해 금융지주회사가 필요하다고 판단하고 있다. 하지만 일반기업의 경우처럼 규제가 너무 까다로운 상태다.

외국에서는 금융지주회사가 이미 활성화되어 있다. 예를 들어 독일의 도이체방크는 은행업무를 하면서 자회사로 할부금융사, 부동산조사회사, 컨설팅회사, 증권사, 투신사, 투자자문회사 등을 보유하고 있는 거대한 혼합지주회사다. 또한 런던과 뉴욕에는 자회사를 별도로 거느린 순수 지주회사까지 두고 있다. 지주회사가 중층적인 2단계 구조로 나누어져 있는 것이다.

반면 영국의 바클레이즈 은행그룹은 순수 지주회사의 형태를 유지하고 있다. 원래는 바클레이즈은행을 축으로 한 사업지주회사 형태였지만 1987년 순수 지주회사를 설립하면서 은행그룹의 조직형태도 바뀌었다.

우리나라에서는 우리금융지주회사, 신한금융지주회사, 세종금융지주회사 등 3개가 있으며, 이 중 은행까지 거느린 순수 민간 금융지주회사는 신한금융지주회사 한 곳뿐이다.

9 기업의 권력구조
– 기업지배구조 개선 논란

왕자의 난 | 황제경영 | 기업지배구조 | 기업 이해관계자 | 사외이사제 | 소액
주주권 | 감사위원회 | 결합재무제표

현대 '왕자의 난'

2000년 3월, 현대그룹에서 '왕자의 난'이 일어났다. 지금은 고인
이 된 정주영 명예회장의 두 아들인 몽구·몽헌 공동회장간 왕위쟁
탈전이 벌어진 것이다. 두 왕자들의 대접전은 그로부터 2주 동안 숨
가쁘게 전개된다.

발단은 2000년 3월 14일, 이익치 당시 현대증권 회장에 대한 전격
적인 전보인사였다. 이익치 회장은 이른바 '바이 코리아' 붐을 일으
킨 몽헌 회장의 핵심 브레인이었다. 그를 껄끄럽게 여긴 몽구 회장측
이 그를 비주력 계열사인 고려산업개발 회장으로 밀어낸 것이다. 그
러나 이익치 회장은 인사명령에 불복해 다음날 현대증권으로 출근했

고, 미국에 있던 몽헌 회장도 바로 인사보류를 지시했다. 몽헌 회장이 전보인사에 승복한다는 것은 현대증권을 포함한 금융부문을 형에게 넘기고, 그룹 전체의 경영대권이 형에게 있다는 것을 인정한다는 뜻이었다.

초기 전세는 몽구 회장 쪽으로 기울었다. 22일 정주영 명예회장은 가회동으로 이사하면서 청구동 자택을 몽구 회장에게 물려주었다. '왕회장'이 몽구 회장의 손을 들어주는 모양새가 된 것이다. 하지만 몽헌 회장측의 반격은 막강했다. 24일 미국에서 귀국한 몽헌 회장은 바로 왕회장을 찾아가 전세를 뒤집었다. 왕회장은 몽구 회장을 현대 공동회장에서 면직시키고 몽헌 회장 단독체제를 승인했다.

하지만 이게 끝은 아니었다. 몽구 회장측은 이틀 뒤인 26일 몽구 회장에 대한 공동회장 면직조치가 철회됐다며 왕회장의 사인이 난 인사서류를 공개했다. 그리고 조금 있다가 몽헌 회장측은 몽구 회장측의 발표는 사실이 아니라고 주장했고, 이에 맞서 몽구 회장측은 물증을 대라고 반박했다. 한국경제를 대표하는 국내 최대 재벌의 경영권이 총수 1인의 결정에 따라 하루에도 몇번씩 뒤바뀌는 기막힌 일이 벌어진 것이다. 현대 '왕자의 난'은 결국 27일 왕회장이 직접 소집한 경영자협의회에서 몽헌 회장의 손을 들어주는 것으로 막을 내렸다.

물거품이 된 기업지배구조 개선책

현대의 후계다툼은 한국 기업들의 지배구조가 얼마나 전근대적이고 비민주적인가를 백일하에 드러냈다. 그것은 정부가 IMF 사태 이후 강력하게 추진해 온 기업지배구조 개선책의 실패를 의미하는 것이기도 했다. 총수 1인 지배체제를 뜯어고치려고 총수 보좌기구인 비서실과 기획조정실을 없애도록 하고 사외이사제 의무화, 소액주주 권한 강화 등 일련의 조치들을 취했지만 총수의 경영권 전횡은 전혀 개선되지 않았던 것이다. 총수의 말 한마디에 대권이 오락가락하는 형편이니 전문경영인들도 본업을 제쳐둔 채 몽구-몽헌 패로 각각 갈리어 세다툼을 하기 바빴다.

현대는 여론의 비난이 빗발치자 2000년 3월 30일, 지배구조개선책을 내놓았다. 기업경영은 명실공히 이사회를 중심으로 하고, 정씨 일가는 앞으로 이사로 등재된 회사의 경영에만 참여하겠다는 게 골자였다. 그룹 총수가 각 계열사를 지배하는 수단으로 활용돼 온 경영자협의회도 해체하기로 했다. 구조조정위원회도 당장은 아니지만 계열분리 등 구조조정 업무가 끝나는 대로 조기 해체하겠다고 약속했다. 그러나 왕회장의 말이 모든 것을 결정짓는 뿌리깊은 관행이 그렇게 쉽게 고쳐질 것이라고 믿는 사람은 거의 없었다.

기업지배구조는 기업의 권력구조

'기업지배구조'란 주주·경영자·종업원·채권자 등 기업을 둘러싼 이해관계자 사이의 역학관계를 말한다. 즉 기업의 권력구조다. 선진기업일수록 이 권력구조는 민주적으로 짜여져 상호 견제와 균형〔Check & Balance〕을 이룬다. 여기에는 권력구조를 민주화해야 기업의 주인인 주주의 이익도 극대화할 수 있다는 기본 전제가 깔려 있다. 민주국가가 나라의 주인인 국민에게 복무하는 것과 같은 이치다.

따라서 지분율이 10% 안팎에 불과한 오너가 경영권을 독점하고 자기 마음대로 회사를 좌지우지할 수 있다면 지배구조가 잘못된 것이다. 최고 경영자가 경영정보를 독점하고 자기 잇속만 챙길 수 있는 구조도 잘못된 것이다. 종업원이나 노조가 너무 강해 주주들에게 돌려야 할 경영과실을 과도하게 챙긴다면 그것도 잘못이다. '기업의 이해관계자'인 종업원이나 노조가 주인의식을 갖는 것은 좋지만 진짜 주인이라고 우기면 곤란하다. 소액주주들도 자신들에게 주어진 권한을 제대로 행사해 대주주의 독단을 막아야만 지배구조가 민주화된다. 정부가 아무리 소액주주들의 권한을 강화해도 소액주주들이 '권리 위에 잠잔다'면 아무 소용이 없는 일이다.

기업지배구조를 바꾸는 일은 쉽지 않다. 그것도 하나의 권력관계이기 때문이다. 기득권을 가진 오너 일가는 변화에 반감을 갖고 저항하게 된다. 기업지배구조와 관련된 제도는 IMF 사태 이후 많은 것이 바뀌었고, 앞으로 더 강화된다.

그러나 현대의 내분에서 보듯 오너의 족벌경영을 막는 데는 여전

〈9-1〉 한국과 주요국의 기업지배구조 비교

구분	미국·영국	독일	일본	한국
소유구조	연기금 등 기관투자가 비중	금융기관 비중	계열출자와 주거래은행	계열사간 상호출자
외부통제	시장에 의한 규율 • 월스트리트 룰 • 기업지배권 시장	은행에 의한 규율 • 이사회 참여 • 주요정책 간여	집단상호견제 • 계열간 묵시담합 • 주거래은행 감시	그룹의 본부조직에서 계열사 통제 • 시장규율 부재 • 거수기 이사회
이사회	일원적 이사회 • 사외이사제도 • 각종 내부위원회 운영(감사위원회 등)	이원적 이사회 • 감독이사회 (노·사 공동결정) • 경영이사회	일원적 이사회 • 이사회 기능 취약 • 이사회·감사회 분리	

※ 자료 : 한국경제연구원
한국기업은 소유경영자주의 아래 기업성장을 우선했다는 점에서 주주가치를 우선하는 미국의 주주주의나 종업원 이익을 중시하는 일본의 이해관계자주의와 차별화 됨

히 역부족인 상태다. 제도가 정착되지 않은 채 겉도는 경우가 많고, 오너와 경영자들의 의식도 쉽게 바뀌지 않고 있다. 그렇지 않고서야 어떻게 오너가 수많은 주주는 물론 이사회에 의견 한번 묻지 않고 후계자와 전문경영인의 진퇴를 하루에도 몇번씩 뒤바꿀 수 있겠는가.

재계의 반발도 만만치 않다. 기업구조개선책들이 오너와 대주주의 권한을 약화시키는 데 너무 치중해 기업경영의 효율성을 떨어뜨리는 결과를 초래하고 있다는 게 재계의 기본 시각이다. 전경련은 "기업지배구조는 법이나 제도를 통해 세세한 부분까지 규제할 것이 아니라, 경영을 잘못한 기업이나 기업인을 시장이 퇴출시키는 자율시스템으로 정착시켜야 한다"고 주장하고 있다.

IMF와 세계은행까지 문제삼은 '황제경영'

한국 재벌들의 전근대적 지배구조는 IMF나 세계은행 등 국제기구에서도 문제삼을 정도였다. IMF는 한국의 외환위기는 재벌 총수들이 자기 마음대로 분에 넘치는 사업확장을 일삼았기 때문이라고 지적했다. 총수의 경영권 전횡을 견제할 수 있는 장치가 있었다면 무분별한 차입경영과 과잉·중복투자도 없었을 것이란 얘기다.

세계은행은 1997년말 한국에서 IMF 사태가 터지자 4,800만 달러를 기업·금융구조조정용 기술지원차관으로 지원하고, 이 중 45만 달러를 기업지배구조를 고치는 데 쓰라며 법무부에 할당했다. 법무부는 이 자금을 이용해 제도개선에 나섰고 미국이 주축이 된 국제컨소시엄 자문단에 권고안을 만들 것을 용역 의뢰했다. 자문단에는 쿠더트 브러더스[Coudert Brothers] 법률사무소와 스탠포드대 법과대학원, 국제개발법률연구소[IDLI] 및 한국의 세종법무법인이 참여했다.

자문단은 1999년말 초안을 만든 뒤 전국경제인연합회, 대한상공회의소, 중소기업협동조합중앙회, 상장사협의회 등 경제단체와 외부 전문가들의 의견을 수렴해 2000년 5월 법무부에 최종안을 제출했다. 법무부는 이에 근거해 기업지배구조를 바꾸기 위한 상법개정 등 후속대책을 추진중이다.

지배구조 어떻게 고쳐야 하나

그렇다면 어떻게 기업의 지배구조를 짜는 게 정답일까? 첫 번째 답안지는 1998년 8월에나 나왔다. 이른바 '기업지배구조 모범규준'이 그것이다. 이 규준은 민간 전문가 14명으로 구성된 기업지배구조 개선위원회〔위원장 김재철 무역협회 회장〕가 6개월간 머리를 짜내 만든 것이다. 이 규준은 일부가 법에 반영돼 실시중이지만 전체적으로는 '이런 식으로 지배구조를 짜라' 고 권고하는 내용의 가이드라인이다.

기업지배구조 개선위가 만든 모범규준과 법무부 자문단이 만든 권고안의 골자는 사실 비슷하다. 핵심은 민주적인 이사회 구성과 운영, 소액주주들의 권한 및 감시기능 강화, 투명한 정보공개 등 크게 3가지이다.

| 사외이사제 확대(☞ '11. 대주주의 입김을 막아라! – 사외이사제 확대 논란' 참조) **|** 기업의 이사회는 한 나라의 국회와 같은 것이다. 대통령이 국회를 제멋대로 장악하면 독재가 되듯이 기업의 이사회가 오너를 제대로 견제하지 못하면 지배구조는 민주화될 수 없다. 따라서 기업지배구조 개선책도 이사회의 위상과 역할을 강화하는 데 가장 큰 비중을 두어야 한다.

'사외이사제' 는 이를 위한 핵심장치 중의 하나다. 오너가 임명하는 이사가 이사회를 지배한다면 이사회는 오너의 뜻을 추인하는 거수기로 전락하게 된다. 반면 오너가 임명하지 않는 사외이사가 많다면 상황이 달라진다. 정부는 사외이사의 수를 이사회의 절반 이상으로 늘리고, 사외이사 선임방식도 이사추천위원회에 맡기는 방안을 마련해 단계적으로 시행하고 있다. 이사추천위원회도 오너의 입김을 받지 않도록 전체위원 중 절반 이상을 사외이사로 하도록 했다. 법무부 자문단은 더 나아가 소액주주 1명이 이사후보를 지명하고 1명이 재청하면 이사후보를 추천할 수 있도록 해야 한다는 파격적인 권고를 하고 있다. 이렇게 되면 이사후보는 수십, 수백 명 또는 그 이상이 될 수도 있다. 오너 대주주가 임의로 이사를 결정해 발표하던 과거의 방식은 완전히 사라지게 되는 것이다.

| '감사위원회' 신설 | 대주주와 이사회가 제 기능을 수행하는지 꼬치꼬치 따지는 감시기구인 감사제도도 강화된다. 지금까지 대기업의 감사는 대주주의 눈치를 보느라 제 역할을 다하지 못하는 경우가 많았다. 이런 문제를 극복하기 위해 감사도 상장대기업부터 사외이사가 중심이 된 3명 이상의 감사위원회로 대체하도록 하고 있다.

| '소액주주 권리' 강화(☞ '10. 가장 강력한 소액투자자 3권 - 집중투표제 · 집단소송제 · 대표소송제' 참조) **|** 많은 장치들이 도입됐거나 검토중이다. 소액주주들이 자신들이 원하는 사람을 임원으로 내세울 수 있는 집중투표제는 이미 도입되어 시행중이다. 그러나 기업들이 정관에서 시행을 배제할 수 있는 허점이 있어 이를 아예 의무화하는 방안이 거론되고 있다. 몇몇 소액주주들이 전체 소액주주들을 대표해서 소송을 내는 집단소송제는 법안이 국회에 계류되어 있다. 소액주주들이 회사를 대신해서 회사 임원의 법적인 책임을 묻는 대표소

〈9-2〉 기업지배구조 개선위원회가 권고한 기업지배구조개선안 주요내용

항목	개선권고내용
이사후보 추천	• 사외이사가 과반수인 이사추천위원회에서 이사후보 추천 • 소액주주 1명이 지명하고 1명이 재청하면 이사후보 추천가능
집중투표제	• 기업들이 정관으로 배제할 수 있는 현행규정을 삭제
이사 임기	• 시차 임기제를 금지해 이사 임기를 동일화함
이사 해임	• 주주총회 특별 결의사항에서 일반 결의사항으로 완화 • 이사 해임 때 모든 이사에 대한 해임결의 병행
정부열람권	• 열람 가능한 주주의 지분율 자격(현행 3%)을 낮춤
주총소집 통보	• 주주총회 15일 전에서 30일 전으로 변경
이해관계자 거래	• 상장사의 사소하지 않은 이해관계자 거래 때는 이해관계가 없는 사외이사 중 과반수의 승인을 받아야 함 • 대규모 이해관계자 거래는 사외이사는 물론 이해관계가 없는 주주의 승인도 받아야 함
이사·감사권	• 이사와 감사는 회사의 모든 정보에 접근 가능
감사위원회	• 상장사는 전원 사외이사로 감사위원회 구성 • 비상장 대기업도 설치 의무화
대표소송	• 1주만 갖고 있어도 6개월만 보유하면 소송자격 부여
인수·합병	• 인수시도를 방해 또는 저지하기 위한 방어조치 제한
외국인 투자	• 외국인의 상장주식 소유제한 철폐

송제도는 기준이 대폭 완화되었다. 대표소송을 낼 수 있는 소액주주의 최소지분율은 IMF 사태 전까지 1%였으나 지금은 0.01%다. 이사와 감사의 해임을 요구할 수 있는 소액주주 지분율도 1%에서 0.5%로 떨어졌다.

자본금이 1,000억원 이상인 상장기업과 자산 2조원 이상인 대형 금융기관은 더 엄격해 소액주주권 행사요건이 모두 다른 상장기업의 절반이다. 예컨대 대표소송에 필요한 소액주주 최소지분율은 0.01%

가 아닌 0.005%, 이사해임 요구에 필요한 최소지분율은 0.5%가 아닌 0.25%다.

법무부 자문단이 제시한 권고안은 더 파격적이다. 단 한 주만 갖고 있는 주주라도 6개월 이상 주식을 갖고 있었다면 대표소송을 낼 수 있도록 해야 한다는 것이다.

|**경영정보 투명화**| 기업들이 경영현황과 실적을 정확하게 기록하도록 회계제도가 강화된다. 재벌들이 사실상 지배관계에 있는 모든 계열사를 망라하는 '결합재무제표'를 작성하도록 하는 방안은 1999년 도입되었다. 기업 장부를 열람할 수 있는 주주의 지분율도 1997년 1월, 5%에서 3%[자본금 1,000억원 이상 상장·등록기업은 1.5%]로 낮추었고, 이후 다시 1%[0.5%]로 조정했다.

10 가장 강력한 소액투자자 3권
– 집중투표제 · 집단소송제 · 대표소송제

시사용어 포인트

집중투표제 | 누적투표제 | 소액주주 | 집단소송제 | 대표소송제

소액투자자 3권

집중투표제와 집단소송제, 대표소송제는 모두 소액주주들을 위한 장치다. '소액주주'〔상법상 용어는 소수주주〕들의 권한을 강화해 대주주의 경영권 독점과 전횡을 막아보겠다는 게 취지다. 소액주주의 권리를 보장하는 여러가지 제도 중에서도 특히 이 세 가지 제도는 강력하다. 따라서 대주주들이 이를 꺼리는 것도 당연하다.

집중투표제, '소액주주도 원하는 이사를 뽑는다'

'집중투표제'는 주주총회에서 2명 이상의 이사를 뽑을 때 주주들에게 자기가 갖고 있는 주식 수에 이사 수를 곱한 만큼의 의결권을 인정해 주는 제도다. 이런 식으로 하면 지배주주가 핵심 경영진인 이

사를 자기 마음대로 선임하는 것을 견제할 수 있다. 소액주주들이 대주주의 인사권에 제동을 걸 수 있다는 점에서 획기적이다. '누적투표제'라고도 한다. 미국은 1950년, 일본은 1974년에 이 제도를 도입했다. 우리나라는 1997년말 뒤늦게 도입했다. 그러나 의무는 아니어서 정관에서 집중투표제 시행배제를 규정할 수 있다.

그렇다면 소액주주들은 어떻게 이 제도를 이용하면 될까?

대주주가 60주, 소액주주가 40주를 갖고 있는 회사에서 대주주가 원하는 A, B 2명의 이사를 선임한다고 가정해 보자. 집중투표제가 허용되지 않을 경우 A, B 각각의 후보에 대해 대주주는 60주씩, 소액주주는 40주씩 투표를 할 수 있다. 따라서 어떤 경우에도 소액주주들

〈10-1〉 집중투표제 실시 효과

※ 기본가정 : 60주를 갖고 있는 대주주가 주주총회에서 40주를 갖고 있는 소액주주들의 의사에 반해 자기편인 A, B 2사람을 이사로 선임하려고 할 경우

집중투표제 시행 전

| 대주주(60주) | 60표 찬성 | 60표 찬성 |
| 소액주주(40주) | 40표 반대 | 40표 반대 |

↓

A, B 모두 이사 선출

집중투표제 시행 후

| 대주주(60주×2) | 60표 찬성 | 60표 찬성 |
| 소액주주(40주×2) | 0 | 80표 반대 |

↓

A, B 중 한 사람 이사 탈락

은 대주주를 이길 수 없다.

그러나 집중투표제가 허용되면 상황이 달라진다. 소액주주는 40×2인 80주를 A나 B 중 한 사람에게 집중시켜 반대표를 던질 수 있다. 대주주도 60×2인 120주를 확보하게 되지만 A, B 두 사람을 모두 이사로 선임하는 데는 역부족이 된다. 대주주가 80주를 가진 소액주주들을 이기기 위해 A에게 81주를 던지면 B에게 던질 수 있는 주식은 39주다. 이때 소액주주는 B쪽에 반대표를 집중해 그를 떨어뜨릴 수 있다. 같은 방식으로 소액주주들은 회사경영을 감시하고 자신들의 이익을 대변해 줄 수 있는 대표를 이사로 선임할 수도 있다.

집단소송제, '모두를 위한 하나'

'집단소송제'는 흩어진 다수를 대표해 몇몇 소액주주〔증권투자자〕가 기업을 상대로 손해배상 청구소송을 낼 수 있는 제도다. 이 소송에서 이기면 소송에 직접 참가하지 않은 소액주주들도 모두 배상을 받을 수 있다. 요즘에는 일부 소비자가 전체 소비자를 대표해 소송을 내는 소비자 집단소송제도 논의되고 있다. 대주주로서는 이같은 법적 공세가 두려울 수밖에 없다.

기업이 경영상태가 매우 좋은 것처럼 적자를 흑자로 둔갑시키거나 흑자규모를 불려 발표했다고 하자. 증권투자자〔소액주주〕들은 당연히 이 회사의 주가가 오를 것이라고 생각하고 주식을 살 것이다. 그러나 결국 불법 장부조작 사실이 드러나고 주가가 폭락했다면 억울한 피해자들이 속출하게 된다. 이때 집단소송제는 위력을 발휘할 수 있다.

집단소송제가 아닐 경우 투자자들은 제각각 소송을 내야 한다. 하지만 번거로운 절차 때문에 소송을 내지 않는 사람이 더 많을 것이다. 또 개인적인 피해규모가 크지 않은 사람들은 대개 '그냥 손해보고 만다'는 식으로 생각할 것이다. 그러나 개개인에게는 작은 피해라도 피해자가 많으면 전체규모는 대단히 크다. 집단소송제는 바로 이러한 개개인의 피해를 모두 합한 전체 피해액에 대해 기업에 배상을 요구할 수 있다. 기업들에겐 겁나는 일이 아닐 수 없다.

대표소송제 '소액주주가 회사를 대표한다'

'대표소송제'는 몇몇 소액주주들이 회사를 대표해서 내는 소송이다. 회사 임원이 부당한 행위로 회사에 손해를 끼쳤을 경우 소액주주들이 회사의 주인 자격으로 손해배상 청구소송을 내는 것이다. 따라서 임원들이 이 소송에서 지면 소액주주가 아닌 회사에 대해 배상을 해야 한다. 대표소송을 낼 수 있는 소액주주들의 최소지분율은 1998년 2월, 1%에서 0.05%로 낮아졌고 이어 5월에는 0.01%, 1999년 2월에는 0.005%로 더 떨어졌다.

대주주와 소액주주의 공방

집중투표제와 집단소송제, 대표소송제에 대한 찬반 논란은 아직도 계속되고 있다. 경제정의실천시민연합·참여연대 같은 시민단체들은 대주주의 권한이 너무 세고, 경영과 회계투명성이 떨어지는 나라에서는 반드시 이 제도가 필요하다고 주장하고 있다.

반면 전국경제인연합회 등 재계에서는 미국식 선진제도라고 해서 무비판적으로 도입하면 현실에 맞지 않아 부작용이 더 클 것이라고 반박하고 있다. 집중투표제는 이사회 내부의 갈등과 경영권 분쟁을 일으키고, 집단소송제와 대표소송제는 소송만능주의를 자극해 득보다 실이 많을 것이라는 게 재계의 반대논리다.

정부의 태도는 이중적이다. 겉으로는 소액주주 편을 들고 있지만 실제로는 제도시행에 미온적인 경우가 많다.

이 때문에 이들 제도의 정착은 아직 요원하다. 집중투표제는 현재 상장기업의 75%가 시행하지 않고 있다. 4개 사 중 3개 사는 주주총회에서 특별결의 형식으로 '집중투표제 배제' 조항을 정관에 삽입한 것이다. 정부는 일정규모 이상의 대기업에 대해서는 집중투표제 도입을 의무화하는 방안을 검토중이지만 언제 관철될지 확실치 않다.

집단소송제는 법안 자체가 국회의 벽을 넘지 못하고 있다. 정부는 1998년 11월 국회에 '증권 집단소송제' 법안을 냈지만 국회의원들이 2000년 4월, 15대 국회가 끝날 때까지 심의는 하지 않고 장기간 계류시키는 바람에 결국 자동 폐기되고 말았다. 16대 국회 때도 마찬가지였다.

정부는 2001년 가을 정기국회에 '증권관련 집단소송법안' 을 다시 냈다. 이때는 재계의 거부감을 감안해 2002년 4월부터 단계적으로 시행하겠다는 타협안을 제시했다. 즉 자산총액 2조원 이상인 상장 · 등록기업이 허위공시, 분식회계, 시세조작, 미공개정보 이용 등 4가지 항목에 해당하는 위법행위를 했을 경우에만 50명 이상의 피해자가 집단소송을 낼 수 있도록 했다. 하지만 이 법안 역시 국회에서 2년 가까이 잠자다가 2003년 7월 가까스로 통과했다. 하지만 시행시기를 1년 이상 유예해 여전히 빛을 보지 못하고 있는 상태다.

11 대주주의 입김을 막아라!
– 사외이사제 확대 논란

시사용어 포인트

사외이사 | 상법상의 이사 | 사실상의 이사 | 이사회 | 사외이사 추천위원회 |
감사위원회

사외이사는 '노'라고 말할 수 있는 사람

'사외이사' 란 말 그대로 회사 밖에서 이사회 멤버로 영입한 이사
다. 이사회는 기업의 지배구조에서 한 축을 이루는 심의·의결기구
이며, 사내이사와 사외이사로 구성된다. 회사 안에서 과장－차장－
부장을 거쳐 이사로 승진했다고 하더라도 이사회 멤버가 아니면 진
짜 이사가 아니다. 요즘에는 이런 이사를 이사회 멤버와 구분하기 위
해 '상무보' 등 다른 이름으로 바꿔 부르는 기업도 많다. '상법상 이
사' 는 이사회 이사로 등재된 사람만을 뜻한다.

사외이사는 투명하고 민주적인 경영을 위해 대주주의 독단을 감
시하고 견제하는 역할을 한다. 기업의 지배주주를 대통령, 이사회를

국회라 한다면 사외이사는 야당 국회의원이라고 할 수 있다. 사내이사가 대주주의 입장을 대변하는 '예스맨'이라면 사외이사는 이에 맞서 '노'라고 말할 수 있는 사람인 것이다.

사내이사와 사외이사는 근무방식도 다르다. 사내이사는 날마다 출근하지만 사외이사는 이사회 때만 나가면 된다. 사외이사는 회사의 일상적인 경영활동에서 자유로운 비상근직이다.

강화되는 대주주 견제장치

우리나라 대기업 중 사외이사제를 가장 먼저 도입한 곳은 현대그룹이다. 현대는 1996년부터 주요 계열사에서 사외이사제를 시행했다. 공기업 중에서는 포항제철이 1997년에 가장 먼저 사외이사제를

〈11-1〉 상장기업 사내·사외이사 분포현황

이사총수	사외이사	사내이사	
		지배주주 등	전문경영인
4,218명	34.8%	24.7%	40.5%

〈11-2〉 상장기업 사외이사의 직업별 분포

순위	직업	수	비율	순위	직업	수	비율
1	경영인	363	25.2%	6	연구원	38	2.6%
2	교수	267	18.6%	7	사회단체	31	2.2%
3	변호사	127	8.8%	8	언론인	16	1.1%
4	회계·세무사	103	7.2%	9	기타	424	29.5%
5	고문·자문	70	4.9%	합계		1,439명	

도입했다.

그러나 우리나라에서 사외이사제가 본격 시행된 것은 1998년부터이다. 정부는 이때 증권거래법을 고쳐 모든 상장기업에 대해 1명 이상의 사외이사를 두도록 의무화했다. 그리고 1999년부터는 사외이사의 비중을 이사회의 4분의1 이상으로 확대했고, 2000년부터는 자산총액이 2조원 이상인 상장기업에 한해 규정을 더 강화했다.

이런 대기업은 사외이사를 3명 이상인 동시에 '이사회'의 비중이 4분의1 이상이 되도록 해야 한다. 또한 감사도 3명 이상의 '감사위원회'로 바꾸고 감사위원 중 3분의2 이상을 사외이사로 채워야 한다. 예컨대 사외이사가 3명인 대기업에서 이사회 전체 멤버는 12명 이내여야 한다. 또 감사위원회는 3명으로 구성하고 이 중 2명을 사외이사로 선임해야 한다. 사외이사도 대주주가 마음대로 뽑지 못한다. 사외이사는 별도로 설치한 '사외이사 추천위원회'에서 뽑는다. 이 추천위원회는 절반 이상을 사외이사로 구성해야 한다.

정부는 이 규정을 2001년부터 더 강화해 자산 2조원 이상의 상장기업인 경우 이사회의 절반 이상을 사외이사로 채우도록 했다. 따라서 사외이사를 하한선인 3명만 둔 대기업은 전체 이사회 멤버를 12명 이내에서 6명 이내로 줄여야 했다.

사외이사제 활성화될까

선진국에서 사외이사제가 의무화된 것은 1960년대다. 미국의 경우 상장기업 이사의 60~70%가 사외이사다. 그러나 우리나라에서 사외이사제는 아직 제자리를 잡지 못하고 있다. 대주주가 제왕처럼 군림하는 경영풍토가 워낙 강한 탓이다. 이런 대주주가 쓴소리를 하

<11-3> 상장기업 내부감사제도 현황

상근 감사	비상근 감사	감사 위원회	감사위원회 구성					
			사외이사	기타 이사		감사위원회 위원장		
				상근	비상근	사외이사	기타이사	
70.2%	17.7%	12.1%	2.4명	0.7명	0.2명	70.6%	29.4%	

※ 자료 : 증권거래소 2001년 상장법인 지배구조개선 실태조사

는 '야당 국회의원'을 반가워할 리 없다.

1998년 이전에도 정부는 여러 차례 사외이사제 도입을 추진했으나 재계의 반대에 부딪혀 도중하차하곤 했다. 기업지배구조는 기업이 자기 실정에 맞게 자율적으로 정하는 것이지 법으로 강제할 수 있는 게 아니라는 것이 재계의 주장이었다. 사외이사가 많으면 기업비밀이 밖으로 새나갈 것이란 문제까지 들고나왔다.

하지만 이제는 사외이사를 의무적으로 둘 수밖에 없게 되었다. 대주주가 자기 구미에 맞는 사람만 사외이사로 앉히기도 어려워졌다. 사외이사 추천위원회가 가동되기 전인 1999년까지는 사외이사 선임에 대주주의 입김을 차단할 수 있는 장치가 없었다. 이에 따라 사외이사 대부분이 대주주의 '들러리'였다. 1999년 증권거래소가 상장기업을 대상으로 조사한 결과, 대주주와 주요주주가 사외이사를 추천한 비율은 88.0%에 달했다. 10명 중 9명은 대주주 편이었던 셈이다. 2001년 이 비율은 76.0%로 떨어졌다.

사외이사제도가 제대로 작동하려면 대주주부터 의식을 바꾸어야 한다. 경영민주화를 통해 기업가치를 높이겠다는 쪽으로 발상의 전환이 필요한 것이다. 사외이사들도 자기 역할에 더 충실해야 한다.

평소에는 회사경영에 신경쓰지 않다가 이사회 때만 잠깐씩 참석해 자리를 채우는 식으로는 대주주 견제 역할을 제대로 해낼 수 없다.

사외이사에 대한 대우를 늘리는 방안도 필요하다. 우리나라 상장사들의 사외이사 보수는 월 171만원〔2001년 증권거래소 조사〕 수준이다. 반면 미국의 사외이사는 평균 6만 달러 안팎의 연봉과 스톡옵션·자사주식 배당과 같은 대우를 받고 있다. 이사회 운영도 재정비해야 한다. 일사분란한 의사결정체제에 익숙한 풍토에서는 회의와 토론이 안 된다. 정부 각 부처가 운영하는 각종 위원회가 유명무실한 것도 이 때문이다.

〈시사용어 팁-사실상의 이사〉

법적인 이사는 아니면서 회사 의사결정에 관여하는 총수, 명예회장 등을 사실상의 이사로 간주하는 제도. 상법개정을 통해 1999년 도입했다. 이에 따라 그룹 회장 등이 경영잘못으로 회사나 주주에게 피해를 입혔을 경우 책임을 물어 손해배상 청구소송 등을 낼 수 있는 길이 열렸다.

12 위기의 기업이 선택하는 마지막 승부수
–법정관리 · 은행관리 · 화의 · 워크아웃

시사용어 포인트

법정관리 | 은행관리 | 화의 | 워크아웃 | 부도유예협약 | 회사채 신속인수제도 | 도산3법 통합 | 기업구조조정 촉진법 | 기업갱생 절차법 | DIP(Debtor In Position)제도 | 개인갱생신청 | 개인 워크아웃 | 개인 신용회복지원협약

부실기업이 가는 중환자실

IMF 사태 이후 기업부도가 줄줄이 이어지면서 위기의 기업이 살기 위해 선택하는 '최후의 카드'도 종류가 다양해졌다. 국가 외환위기가 불거지기 전인 1996년까지는 법정관리나 은행관리가 거의 유일한 카드였다. 그러나 1997년 들어 부도유예협약이란 제도가 잠깐 등장했고 곧이어 화의라는 제3의 카드가 히트를 쳤다. 이어 1998년부터는 워크아웃〔기업개선작업〕이란 또다른 카드가 선보였다. 2001년에는 자금사정이 어려운 대기업들이 발행한 회사채를 산업은행에서 사주는 회사채 신속인수제도가 1년 동안 시행됐다.

자고 나면 하나씩 튀어나오는 생소한 제도에 헷갈리는 사람이 많은 것도 당연하다. 정부가 기업구조조정 촉진법을 제정한데 이어 파산법, 회사정리법, 화의법 등 이른바 '도산3법'을 하나로 통합〔기업갱생절차법〕하기로 한 이유도 이 때문이다.

위기의 기업을 살리는 회생 프로그램

법정관리 · 은행관리 · 화의 · 워크아웃은 모두 기업을 죽이기〔파산 후 청산〕보다는 살리려는 데 목적이 있다. 모두가 기업회생 프로그램인 것이다. 부실기업을 청산해 '빚잔치'를 하면 빚이 자산보다 훨씬 많아 채권자들은 모두 큰 손해를 보게 된다.

예를 들어 1999년 대우사태로 도산위기에 몰린 (주)대우는 청산할 경우 무담보 채권자가 받을 수 있는 원리금 상환비율이 13%에 불과한 것으로 나왔다. 1억원을 빌려준 사람이라면 1,300만원밖에 받지 못하는 것이다. 그러나 이런 기업 중에도 빚 독촉을 조금만 미뤄주고 자금을 지원해 주면 다시 살아날 수 있는 기업이 많다.

회생가능성이 있는 기업은 죽이기보다는 살리는 게 모두에게 유리하다. 기업주와 종업원은 회사를 계속 꾸려 나갈 수 있어 좋고, 채권금융기관은 빚을 제대로 받아낼 수 있어 좋다. 국가적으로도 기업의 부도충격을 피할 수 있어 좋다.

비슷하면서 다른 제도

'법정관리'란 기업이 자력으로 회사를 꾸려가기 어려울 만큼 부채가 많을 때 법원에서 지정한 제3자〔법정관리인〕가 자금을 비롯해 기업활동 전반을 관리하는 것을 말한다. '은행관리'는 기업이 빚을 갚지 못해 부도위기에 몰렸을 때 주거래은행이 자금집행 등 영업활동의 일부를 관리해 주는 제도다. '화의'는 채권자〔금융기관〕와 채무자〔기업〕가 기업을 살리기 위한 방안을 짜 법원에서 인가를 받은 다음 실행하는 제도다. 채권 – 채무자 간의 법적인 합의 또는 화해라고 생각하면 된다. '워크아웃'은 채권금융기관들이 서로 협의해 기업의 재무구조를 개선하고 경쟁력을 강화시키는 방안을 만들어 집행하는 제도다.

무엇이 다른가

가장 큰 차이는 누가 경영권과 기업회생의 주도권을 쥐느냐는 것이다. 법정관리는 법원〔법정관리인〕이 회사경영권을 갖는다. 반면 은

〈12-1〉 워크아웃 · 법정관리 · 화의 비교

구분	워크아웃	법정관리	화의
대상/ 신청권자	주식회사/당해기업 및 주관은행	주식회사/당해기업, 채권자 및 주주	개인 및 법인/채무자
유예대상 채권	협약가입채권 전액	상거래채권 포함한 모든 채권	화의채권(무담보채권)
주주권리	실사결과에 따라 감자 후 채권단 출자전환 실행	2분의1 이상 소각(특수관계인 소유주식의 3분의2 이상 추가소각 가능)	감자 등의 절차없이 주주권리 유지
경영권	협의회 결의로 구경영진의 경영권 박탈 가능	구경영진 경영권 소멸	구경영진 경영권 유지
중요사항 결정	채권금융기관 협의회 4분의3 이상 결의로 결정	채권액 4분의3(무담보의 경우 3분의2) 이상 결의로 결정 후 법원인가	출석채권의 과반수 및 총채권액의 4분의3 이상 결의
채권상환 기간	제한없으나 대부분 5년	최장 10년	제한없으나 법정관리 수준에서 결정

행관리와 화의에서는 기존 대주주의 경영권이 인정된다. 워크아웃은 채권단이 경영권의 향방을 결정한다. 대주주 입장에서 보면 법정관리보다는 워크아웃이, 워크아웃보다는 화의가 자기 경영권을 지키는 데 유리하다고 할 수 있다.

채권·채무가 동결되는 정도도 다르다. 기업 또는 채권자가 법정관리를 신청하면 법원은 기업의 재산과 빚을 파악하기 위해 일단 재산보전처분을 내린다. 이것이 떨어지면 회사의 모든 채권·채무가 동결된다. 몇개월 뒤 법원이 회사정리계획안[회사를 정상화시키기 위한 방안이기 때문에 이를 회사를 정리하겠다는 뜻으로 생각하면 안 된다]을 인가하면 이후 장기간[예를 들면 10년]에 걸쳐 부채가 분할 상환된다. 법으로 정리계획안이 확정된 만큼 이에 반대하는 채권자라고 하더라도 이의를 제기할 수 없다. 은행관리 때는 주거래은행이 부채를 조정해 주고 다른 채권금융기관에 협조를 요청하게 된다. 그러나 금융기관이 이에 협조해야 할 의무는 없다.

화의는 채권단의 75%[금액기준]가 부채조정안에 동의할 경우 이에 동의하지 않는 나머지 25% 채권자에 대해 화의수용을 법적으로 강제할 수 있다. 워크아웃도 75% 이상의 동의가 필요하지만 반대하는 채권자에게 워크아웃 계획의 수용을 강제할 수 없다.

법정관리 대신 화의로

화의란 제도가 갑자기 유명해진 것은 1997년이다. 첫 스타트는 주택업체인 동신이었다. 이 회사는 1997년 7월, 상장회사로는 처음으로 법원에 화의 신청을 했다. 이어 한주통산, 진로 등 상장사들의 화의 신청이 줄을 이었다. 1997년 화의를 신청한 기업은 186개로 9개

사에 불과했던 1996년보다 무려 20배가 늘어났다. 위기에 몰린 대기업들이 회사를 살리는 동시에 경영권도 지키겠다는 생각에 법정관리 대신 화의를 잇따라 신청한 것이다.

기아자동차도 1997년 7월, 부도위기에 몰리자 화의를 추진했다. 기아자동차는 정부와 채권단이 김선홍 당시 기아자동차 회장의 경영권을 박탈하고 퇴진시키려고 하자 서둘러 화의를 신청했다. 기아자동차의 화의는 결국 받아들여지지 않았다. 이에 앞서 대농그룹도 미도파 등 주력업체의 경영권을 지키기 위해 화의신청을 추진했다가 채권단에게 퇴짜를 맞았다.

화의제도가 부실 대기업의 경영권 보전수단으로 남용되자 정부는 1998년 2월, 신청자격을 자산규모 2,500억원 이내 기업으로 제한하는 등 기준을 대폭 강화했다.

화의 대신 살빼기 운동(워크아웃)으로

화의신청이 까다로워지자 워크아웃이 새로운 유행으로 그 뒤를 이어받았다. 워크아웃이란 원래 '격렬한 살빼기 운동'에서 비롯된 말이다. 특히 미국의 유명 여배우인 제인 폰다가 '몸매 가꾸기'를 하면서 사용한 말이 워크아웃이다.

잭 웰치는 미국 제너럴 일렉트릭[GE]사의 회장에 취임하면서 제인 폰다를 본떠 1989년 워크아웃을 기업구조조정 전략으로 도입했다. 폰다가 격렬한 운동으로 군살을 빼 매력적인 몸매를 가꾸었듯이 GE도 불필요한 사업을 버리고 인력을 과감히 조정해 체질을 바꾸도록 한 것이다. 그가 주도한 GE사 워크아웃 과정에서 무려 30만 명의 근로자가 아웃됐다. 그러나 GE는 지금 마이크로소프트와 함께 세계

<12-2> 워크아웃 추진기업 동향

시점	워크아웃 적용업체(A)	워크아웃 결과			졸업비율 (B/A)
		졸업(B)[2]	중단[3]	잔존	
2000년 12월말	84	36	11	37	42.8%
2001년 8월말	83	36	12	35	43.4%
2001년 12월말	83[1]	47	14	22	56.6%

※ 자료 : 금융감독원
1) 워크아웃 선정(104개) - 시작 전 탈락(8개) + 회사분할(4개) - 합병(17개)
2) 졸업 : 자율추진 포함
3) 중단 : 진도(5월 법정관리 신청), (주)대우 · 대우중공업(9월 청산대상 편입)

를 주름잡는 최대의 우량기업이다.

우리나라에서는 재벌구조조정의 일환으로 1998년 처음 모습을 드러냈다. 당시 정부는 6~64대 그룹 중 부실이 심한 그룹에 대한 회생전략으로 워크아웃을 단행하도록 했다. 5대 그룹에 대해서는 빅딜〔대규모 사업교환〕을, 그 이하 그룹에 대해서는 워크아웃을 각각 구조조정의 핵심전략으로 제시한 것이다.

그러나 워크아웃 초기에는 이 말이 그야말로 '아웃'을 뜻하는 것으로 해석돼 혼란을 빚기도 했다. 1998년 7월부터 채권은행들은 고합, 신원, 강원산업, 거평, 우방, 동아건설 등을 잇따라 워크아웃 대상으로 선정했다. 워크아웃 대상이 되면 채권단의 자금지원이 시작돼 급한 불을 끌 수 있었다. 워크아웃에 대한 오해가 풀리면서 나중에는 아남처럼 스스로 워크아웃을 신청하는 경우까지 생겼다.

그러나 GE와 같은 철저한 워크아웃은 단행되지 않았다. 군살을 빼는 것은 시늉일 뿐 자금지원으로 적당히 때우는 '도덕적 해이' 현상이 나타났다. 이 때문에 우리나라의 워크아웃은 실패라는 평가가 적지 않다. 1999년에는 대우그룹이 5대 그룹 중에서는 처음으로 워크아웃 대상이 되었다. 당시 채권단이 대우 12개 계열사에 대해 워크아웃을 단행하는 과정에서 출자전환, 이자탕감, 원리금 상환 유예 등 채무조정을 해준 대우의 부채는 무려 31조원에 이른다.

채권단 손발맞추기 – 기업구조조정 촉진법

부실기업을 처리〔회생지원 또는 퇴출〕하는 수순은 부실기업 인식단계 → 부실기업 관리단계 → 법원 관리단계로 나눌 수 있다. 이 중 법원 관리단계에서는 파산법, 회사정리법, 화의법 등 '도산3법'의 적용을 받게 된다. 그러나 부실기업을 인식하고 관리하는 단계는 주로 금융당국과 채권단 소관이다.

이같은 부실기업 인식·관리단계를 제대로 가동시키기 위해 만든 법이 2001년 8월에 제정된 기업구조조정 촉진법이다. 이 법이 만들어지기 전에는 화의, 워크아웃, 회사채 신속인수 등 각종 부실기업 관리제도들이 서로 충돌하면서 부실기업 처리에 발목을 잡는 경우가 많았다.

채권금융기관들은 부실기업에 얼마나 돈을 빌려주었는지, 담보는 있는지 등 자기 이해관계에 따라 입장이 다르게 마련이다. 이들이 자기만 살기 위해 타협하지 않고 고집을 부리면 채권단은 부실기업 관리방안을 마련할 수 없게 된다. 응급환자는 한시가 급한데 의사들은 연일 회의만 하고 있는 꼴이 되는 것이다.

'기업구조조정 촉진법'은 이런 문제를 법적으로 해결할 수 있는 장치다. 이 법은 금융기관 빚이 500억원 이상인 1,000여 개 기업을 대상으로 한다. 이들 기업 가운데 워크아웃 기업, 회사채 신속인수

대상기업 등 부실징후가 포착된 기업에 대해서는 주채권은행이 은행관리 또는 채권단 공동관리 등을 통해 구조조정을 추진할 수 있다. 채권단은 부실징후 기업과 경영정상화 이행약정〔MOU : Memorandum Of Understanding〕을 체결하고, 주채권은행은 분기별로 MOU 이행실적을 점검하는 역할을 맡는다.

이때 핵심은 주채권은행이 구조조정 촉진법에 따라 채권단회의를 소집하면 채권금융기관들이 모두 모여 1개월 안에 결론을 내야 하고, 채권금융기관의 75%가 찬성하면 이에 반대하는 곳도 결의사항을 지켜야 할 법적 의무가 있다는 것이다. 이렇게 하면 채권금융기관들이 몇개월이고 앉아서 회의만 하는 폐단과 자기는 한푼도 돈을 내지 않으면서 '무임승차'의 득을 챙기려는 폐단을 고칠 수 있다.

도산3법 통합 – 기업갱생 절차법

정부는 파산법·회사정리법·화의법 등 '도산관련 3법'을 통합해 2004년부터 단계적으로 시행한다. 이른바 '기업갱생 절차법'이다. 이 법이 시행되면 법원관리 단계로 넘어온 부실기업의 처리가 법정관리와 파산으로 단순화된다. 화의제도가 사실상 폐지되는 것이다.

정부는 그러나 화의제도의 취지를 살려 부실기업의 경영인이라고 해서 무조건 경영권을 박탈하기보다는 일정한 조건 아래 기회를 줄 방침이다. 미국에서는 법정관리 신청기업의 오너나 경영인 가운데 경영능력이 있고 기업부실에 직접적인 책임이 없는 사람에게 계속 경영을 맡기는 'DIP〔Debtor In Position〕 제도'를 시행하고 있다.

이와 함께 감당하기 힘든 빚을 진 개인도 법원에 '파산구제신청〔개인갱생신청〕'을 할 수 있게 된다. 이는 경영위기에 몰린 기업이 법정관리를 신청할 수 있는 것과 같은 이치다.

> ⟨시사용어 팁 – 개인 워크아웃⟩
>
> 감당하기 힘든 빚을 진 사람이 곤경에서 빠져나올 수 있는 방법은 크게 두 가지다. 하나는 법원에 파산구제신청[개인갱생신청]을 하는 것이고, 또 하나는 금융기관에 구제를 요청하는 것이다. 기업으로 칠 때 앞의 것은 법정관리, 뒤의 것은 워크아웃에 해당한다. 이처럼 채무자를 대상으로 하는 개인 워크아웃제도는 2002년 6월, 은행·신용카드회사·상호저축은행·할부금융사·보험사 등이 합동으로 '개인신용회복지원 협약안'을 만들면서 도입됐다.
>
> 개인 워크아웃은 채권금융기관들이 신용불량자들에게 경제적 회생을 꾀할 수 있는 기회를 주기 위한 것이다. 외환위기 이후 대규모 실업과 가계대출 증가 등으로 개인파산 위기에 몰린 사람들이 급증하자 생겨난 제도이다. 개인 워크아웃제의 혜택을 받을 수 있는 대상은 협약에 가입돼 있는 금융회사 두 곳 이상에서 총 3억원[원금잔액 기준] 미만의 대출금, 카드대금, 할부금융채권을 연체하고 있는 신용불량자이다. 채무면제 한도는 총채무액의 3분의1 이내이다. 이들은 최저생계비를 넘는 정기적인 수입이 있어야 '빚을 갚을 의지와 능력'이 있다고 인정받는다.

13 뭉치면 손해다
– 아웃소싱과 분사, MBO와 EBO

시사용어 포인트

아웃소싱 | 인소싱 | 분사 | 기업결합 | MBO | EBO | LBO

핵심만 빼고 모두 떼어낸다

아웃소싱〔Outsourcing〕과 분사〔分社〕는 모두 방만한 기업조직을 정비해 경영효율과 경쟁력을 높이려는 경영전략의 하나이다. 우리나라에서는 IMF 사태 이후 기업구조조정을 강력히 추진하는 과정에서 급속히 확산되었다. 그 이전에는 대부분 몸집을 불리는 데 열중했지 있던 것을 쪼개고 떼어내는 데는 관심을 두지 않았다.

'아웃소싱' 은 회사업무 중 남들이 더 잘할 수 있는 일을 따로 떼어내 외부전문가에게 맡기는 것이다. 이른바 '외주' 다. 반대말은 '인소싱〔Insourcing〕'. 1980년대까지는 청소, 경비 등 회사일과 별로 관련이 없는 사소한 주변업무를 아웃소싱하는 게 고작이었다. 아웃소싱의 목적도 경쟁력·생산성 향상보다는 노사분규에서 강성을 띠는 노무직 직원들을 분리시키려는 의도가 강했다.

그러던 것이 1990년대 들어 구내식당, 홍보, 사보제작, 전산 등으로 조금씩 아웃소싱 영역이 확대되더니 IMF 사태를 계기로 진짜 과감한 아웃소싱이 선보였다. 인사관리, 구매 등 과거에는 생각도 할 수 없던 핵심 관리부분까지 아웃소싱하는 기업들이 나타난 것이다.

〈13-1〉 일본 3대 종합상사의 관리업무 공동아웃소싱 사례

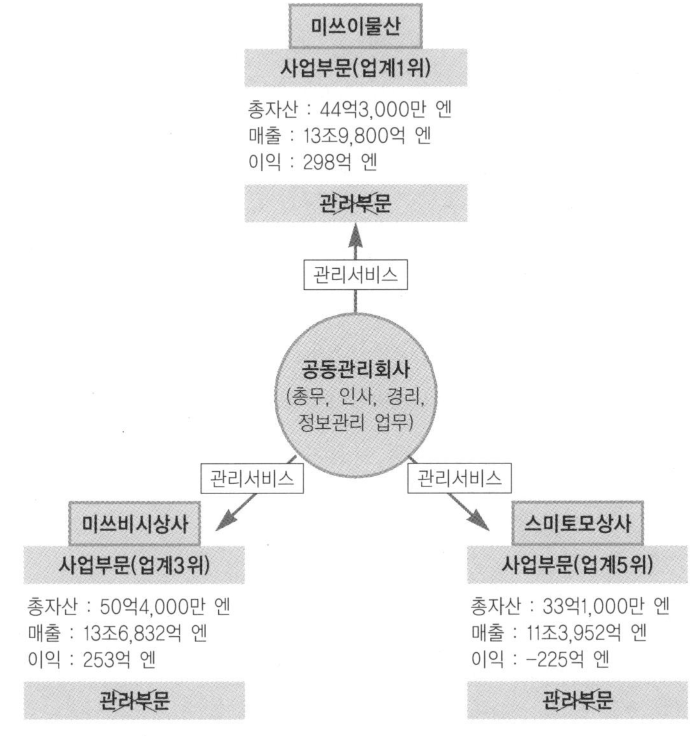

※ 각 업계지표는 1999년 3월 결산치

1999년 일본에서는 종합상사업계 1위인 미쓰이물산과 3위인 미쓰비시상사, 5위인 스미토모상사가 총무·인사·경리 등 핵심 관련업무를 모두 아웃소싱하기로 하고 공동관리회사를 만들기도 했다.

'분사'는 한 개의 회사를 두 개 이상으로 쪼개는 것이다. 반대로 두 개 이상의 회사를 하나로 묶는 것은 '기업결합'이다. 한 회사에서 여러가지 사업을 동시에 벌이면 집중력이 떨어져 죽도 밥도 아닌 식이 되기 쉽다. 분사는 이럴 때 필요하다. 좋은 사업아이디어가 있지만 벤처처럼 성격상 대기업에서는 추진하기 어려울 때 분사를 하기도 한다.

전국경제인연합회 조사에 따르면 30대 그룹은 지난 1997년에서 2001년 상반기까지 4년 6개월 동안 442개 회사를 분사시켰다. 이 중 IMF 한파가 한창이던 1998년과 1999년에 분사된 회사가 302개 사로 68.3%에 이른다. 그룹별로는 삼성 161개 사, 현대 98개 사, LG 94개, SK 45개 사 등 4대 그룹에서 분사된 기업이 398개로 거의 대부분을 차지했다. 이들은 분사를 실시한 이유로, 중소기업형 업종정리〔41.0%〕, 비주력사업 정리〔23.5%〕, 인력활용도 제고〔19.2%〕 등을 들었다. 분사기업의 규모는 자산총액 5억원 미만이 53.9%, 자본금 1억원 미만이 40.7%, 종업원 100명 미만이 78.1% 등 소규모가 대부분이었다.

MBO, EBO, LBO

A, B, C, D 등 4개 사업을 거느린 대기업이 있다고 하자. 이 회사 오너는 4개 사업 중 적자가 자꾸 나는 C사업을 어떻게든 정리하고 싶어한다. 반면 C사업을 맡고 있는 경영자와 직원들은 조직을 조금

<13-2> 30대 그룹 연도별 분사실태

(단위 : 개)

그룹명	모기업 수	분사기업 수(연도별)						종업원 수
		1997	1998	1999	2000	2001.6	합계	
삼성	16	0	115	29	5	12	161	17,235명
현대	12	36	27	18	8	9	98	16,937명
LG	15	5	18	51	14	6	94	21,443명
SK	11	3	11	11	13	7	45	3,650명
한진	5	0	0	4	1	0	5	2,866명
포항제철	1	0	0	0	1	0	1	40명
한화	2	0	0	4	0	0	4	2,636명
두산	1	0	0	0	3	1	4	103명
쌍용	1	0	0	0	2	0	2	880명
동부	1	2	5	1	1	0	9	144명
동양	2	0	0	2	1	0	3	227명
효성	1	0	2	0	0	0	2	52명
제일제당	3	1	0	0	1	4	6	643명
코오롱	3	0	0	0	3	0	3	289명
현대백화점	1	0	0	0	0	1	1	658명
대우전자	1	0	0	4	0	0	4	60명
합계	76	47 (10.6%)	178 (40.3%)	124 (28.1%)	53 (12.0%)	40 (9.0%)	442 (100.0%)	67,863명

※ 자료 : 전국경제인연합회

만 뜯어고치면 분명히 흑자가 날 것이라고 생각한다. 이때 C사업을 경영자가 인수하면 'MBO〔Management Buy-Out〕', 직원들이 인수하면 'EBO〔Employee Buy-Out〕'라 한다. C사업을 정리한 오너는 비수익사업을 팔고 현금이 들어와서 좋다. 또 C사업을 인수한 임직원은

<13-3> 분사형태

(1997~2001년 6월 기준)

EBO	MBO	EBO+MBO	기타[1]	합계
121개(27.4%)	128개(29.0%)	125개(28.3%)	68개(15.4%)	**442개(100.0%)**

※ 1) 기타는 사업부문 외부매각, 합작투자, 지분철수, 영업양도, 회사분할, 아웃소싱 등임

<13-4> 분사실시

(1997~2001년 6월 기준)

한계사업 정리	인력활용도 제고	비주력사업정리	중소기업형업종정리	기타	합계
4개(0.9%)	85개(19.2%)	104개(23.5%)	181개(41.0%)	68개(15.4%)	**442개(100.0%)**

※ 자료 : 전국경제인연합회

일자리를 지키고 원하는 대로 경영개선을 꾀할 수 있어 좋다. 영국은 이같은 MBO 방식의 분사로 공기업구조조정에 대성공을 거둔 대표적인 나라다.

'LBO〔Leveraged Buy-Out〕'란 것도 있다. C사업을 사고 싶지만 자금이 부족할 경우 C사업의 자산을 담보로 채권을 발행하고, 채권 판매대금으로 C사업을 인수하는 것이다. 이런 식으로 하면 C사는 분사 후 부채비율이 높아지는 문제가 있다. MBO를 할 때는 보통 고수익을 노리는 전문 투자기관이 끼어든다. LBO도 이런 기관들이 기업인수 자금을 조달해 줄 때 사용하는 방법의 하나이다.

2부 금융빅뱅의 회오리

2부 금융빅뱅의 회오리

은행도 망할 수 있다. 당연한 말이다. 하지만 IMF 사태 이전에는 그렇지 않았다. 은행이 망하리라고는 필자도 생각해 보지 않았다. 그런데 어느날 갑자기 은행들이 줄줄이 문을 닫는 사건이 일어났다. 선망의 직장이던 종합금융회사들도 모두 나가떨어졌다. 단자회사〔투자금융회사〕는 완전히 사라졌고, 투자신탁회사들은 '국민혈세'를 잡아먹는 부실공룡으로 전락했다. 기가 막혔다. 황당한 사건들은 마치 기다렸다는 듯 계속 이어졌다. 내 돈을 은행에 맡겼는데 제대로 찾을 수 없는 일이 벌어졌다. 셔터를 내린 종금사 앞에는 예금한 돈을 찾으려는 사람들이 운집했다. 신탁저축에 가입한 사람에게 이자를 주기는커녕 원금까지 떼어먹는 일도 생겼다.

지금 생각하면 이해가 간다. 금융기관도 경영을 잘못하면 망한다. 그런 곳을 선택해 거래한 고객은 응분의 책임을 져야 한다. 신탁저축은 예금과 달라 자산운용실적에 따라 수익률이 달라진다. 때문에 자산운용을 잘못하게 되면 수익률이 마이너스가 된다. 얼마나 당연한 상식인가.

그러나 외환위기 전에는 그 반대가 상식이었다. 상식의 반전. 그 반전을 받아들이는 과정이 쉽지는 않았다.

'금융빅뱅의 회오리'에는 우리나라 금융산업과 금융시장이 대변혁하는 스토리가 담겨 있다. 은행의 생사를 가르는 기준이 된 BIS비율, 156조원이란 천문학적인 돈이 투입된 공적자금, 잘 나가던 제일은행이 추락하고 2류이던 국민은행과 주택은행이 금융권의 리더로 떠오른 극적인 역전의 드라마 등등. 절대 사라지지 않을 것 같던 어음이 크게 줄고 있는 것도 사실 대단한 변화다.

한국의 금융을 이해하려면 바로 이같은 금융빅뱅의 역사를 추적해 보아야 한다.

14 금융질서의 대반전 – 금융빅뱅

시사용어 포인트

금융빅뱅 | 금융구조조정

금융계의 대폭발

빅뱅〔Big bang〕은 대폭발이다. 우주는 약 150억년 전 한 번의 거대한 폭발로 시작됐다고 한다. 1950년 영국의 천체물리학자인 프레드 호일은 이런 주장에 '빅뱅 이론'이란 이름을 붙였다. 그러나 호일은 우주가 '꽝〔Bang〕' 하는 엄청난 폭발로 시작된 게 아니라고 생각했다. 그는 우주가 시작도 끝도 없는 심연속에서 꾸준히 진화했다고 주장했다.

'금융빅뱅'도 우주의 빅뱅을 빗댄 말이다. 단 한 번의 충격으로 기존의 금융질서가 무너지고 새로운 세계가 열리는 격변이 꼭 빅뱅 같다는 것이다.

<14-1> IMF 사태 이후 2년 동안 정리된 금융기관

금융기관	정리	주요 정리내용
은행	10개	동남 · 동화 · 충청 · 경기 · 대동 퇴출, 상업+한일(한빛), 조흥+강원+충북(조흥), 하나+보람(하나), 국민+장기신용(국민)
증권	6개	고려 · 동서 · 장은 · 산업 · 한남투자 · 동방페레그린 퇴출
종금	20개	경남 · 경일 · 고려 · 삼삼 · 신세계 · 신한 · 쌍용 · 청솔 · 항도 · 한화 · 한솔 · 대구 · 삼양 · 제일 · 새한−한길 · 대한 퇴출. 한외→외환은행, 현대→강원은행, LG→LG증권
보험	5개	국제 · BYC · 태양 · 고려생명 퇴출. 대한생명 국영화
리스	9개	서울 · 부산 · 대구 · 광주 · 중앙 · 대동 · 동남 · 중부 · 동화 퇴출
투신	76개	신세기 · 한남 · 고려 · 보람 · 으뜸 등 퇴출
상호신용금고 등	43개	동화 · 일신 · 동아 · 신일 · 경일 · 금정 · 충남 · 호남 · 신경기 · 경주 · 부민 · 영주 등 퇴출
신용협동조합	211개	한영 · 대명 · 평화 · 명득 · 월성2동 · 심산1동 · 대구본리 · 포항북부 · 등 퇴출

1986년 영국에서는 실제로 그런 일이 벌어졌다. 영국은 이때 폐쇄적인 전업체제였던 금융계의 문호를 열어젖히고, 영역규제를 과감히 풀었다. 그 결과, 경쟁력이 없는 금융기관들이 무더기 도산하는 거대한 회오리가 일었다. 하지만 얼마 뒤에는 격변에서 살아남은 크고 강한 글로벌 금융기관들이 탄생했다. 오늘날 영국이 세계 금융시장의 메카로 자리잡은 것도 대폭발을 성공적으로 이겨냈기 때문이다.

IMF 사태가 부른 한국의 금융빅뱅

금융빅뱅은 1997년 11월 IMF 사태와 함께 한국에도 상륙했다. IMF는 한국에 돈을 빌려줄 테니 부실 금융기관을 신속하고 과감하게 정리하라고 요구했다. 관치금융과 기업들의 무더기 도산 등으로 엄청난 부실채권을 떠안은 금융기관들을 걸러내지 않고서는 '신용붕괴' 사태를 막을 수 없다고 판단한 것이다. IMF는 한국에 앞서 위기를 맞은 태국과 인도네시아에 대해서도 똑같은 요구를 했었다. 그 때문에 태국에서는 58개 금융기관이 영업정지당했고, 인도네시아에서는 16개 은행이 면허를 취소당했다.

벼랑 끝에 몰린 한국 정부도 IMF의 요구를 모두 받아들였다. 정부는 1997년 11월 19일, 부실 금융기관의 조속한 정리와 구조조정 지원을 골자로 하는 '금융산업 구조조정 방안'을 발표했다. 정부는 이 방안에 따라 종합금융회사는 1998년 1월말, 은행은 3월말, 여타 금융기관은 6월말까지 자산과 부채를 전면 재조사한 뒤 실사결과에 따라 생사 여부를 결정키로 했다. 1차 금융빅뱅의 시위를 당긴 것이다.

가장 먼저 격랑에 휩쓸린 종금사들은 그야말로 쑥대밭이 됐다. 30개에 이르던 종금사 중 17개 사의 인가가 취소됐고, 3개 사는 피합병되었다. 이어 동남·동화·충청·경기·대동은행 등 BIS〔국제결제은행〕 자기자본비율이 8%에 미달하는 5개 은행이 정리됐고 상업·한일〔한빛〕, 조흥·강원·충북〔조흥〕, 하나·보람〔하나〕, 국민·장기신용은행〔국민〕이 합병했다. 이에 따라 10개 은행이 사라졌다. 제일은행은 미국 뉴브리지 캐피털에 팔렸다.

다른 금융기관도 예외는 아니었다. 리스회사는 서울·부산·대구·광주·중앙·대동·동남·중부·동화 등 9개 사가 퇴출됐다. 증권사는 부도를 낸 고려·동서증권과 장은·산업·한남투자·동방페레그린 증권이 사라졌다. 보험사도 국제·BYC·태양·고려생명 등이 피합병됐고, 대한생명은 국영화됐다. 투자신탁회사 중에서는 신세기투신이 한국투신에 넘어갔고, 현대는 한남투신을 합병한 국민투신을 인수했다.

　엄청난 태풍이었다. IMF 사태 이후 2년 동안 종금사는 3개 중 2개, 은행과 리스사는 3개 중 1개, 투신사는 4개 중 1개, 증권사와 상호신용금고[현 상호저축은행]는 6개 중 1개, 신용협동조합은 8개 중 1개, 보험사는 10개 중 1개꼴로 사라졌다. 정부는 부실 금융기관을 정리하고 살아남은 금융기관을 정상화시키기 위해 천문학적인 공적자금[2002년 5월말까지 156조3,000억원]을 투입해야 했다.

〈14-2〉 금융기관 수익변화

(1997년 11월 ～ 2002년 5월말, 단위 : 개, %)

금융권별	1997년말 총기관수 (A)	구조조정 현황			계 (B)	비중% (B/A)	신설	2002년 5월말
		인가 취소	합병	해산·가교사 이전, 영업정지				
은행	33	5	9	–	14	42.4	1	20[1]
종금	30	18	6	4	28	93.3	1	3
증권	36	5	2	1	8	22.2	16	44
보험	50	7	6	2	15	30.0	9	44
투신	30	6	1	–	7	23.3	7	30
상호저축은행	231	71	26	25	122	52.8	12	121
신용협동조합	1,666	2	102	317	421	25.3	9	1,254
리스	25	9	1	–	10	40.0	3	18
비은행계	2,068	118	144	349	611	29.6	57	1,514
합계	2,101	123	153	349	625	29.8	58	1,534

※ 자료 : 재정경제부
　1) 우리금융지주회사 편입 3개 은행 및 신한금융지주회사에 편입예정인 제주은행 감안시 17개 사

다시 시작된 2차 빅뱅

1998년에 집중적으로 일어난 한국의 금융빅뱅은 끝이 아니었다. 21세기에 들어서면서 금융기관들은 또다시 다가오는 '2차 빅뱅'의 난기류에 휩싸이고 있다. 1차 빅뱅은 정부가 주도한 것이었다. 그러나 2차 빅뱅은 시장이 주도하고 있다. 세계 자본시장이 하나의 네트워크로 연결되면서 변화의 압력은 더욱 강력해졌다. 세계 자본시장은 이제 컴퓨터 네트워크를 타고 하루에 수조 달러씩 국경을 넘나들고 있다. 이 '사이버 공룡' 앞에서는 이제 정부나 중앙은행도 무력감을 느끼고 있다.

이에 따라 누구든 더 크고 더 튼튼한 체질을 갖추지 않고서는 '글로벌 금융시대'를 헤쳐나갈 수 없게 됐다. 은행·보험·증권 등 금융영역을 가르는 벽이 무너져내림에 따라 은행은 은행끼리, 보험은 보험끼리, 증권은 증권끼리 경합하던 시대도 지나갔다. 여기에 인터넷혁명까지 가세해 금융·통신·유통이 하나의 망으로 연결되고 있다. 대형화, 겸업화, 네트워크화의 거대한 3각 파도에 휩쓸려 길을

〈14-3〉 전성기에 비해 초라해진 종금업계

구분	1997년 12월말	2001년 3월말
업체 수(개)	30	4[1]
총자산(억원)	682,159	88,023
영업이익(억원)	2,946	−119
종업원 수(명)	3,646	580

※ 자료 : 종합금융협회
1) 한불종금, 금호종금, 우리종금, 동양종금. 이 중 동양종금은 동양증권과 합병해 증권사로 전환

잃은 금융기관들은 결국 망할 수밖에 없다. 전산, 인력, 신상품 개발, 자산운용기법 등에 막대한 투자를 감당할 능력이 없는 곳도 결국 두 손을 들게 돼 있다.

2차 빅뱅은 과연 한국의 금융산업을 어떻게 변화시킬 것인가? 한국금융연구원은 1999년 11월 미국 컨설팅사인 매킨지와 공동으로 작성한 보고서 〈한국 금융시스템의 재구축 방안〉에서 "국내 금융산업은 세계 50위권에 드는 자산규모 200조원대의 2~3개 선도은행을 포함해 4~6개의 국제 경쟁력을 갖춘 종합금융기관과 5~8개의 특화금융기관으로 양분되는 것이 바람직하다"는 견해를 제시한 바 있다. 지금 금융권 안에서는 바로 이와 비슷한 구도의 격변이 꿈틀대고 있다.(☞ '17. 리딩뱅크를 기다리며' 참조)

15 공적자금은 주인없는 돈인가

시사용어 포인트

공적자금 | 공공자금 | 국가채무 | 예금보험공사 | 자산관리공사

공적자금은 부실청산 비용

'공적자금'이란 정부가 금융구조조정을 위해 지원하는 돈을 말한다. 선진국에서도 금융부실에 대해 공적자금을 투입하는 정책이 20세기 초반에 도입되었다. 그 이전까지는 주주들이 무한책임을 졌다. 우리나라에서는 IMF 사태를 맞아 1998년 5월 처음 조성되었다. 일본에서도 같은해 파산 직전에 몰린 은행을 살리기 위해 '금융회생법안'을 만들고 대규모 공적자금을 조성했다.

공적자금은 무자본 특수법인인 예금보험공사와 정부출자기관인 한국자산관리공사가 정부보증채를 발행해 조달한다. 그런데 정부가 빚보증을 서려면 국회의 동의가 필요하다. 이에 따라 정부는 IMF 사

태 초기에 국회동의를 받아 64조원의 공적자금을 조성했다. 그러나 결국 이것으로도 부족했다. 금융권으로부터 57조원〔채권신고액〕을 빌려쓴 대우그룹이 무너지고, 대한생명마저 부실화되는 등 예상치 못했던 공적자금 수요가 급증했기 때문이다. 그래서 정부는 2000년 9월 국회동의를 거쳐 추가로 40조원의 공적자금을 조성했다. 1, 2차를 합쳐 무려 104조원의 공적자금을 조성한 것이다.

공적자금과 비슷한 것으로 '공공자금'이란 게 있다. 공공자금이란 정부가 법령이 정한 요건과 절차에 따라 차관자금이나 국유재산, 공공자금 관리기금의 여유재원을 활용해 부실 금융기관에 지원하는 돈이다. 용도는 비슷하지만 국회의 동의를 거치지 않는다는 점이 다르다. 이런 공공자금도 넓은 의미에서 보면 공적자금에 해당한다.

〈15-1〉 공적자금 투입 및 회수경로

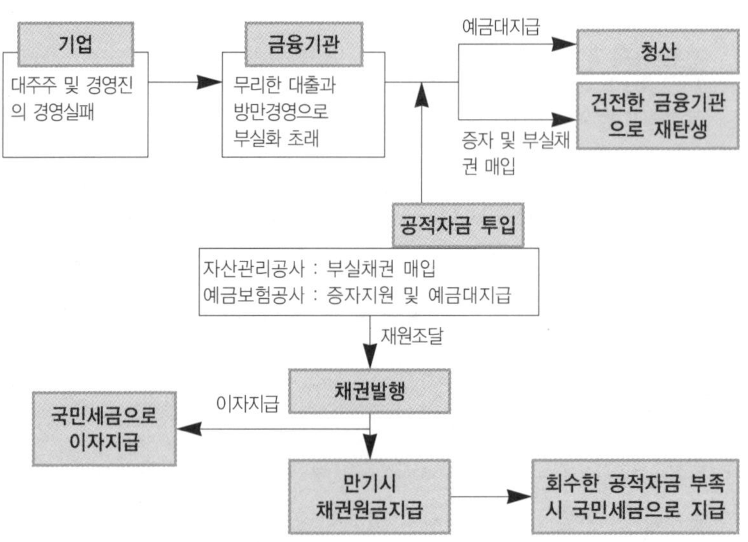

얼마를 어디에 썼나

공적자금은 주로 부실해진 금융기관이 망하지 않게 돕거나 아예 망한 금융기관을 대신해 고객 예금을 갚아주는 데 쓰인다. '예금보험공사'는 은행·종합금융회사·보험사·상호신용금고 등의 금융기관에 자본금을 대주거나 예금을 대신 물어준다. '자산관리공사'는 금융기관에 쌓인 막대한 부실채권을 사들여 처분해 준다.

이런 식으로 2002년 5월말까지 지원된 공적자금은 156조3,000억원에 이른다. 공적자금 투입액이 국회동의를 받은 채권발행한도인 104조원보다 많은 것은 회수해서 다시 쓴 공적자금과 정부의 공공자금이 추가돼 있기 때문이다. 투입된 공적자금 156조3,000억원 가운데 채권발행자금은 102조1,000억원이고, 회수 후 재사용분은 32조2,000억원, 공공자금은 22조원이다.

지원기관별로 보면 예금보험공사가 총지원액 중 62.1%인 97조1,000억원〔회수 후 재사용분 15조5,000억원〕, 자산관리공사가 23.8%인 37조2,000억원을 각각 지원했고, 나머지 22조원은 정부가 국유재산 현물출자 등을 통해 지원했다.

지원방법별로는 금융기관 경영정상화를 위한 출자가 60조2,000억원〔38.5%〕, 계약이전 등에 따른 출연이 16조4,000억원〔10.5%〕, 금융기관의 파산에 따른 예금대지급이 26조1,000억원〔16.7%〕, 부실채권의 매입이 38조7,000억원〔24.8%〕, 자산매입 등이 14조9,000억원〔9.5%〕이었다.

이같은 공적자금을 가장 많이 받은 곳은 역시 은행이다. 정부는 은행권 구조조정에 전체의 55%에 달하는 86조원을 투입했다. 출자가 33조9,000억원, 출연이 13조6,000억원, 자산매입 등이 14조원, 부실채권 매입이 24조5,000억원이었다. 은행별〔2001년 6월말 기준〕로는 제일은행이 무려 15조4,000억원의 공적자금을 지원받아 단연 선두다. 그 뒤를 이어 한빛은행〔현 우리은행〕이 8조9,000억원, 서울은행이 8조1,000억원, 조흥은행이 4조9,000억원을 받았다.

제2금융권에는 종금 21조5,000억원, 보험 20조7,000억원, 투신 ·

〈15-2〉 공적자금 지원현황

(1997년 11월~2002년 5월말, 단위 : 조원)

	출자	출연	예금대지급	자산매입 등	부실채권 매입	계
채권발행자금	42.2	15.2	20.0	4.2	20.5	102.1
회수자금	3.9	1.2	6.0	4.4	16.7	32.2
공공자금	14.1	–	0.05	6.3	1.5	22.0
계	60.2	16.4	26.1	14.9	38.7	156.3

〈15-3〉 공적자금 회수현황

(1997년 11월~2002년 5월말, 단위 : 조원)

	회수방법						
예금보험공사	출자금회수		파산배당		자산매각		소계
	4.1		7.4		3.9		15.4
자산관리공사	국제입찰	ABS 발행	AMC, CRC 매각	개별매각, 법원경매, 직접회수	대우채권회수	환매, 해제	소계
	1.6	4.1	1.8	8.4	1.7	9.6	27.2
정부	출자금회수	후순위채권 회수	–				소계
	0.05	4.27	–				4.3
계							46.9

※ 자료 : 공적자금관리위원회

증권 16조원, 상호저축은행 7조6,000억원, 신협 2조2,000억원 등 총 68조원의 공적자금이 투입되었다.

공적자금, 제대로 회수할 수 있나

공적자금을 전액 국민세금으로 메워야 하는 것은 아니다. 금융기관들에게 지원해 준 공적자금은 다양한 경로를 통해 회수한 뒤 최종 손실분만큼을 '국가채무'로 떠안아 국민세금인 예산으로 메우게 된다. 또한 매년 덧붙는 정부보증채 이자도 상당부분 국민부담으로 돌아오게 된다. 예금보험공사와 자산관리공사는 정부가 예산〔재정융자특별회계〕에서 무이자로 빌려준 돈으로 이자를 갚고 있다.

문제는 공적자금 회수가 말처럼 쉽지가 않다는 점이다. 외환위기를 겪은 멕시코와 브라질의 경우 공적자금 회수에 실패해 대부분 정부에서 이를 떠안고 있다. 미국에서도 전액 회수는 불가능했다. 미국은 1980년대 저축대부조합〔S&L〕의 구조조정에 투입된 공적자금을 회수하기 위해 1989~1993년까지 5개년 회수계획을 세웠고, 시한을 2년 연장했는데도 회수율이 87%〔장부가격 기준 4,500억 달러 취득해 3,900억 달러 회수〕에 그쳤다. 이만큼 회수한 것도 미국이 1990년대 들어 줄곧 높은 경제성장을 한 덕분이라는 게 전문가들의 평가다. 뒤늦게 금융구조조정에 뛰어든 일본은 7조5,000억 엔의 공적자금을 투입키로 했지만 재정적자가 지속되고 있는데다 미국과 달리 성장률도 뒷받침되지 않고 있어 공적자금 회수는 쉽지 않을 전망이다. 우리나라도 지금 동일한 문제에 직면해 있다.

머나먼 공적자금 상환

공적자금을 되갚는 길은 멀고 험하다. 공적자금 양대 투입기관인 예금보험공사와 자산관리공사가 갚아야 하는 돈은 2001년 6월말 채권〔예금보험기금 채권·부실채권 정리기금 채권〕 및 차관 원금 81조9,590억원과 이자 36조9,000억원 등 총 118조8,590억원에 달했다. 이는 우리나라 1년 예산〔2002년 112조원〕보다 많은 돈이다.

예금보험공사와 자산관리공사는 이 중 원금은 1999년부터 2007년까지 9년간, 이자는 2001년부터 2016년까지 16년간 나누어 내기로 했다. 특히 2002년부터 2006년까지 5년간이 피크였다. 이 기간 중 갚아야 하는 원리금은 108조1,291억원으로 총상환액의 91.0%나 되었다. 이처럼 상환만기가 단기간에 집중된 이유는 IMF 사태 직후인 1998~1999년 예금보험공사와 자산관리공사가 채권을 대거 발행할 때 만기를 거의 대부분 3~5년으로 했기 때문이다. 이런 식으로는 채권만기 때 정상적으로 돈을 갚을 수 없다는 점을 정부도 알고 있었다. 그러나 채권시장의 기반이 너무 취약해 5년이 넘는 장기채는 도저히 팔 수 없었다는 게 정부의 설명이다.

정부가 2002년 들어 예금보험기금 채권의 차환발행 등을 통해 상환일정을 전면 재조정하는 '리스케줄링' 작업을 벌인 것도 이 때문이다. 정부는 2002년 6월에 마련한 '공적자금 상환대책'에서 공적자금 투입액 156조원 가운데 42조원을 이미 회수했고, 추가로 45조원을 회수할 수 있을 것으로 추정했다. 이 경우 공적자금 회수액은 87조원, 회수율은 55.6%가 된다. 거꾸로 얘기하면 69조원, 44.4%는 회수가 불가능하다고 결론낸 것이다. 여기에는 공적자금 이자부담액이 빠져 있다. 정부는 이 미회수분 가운데 20조원은 금융기관에 특별예금보험료를 부과해 거두어들이고, 나머지 49조원은 재정에서 부담하기로 했다. 상환기간은 25년으로 정해 공적자금 상환부담을 다음 세대로 넘기지 않기로 했다. 그만큼 현 세대는 허리띠를 졸라매야 할 상황이다.

공적자금과 모럴 해저드

공적자금은 상당부분 국가채무로 전환되어 국민에게 부담을 지우고, 궁극적으로는 재정적자 요인으로 작용해 국가경제를 좀먹는 무서운 파괴력을 가지고 있다. 따라서 이 돈을 지원받은 금융기관에 대해서는 부실경영에 대한 엄중한 책임추궁이 필요하다. 임직원이 법을 어겼으면 형사처벌하고, 대주주가 부당하게 회사재산을 축냈으면 민사상 손해배상 책임을 물어 재산을 몰수해야 한다. 관치금융으로 부실을 키운 정부 관료들도 책임을 피할 수 없다. 금융기관의 뼈를 깎는 자구노력도 필요하다. 정부 역시 손실을 최소화하고 지원한 돈을 최대한 빨리 회수하는 데 총력을 기울여야 한다.

공적자금이 주인없는 돈처럼 남용되는 것도 문제다. 정부는 돈을 퍼주는 데 인심을 쓰고, 금융기관은 부족하면 정부가 돈을 더 줄 것이라고 믿는 '모럴 해저드'〔도덕적 해이〕 현상이 발생하는 것이다. 이러다 보니 책임을 져야 할 사람에 대한 책임추궁도 시늉에 그치게 된다.

16 은행살생부 BIS

국제결제은행이 만든 은행살생부

BIS는 '국제결제은행〔Bank for International Settlements〕'의 영어약자다. 선진국 중앙은행간 협력기구로 스위스 바젤에 본부가 있다. 국제금융거래가 제대로 이루어지도록 '룰'을 만들고 시장을 관리하는 게 임무다.

이 BIS가 은행이 튼튼한지의 여부를 가리기 위해 만든 지표〔건전성지표〕가 바로 'BIS 자기자본비율'이다. BIS에서 망할 은행인지 아닌지를 가르는 커트라인으로 제시한 자기자본비율은 8%. BIS는 지난 1992년말부터 모든 은행이 '8% 룰'을 지키도록 권고하고 있다. 그 결과 요즘에는 '8% 룰'을 지키지 못한 은행일 경우 국제금융시장

에서 돈을 빌리기가 매우 어렵다. 은행도 부실한데 돈까지 빌리지 못
한다면 망하는 건 불을 보듯 뻔하다. '8% 룰'이 은행의 운명을 가르
는 살생부 역할을 하고 있는 것이다.

IMF 사태가 몰고온 BIS 공포

우리나라에서도 BIS비율은 은행들을 공포로 몰아넣었다. 특히
1997년말 IMF 사태 이후 기업들이 줄부도를 내면서 은행 쪽에 부실
채권이 산더미처럼 쌓이자 BIS비율은 그 위력을 발휘하기 시작했다.
1998년 동남·동화·충청·경기·대동은행이 문을 닫을 때 정부가
퇴출여부를 판정하는 최우선 기준으로 삼은 게 BIS비율이었다. 이
비율이 8% 미만일 경우 비율을 높이라고 지시하고 이행이 안 되면
퇴출시킨 것이다.

이 때문에 은행들은 저마다 자기자본을 늘리려고 안간힘을 써야
했다. 부실대출금을 줄이는 것도 방법이지만 기업부도가 끊이지 않
아 이는 도저히 줄일 수가 없었다. 외환은행이 독일 코메르츠방크를
2대 주주로 끌어들인 것도 자본금을 늘려 BIS비율을 높이려는 생존
전략이었다.

〈16-1〉 시중·지방은행별 BIS기준 자기자본비율 추이

구분	1992	1993	1994	1995	1996	1997	1998	1999	2000	2001
일반은행	11.2%	11.0%	10.6%	9.3%	9.1%	7.0%	8.2%	10.8%	10.5%	10.8%
시중은행	10.4%	10.4%	10.2%	9.0%	9.0%	6.7%	8.2%	10.8%	10.5%	10.8%
지방은행	16.3%	14.9%	13.1%	11.4%	10.2%	9.6%	8.3%	11.4%	10.8%	10.7%

※ 자료 : 금융감독원

<16-2> 은행별 주요 경영지표

(2001년 12월말 현재 기준, 단위 : 억원, %)

은행명	총자산	총여신	자기자본	납입자본	당기순이익[1]	BIS비율	고정이하여신비율	ROA	ROE
조흥	602,007	376,817	25,358	33,954	5,225	10.43	3.3	1.01	22.68
한빛	838,911	501,192	29,285	27,644	7,129 (5,622)	11.28	2.1	1.06	27.22
제일	275,355	164,923	15,265	9,806	2,241	13.26	10.5	0.86	15.16
서울	233,737	133,480	6,856	6,108	1,014	9.22	2.4	0.51	15.60
외환	541,480	332,957	16,749	18,509	2,225	10.96	3.6	0.48	14.08
(신)국민	1,890,785	1,129,195	89,135	14,985	7,406 (14,863)	10.23	3.6	0.76	12.61
신한	620,175	359,207	31,709	13,759	3,471	12.02	2.4	0.70	10.73
한미	349,540	207,388	12,423	10,713	1,950	11.18	2.7	0.69	16.04
하나	544,298	326,951	19,287	8,535	3,253	10.29	2.4	0.80	17.57
시중은행	5,896,291	3,532,110	246,067	144,013	33,914 (39,864)	10.81	3.3	0.79	16.30
대구	158,999	76,614	5,604	6,021	307	11.01	3.7	0.23	5.91
부산	145,643	70,481	4,439	4,752	523	10.26	3.7	0.42	12.00
광주	71,354	37,896	1,914	1,704	663	11.15	2.7	1.07	34.20
제주	14,699	9,617	612	555	12	9.71	2.8	0.09	2.17
전북	37,448	17,272	1,224	1,653	△ 389	10.30	5.0	△1.15	△21.34
경남	89,765	46,934	3,134	2,590	692	11.08	3.2	0.88	23.20
지방은행	571,908	258,814	16,927	17,275	1,808	10.74	3.5	0.41	10.72
일반은행	6,414,199	3,790,924	262,994	161,288	35,722 (41,672)	10.81	3.3	0.76	15.88
산업	884,157	597,043	69,335	71,619	1,090	16.89	4.4	0.14	1.88
기업	598,608	353,158	28,856	22,914	4,552	10.90	3.5	0.89	16.54
수출입	110,540	168,255	28,078	26,758	184	15.11	3.7	0.17	0.67
농협	1,053,476	559,550	36,921	25,644	5,019	10.26	2.6	0.57	16.31
수협	90,374	42,899	2,037	11,581	275	10.65	4.0	0.35	−18.03
특수은행	2,737,155	1,720,905	165,227	158,516	11,120	13.59	3.6	0.47	7.82
은행권	9,151,354	5,511,829	428,221	319,804	46,842 (52,792)	11.68	3.4	0.66	12.76

※ 자료 : 금융감독원
   1) 당기순이익의 ( ) 안은 한빛+평화, 국민은행 계수

134

자기자본비율과 BIS 자기자본비율은 다르다

자기자본비율은 자기자본을 부채로 나눈 비율이다. 따라서 분모인 부채가 적거나 분자인 자기자본이 많으면 이 비율은 높아진다. 자기자본비율이 높은 회사는 남의 돈이 아니라 자기 돈으로 장사를 하는 건전한 회사라고 할 수 있다[부채비율이 정부 가이드라인인 200%면 자기자본비율은 50%가 된다].

BIS 자기자본비율은 산출방식이 좀더 복잡하고 까다롭다. BIS도 옛날에는 자기자본을 자산으로 나눈 비율을 활용했다. 그러나 자산에는 안전한 것도 있고 위험한 것도 있다. 은행 금고에 넣어둔 현금은 안전하지만 부실기업에 빌려준 대출금은 떼일 가능성이 높다. 이런 차이를 감안하지 않고 은행들에게 무조건 자기자본비율을 높이라고 하면 어떻게 될까? 은행들은 높은 수익을 얻기 위해 위험도가 높은 자산을 늘리는 데 주력할 것이고, 그 결과 은행의 경영위험이 더 커지는 부작용이 나타날 것이다.

이같은 결점을 보완하기 위해 나온 것이 이른바 '바젤합의'다. 지난 1988년 7월 미국, 일본 등 12개국 중앙은행 총재들은 〈자기자본의 측정과 기준에 관한 국제적 통일화〉라는 제목의 보고서를 채택해 BIS에 제출했다. 핵심내용은 은행자산도 위험도에 따라 가중치를 매겨 평가하자는 것. 이에 따라 BIS 자기자본비율을 산출하는 공식은 '(자기자본 / 위험가중자산)×100'으로 바뀌었다. 분모인 '위험가중자산'은 은행자산을 떼일 위험도에 따라 가중치를 매겨 계산한다.

예컨대 현금이나 자국 국채, OECD[경제협력개발기구] 국가가 발행한 국채는 위험가중치가 0%다. 돈을 떼일 염려가 없다는 뜻이다. OECD 국가의 은행들이 발행한 채권도 가중치가 20%로 낮다. 반면

<16-3> 은행경영분석 주요지표

	지표	산식	의미
자본적정성	BIS기준 자기자본비율	(BIS기준 자기자본 / 위험가중자산)×100	대출거래처의 부도 등 은행의 신용위험에 대처할 수 있는 자본규모의 적정성을 평가하는 지표
	시장위험감안 BIS기준 자기자본비율	(기본자본+보완자본+단기후순위채무) / (신용위험 위험가중자산+시장위험 위험가중자산)×100	은행의 신용위험 외에 금리, 주가 등 금융시장의 여건변동에 따른 손실인 시장위험까지를 반영하여 자본규모의 적정성을 평가하는 지표
자산건전성	고정이하 여신비율	고정이하 분류여신(고정+회수의문+추정손실) / 총여신 ×100	은행의 잠재적인 손실발생 정도를 평가할 수 있는 지표
	무수익여신 비율	(3개월 이상 연체여신 +이자미계상여신) / 총여신×100	이자를 받지 못하고 있는 부실여신의 규모를 판단하는 지표
	연체대출금비율	(연체대출금 / 총대출금)×100	은행 대출금의 질적 수준을 평가하는 지표
유동성	원화유동성 비율	(원화유동성자산 / 원화유동성부채)×100	고객의 예금청구에 대한 은행의 지급능력을 나타내는 지표
	단기대출 비율	(순단기대출 / 원화대출금)×100	대출금으로 운용되는 자금 중 단기간 내에 상환기일이 도래하는 단기대출의 비중을 나타내는 지표
	업무용 고정자산 비율	(업무용고정자산 / 자기자본)×100	유동성이 거의 없는 업무용고정자산을 자기자본과 비교하여 자기자본의 고정화 정도를 측정하는 지표
수익성	총자산순이익률(ROA)	(당기순이익 / 총자산)×100	은행의 경영성과를 총체적으로 평가할 수 있는 지표
	자기자본순이익률(ROE)	(당기순이익 / 자기자본)×100	자기자본에 대한 수익성을 나타내는 지표
	수지비율	(영업비용 / 영업수익)×100	단위당 영업수익에 대한 영업비용의 비율로서 총괄적인 영업비용 관리의 효율성을 나타내는 지표

※ 자료 : 한국은행

민간대출이나 회사채는 가중치가 100%다. 이 기준에 따를 경우 국채는 아무리 사들여도 위험자산이 아니므로 BIS비율이 낮아지지 않지만 기업대출은 많이 할수록 BIS비율이 떨어진다. IMF 사태 이후 BIS 공포에 휩싸인 은행들이 기업대출을 마구잡이로 회수해 기업자금난을 심화시킨 것도 이 때문이었다.

'신BIS비율'

선진국 중앙은행 총재들이 머리를 짜내 만든 BIS 자기자본비율도 시간이 갈수록 허점을 드러냈다. OECD 회원국에게 모두 똑같은 국가위험도를 매긴 것부터 문제였다. 하지만 미국 국채와 멕시코 국채가 똑같을 수는 없다. 기업들의 신용도를 따지지 않고 대출금과 회사채에 무조건 100%의 위험가중치를 매긴 것도 무리였다. 삼성전자에 빌려준 돈은 떼일 위험이 적지만 하이닉스반도체에 빌려준 돈은 떼

〈16-4〉 신자산건전성 분류체계

범주	기준	충당금비율
정상	− 원금과 이자의 회수에 대한 위험이 없음	0.5%
요주의	− 향후 채무상환능력 저하를 초래할 수 있는 잠재적인 부실화 요인이 존재	2%
고정	− 향후 채무상환능력 저하를 초래할 수 있는 잠재적인 부실화 요인이 현재화되어 채권회수에 상당한 위험이 존재	20%
회수의문	− 회수의문과 추정손실 거래처의 회수예상가액 − 3~12개월 연체대출금을 보유하고 있는 거래처의 자산 중 회수예상가액의 초과부분	50%
추정손실	− 채무상환능력의 심각한 악화로 회수불능이 확실하여 손실처리가 불가피한 것으로 판단됨	100%

※ 자료 : 금융감독원

일 위험이 크다. 다양한 파생금융상품에 대한 리스크 평가와 금융기관에 따라 다른 '리스크 관리능력' 도 BIS비율은 제대로 반영하지 않았다.

이같은 문제점을 해결하기 위해 BIS는 '신BIS 자기자본 규제안' 을 만들고 있다. 이른바 '신바젤협약안' 이다. 이에 따르면 OECD 회원국이 발행한 국채라도 국가신용등급에 따라 위험가중치가 0~150%로 달라진다. OECD 국가의 은행이 발행한 채권도 신용등급에 따라 20~150%의 위험가중치를 적용받는다. 기업대출이나 회사채에 대한 위험가중치 역시 신용등급에 따라 20~150%로 차별화된다.

결국 우리나라처럼 국가신용등급이 낮은 나라의 국채나 은행채 등을 많이 보유한 금융기관들은 자기자본비율을 맞추기 위해 더 많은 자기자본을 쌓아야 한다.

BIS는 지난 1999년 6월 '신바젤협약안' 을 처음 만들어 발표했고, 2001년 1월 수정안을 내놓았다. BIS는 이 수정안에 대한 의견수렴을 거쳐 확정안을 만들고 2005년부터 본격 시행할 방침이다.

〈시사용어 팁-BSI(Business Survey index)〉

BSI는 BIS와 영문 약자가 비슷하지만 완전히 다른 용어이다. BSI(Business Survey Index)는 '기업경기 실사지수'. 기업인들이 경기를 어떻게 보고 있는지, 자금사정과 영업전망에 대한 판단은 어떤지 등을 조사해 이를 지수로 나타낸 것이다. 100을 기준으로 이를 초과하면 경기가 더 좋아진다고 보는 사람이 나빠진다고 보는 사람보다 많은 것이고, 100에 못 미치면 그 반대를 뜻한다. 예컨대 경기호전 여부에 대한 BSI지수가 109라면 경기가 호전될 것으로 보는 기업인이 그 반대로 보는 기업인보다 9%포인트 많다는 뜻이다. 우리나라에서는 전국경제인연합회, 대한상공회의소, 한국은행, 산업은행 등이 월간 또는 분기 단위로 조사해 발표하며, 경기동향을 판단하는 중요한 경제예측지표로 활용된다. 그러나 객관적인 지표라기보다는 기업인들의 판단과 심리에 근거한 '주관적 지표' 이다.

17 리딩뱅크를 기다리며

시사용어 포인트

리딩뱅크 | 선도은행 | 금리선도력 | 소매금융 | 도매금융 | 방카슈랑스

리딩뱅크의 조건

'리딩뱅크〔Leading Bank〕'란 말 그대로 남보다 앞서는 선도은행이다. 다른 은행을 선도하려면 우선 덩치가 크고, 탄탄해야 한다. 그러나 이것만으로는 안 된다. 선도란 말이 의미하듯 '리딩뱅크'는 여수신금리를 주도하고, 새로운 금융상품을 만들어내는 힘이 있어야 한다. 뛰어난 금리예측능력과 정책분석능력이 없으면 이런 힘을 발휘할 수 없다. 경영혁신도 남보다 먼저 실행하는 리더십이 있어야 한다. 이같은 조건을 두루 갖춘 은행, 즉 금리선도력을 갖춘 대형 우량은행이 리딩뱅크다. 따라서 대형은행이라고 모두 리딩뱅크는 아니다. 특정 분야에서 경쟁력을 확보한 특화된 전문 우량은행도 리딩뱅

크는 아니다.

관치금융 아래서는 리딩뱅크가 없다

리딩뱅크는 금리·금융자유화가 정착된 선진국에서 발전한 개념이다. 미국의 경우 '소매금융'에서는 시티은행, '도매금융〔기업금융〕'에서는 JP모건 정도가 각각 리딩뱅크로서 인정받고 있다. 미국 중앙은행인 연방준비제도이사회〔FRB〕는 금리조정이 필요할 경우 이들 은행을 정책 파트너로 삼아 협조를 구한다. 중앙은행이 이들을 금융시장의 리더로 인정하고 있는 것이다. 이들이 금리를 바꾸면 다

〈17-1〉 세계 은행 총자산 순위

(단위 : 억 달러)

순위	은행	총자산
1	미즈호금융그룹	1조2594.98
2	씨티그룹	9022.10
3	도이체방크	8747.06
5	도쿄미쓰비시은행	6756.40
50	씽킨센트럴은행	1236.54
75	국민은행	1122.64
92	우리금융그룹 은행합계	747.92
99	PNC금융그룹	698.44
100	스테이트스트리트은행	691.22
159	신한은행	391.99
179	하나은행	341.93
324	서울은행	151.36

※ 자료 : 『더 뱅커』, 2001년 7월호

<17-2> 세계 주요국 은행의 통합과정

나라	은행	주요 인수 · 합병
미국	씨티그룹	트래블러스와 합병(1998)
	뱅크오브아메리카	네이션스뱅크와 합병(1998)
	JP모건체이스	케미컬뱅크+매뉴팩처스 하노버(1991), 체이스맨해튼+케미컬뱅크 (1995), 체이스맨해튼+JP모건(2000)
일본	도쿄미쓰비시	도쿄은행+미쓰비시은행(1995)
	미즈호금융그룹	니혼고교은행+다이이치간교은행+후지은행(2000)
영국	HSBC	영국 미드랜드 은행 인수(1992), 리퍼블릭뉴욕은행 인수(1998), 프랑스 CCF 인수(2000)
독일	도이체방크	뱅커스트러스트 인수(1998)
프랑스	BNP파리바	BNP+파리바은행(1999)
스위스	UBS	UBS+SBC(1997)

른 은행들은 눈치를 보면서 따라갈 수밖에 없다. 그러나 중앙은행이 리딩뱅크를 공식 지정하는 일은 없다. 리딩뱅크는 시장참여자들이 자연스럽게 그 역할을 인정해 줄 때 탄생한다.

정부가 금리와 금융상품을 모두 통제하고, 대출과 인사까지 관여하는 관치금융 아래서는 리딩뱅크가 존재할 수 없다. 큰 은행이든, 작은 은행이든 속을 들여다보면 모두 정부가 정한 대로 비슷한 금리에 비슷한 금융상품을 팔아야 하는 수동적인 처지이기 때문이다.

리딩뱅크 각축전

우리나라에는 아직 확실한 리딩뱅크가 없다. 은행이 관치금융에 순치돼 모두 비슷비슷하다 보니 한국에는 시중은행과 국책은행밖에 없다는 혹평도 있다. 그러나 관치금융이 완화되고 은행간 경쟁이 치

열해 지면서 최근 들어 리딩뱅크 자리를 탐내는 대형은행들이 많아
졌다.

한국금융연구원도 미국 컨설팅기관인 매킨지와 함께 작성한 보고
서 등에서 "국내 금융산업은 전세계 50위권 안에 드는 2~3개 선도
은행을 포함해 4~6개 종합금융기관이 주도해야 한다"며 여러차례
리딩뱅크의 필요성을 주장했다. 전세계 50위권의 덩치가 되려면 자
산규모가 최소한 200조원을 넘어야 한다.

국내은행 중 리딩뱅크 후보는 ▷2001년 11월 주택은행과 정식 합
병한 국민은행 ▷우리은행을 거느리고 있는 우리금융지주회사 ▷신
한은행을 주축으로 하는 신한금융지주회사 ▷서울은행을 인수·합
병한 하나은행 정도다.

이 중 국민은행은 덩치와 우량도 면에서 단연 앞서는 리딩뱅크 후
보다. 국민은행은 2002년 6월말 현재 자산 197조원대로 세계 65~70
위 수준이다. '소매금융'에 치중한 덕택에 대기업에 물린 부실이 적
어 재무구조가 탄탄하고, 수익성도 뛰어난 편이다. 최근 들어서는 시
중금리 인하를 주도하고 나서는 등 리딩뱅크 역할도 해내고 있다. 그
러나 기업문화가 서로 다른 두 은행이 제대로 합쳐 합병 시너지효과
를 낼 수 있을지 좀더 두고 보아야 한다.

우리[한빛 + 평화]·광주·경남은행과 한아름종금을 거느린 우리
금융지주회사는 정부가 공적자금을 대거 투입해 만들어낸 대규모 금
융그룹이다. 자산은 2002년 6월말 104조원. 하지만 정부 소유인데다
아직 털어내지 못한 부실이 많다는 점이 약점이다.

신한은행은 자타가 인정하는 우량은행이지만 다른 은행을 선도하
기에는 덩치[2002년 6월말 기준, 자산 64조원, 신한금융지주회사 74조

5,000억원〕가 아직 작다. 2002년 8월 서울은행의 인수자로 뽑히면서 다크호스가 된 하나은행도 비슷한 입장. 하나은행과 서울은행을 합친 두 은행의 총자산은 2002년 6월말 84조원〔하나은행 58조원, 서울은행 26조원〕으로 국내 3위다. 하지만 1위인 국민은행과 비교하면 절반도 안되는 규모다.

이밖에 조흥·외환·한미·제일은행 등이 중위권에서 각축을 벌이고 있으나 역시 덩치가 작고, 조흥·외환은행은 부실까지 많다는 점에서 자격미달이다. 지금은 이들 중위권 은행들이 생존을 위해 어느 은행과 손잡을지가 최대 관심사이다. 이들의 이합집산에 따라 국민은행이나 우리은행과 견줄 만한 대형은행이 탄생할 수도 있기 때문이다. 조흥은행을 인수하기로 한 신한은행의 경우가 이런 경우에 해당한다.

〈17-3〉 JP모건 체이스는 어떻게 성장했나

리딩뱅크 검증이 더 필요하다

IMF 사태 이전에는 은행 서열을 매길 때 이른바 '조·상·제·한·서'란 말이 있었다. 은행이 설립된 순서에 따라 금융권 관행으로 매겨진 차례가 조흥 – 상업 – 제일 – 한일 – 서울은행의 순이었던 것이다. 이들의 공통점은 대기업과 주거래관계를 맺고 도매금융인 기업대출을 많이 취급했다는 것이다. 그러나 이 중 제일은행은 IMF 사태 이후 대표적인 부실은행으로 전락해 미국 뉴브리지 캐피털에 팔렸고, 서울은행도 우여곡절 끝에 하나은행에 팔리게 되었다. 100년 이상의 역사를 자랑하는 조흥은행은 중위권 은행으로 떨어졌고, 상업·한일은행은 서로 합병〔한빛은행 → 우리은행〕했다. 전통적인 시중 대형은행들이 IMF 사태와 대기업 연쇄부도 사태에 휩쓸려 과거의 영광을 잃어버린 것이다.

반면 IMF 사태 이전에는 서열에 들지 못하던 국민·주택은행이 IMF 사태 이후 급부상했다. 일반 서민을 상대로 소매금융에 주력해

〈시사용어 팁 – 방카슈랑스(Bancassurance)〉

은행과 보험서비스를 한곳에서 제공하는 시스템. 은행이 보험사와 제휴하거나 직접 보험 자회사를 세워 보험상품을 개발하고, 판매하는 방식이다.
프랑스어인 방크(Banque : 은행)와 아슈랑스(Assurance : 보험)를 합성해 만든 말이다. 프랑스, 영국, 독일 등 유럽에서 새로운 금융서비스로 먼저 선보였다. 은행은 보험회사의 상품을 팔아주는 대신 수수료를 받고 고객들은 은행창구에서 예금상품은 물론 보험서비스를 함께 받을 수 있다. 우리나라는 2003년 8월 도입한다.

온 이들은 기업대출이 적었던 게 천만다행이었다. 은행간 흥망성쇠가 진정한 경영능력보다는 정부가 전해준 역할이 도매금융이었는지, 아니면 소매금융이었는지에 따라 좌우된 셈이다. 국민은행이 운이 좋아 리딩뱅크를 넘보는 우량은행이 됐지 실제 경영능력이나 금융역량은 크게 떨어진다는 지적을 받고 있는 것도 이 때문이다. 두 은행의 합병 역시 정부의 강압이 크게 작용한 작품이다.

따라서 앞으로 누가 진짜 실력을 발휘해 명실상부한 한국의 리딩뱅크가 될지 좀더 두고 볼 일이다.

18 은행 주인은 누구?
- 은행 주인만들기 논란

은행 소유한도 | 금융전업가 제도 | 금융주력자 제도

은행 소유한도

우리나라 시중은행들에게는 주인이 없다. 정부가 은행법에서 시중은행에 대한 동일인 소유한도를 엄격히 제한해 왔기 때문이다.

우리나라는 1982년 시중은행의 민영화를 추진하면서 동일인 '은행 소유한도'를 8%로 설정했다. 누구도 8%를 초과하는 은행지분을 가질 수 없도록 제한한 것이다. 그리고 1992년에는 지방은행에 대해서도 은행 소유한도〔15%〕를 두었다. 정부는 은행돈을 물쓰 듯 쓰는 재벌들이 은행까지 거느리면 은행이 재벌의 '사금고'로 전락할 가능성이 높다고 판단했다.

1995년 정부는 '금융전업가 제도'란 것을 도입해 오로지 금융업

만 하겠다는 사람에게 은행 소유한도를 늘려주는 '실험'을 하기도
했다. 이때 정부는 금융전업가에게 은행 소유한도를 12%로 늘려주
고, 그밖의 비전업가에 대해서는 소유한도를 8%에서 4%로 축소했
다. 하지만 12% 한도 자체가 경영권을 쥐기에는 너무 애매한 수준인
데다 전업가 자격요건[30대 재벌 관련자를 제외한 개인]도 무척 까다로

〈18-1〉 은행별 대주주 주식소유 현황

(2001년 5월말 현재 기준)

은행	주주(지분)
조흥	예금보험공사(80.05%)
제일	뉴브리지(51.0%), 예금보험공사(45.9%), 재정경제부(3.1%)
서울	예금보험공사(100.0%)
한빛	우리금융지주회사(100.0%)
외환	코메르츠(32.6%), 수출입은행(32.5%), 한국은행(10.7%)
국민	골드만삭스(11.07%), 정부(6.48%)
주택	정부(14.5%), ING(9.9%), Bank of New York DR(15.4%)
신한	재일동포(28.0%)
한미	칼라일 컨소시움(40.1%), BOA(3.3%), 삼성그룹(16.8%)
하나	알리안츠AG(12.5%), 코오롱(6.1%), 신도리코(5.4%), 동원증권(5.2%)
평화	우리금융지주회사(100.0%)
대구	삼성생명(8.1%)
부산	롯데제과(14.2%)
광주	우리금융지주회사(100.0%)
제주	예금보험공사(100.0%)
전북	삼양사(10.9%)
경남	우리금융지주회사(100.0%)

※ 자료 : 재정경제부

위 원하는 사람이 없었다. 전업가 제도는 결국 비전업가에 대한 은행 소유규제만 강화한 채 3년만에 폐지되었다.

합작은행의 경우는 조금 색다르다. 정부는 외환위기 직후인 1998년 4월, 외국 금융기관에 대해 은행 소유한도를 풀었다. 그리고 외국과 합작한 내국인도 외국인 대주주가 갖고 있는 지분만큼 은행 주식을 소유할 수 있도록 허용했다. 예컨대 외국인 대주주가 20% 지분을 갖고 있다면 내국인도 단독으로 20%까지 지분을 가질 수 있다. 따라서 내국인은 단일 대주주가 못되지만 외국인과 대주주 자리를 공유할 수는 있다. 한미은행이 이런 식이었다.

산업자본의 은행지배를 막겠다는 원칙은 지금도 그대로 유지되고 있다. 이런 상황에서는 민간 금융자본이 등장할 수 없다. 은행 소유한도가 너무 엄격해 금융산업 발전을 저해하고, 외국인에 대해서만 특혜를 주고 있다는 비판이 끊이지 않고 있는 이유도 이 때문이다.

정부는 2002년 은행법을 다시 고쳐 은행에 대한 동일인 소유한도를 10%[지방은행은 15% 유지]로 늘렸다. 재벌들에 대해서는 10%까지

<18-2> 산업자본과 비산업자본의 구분

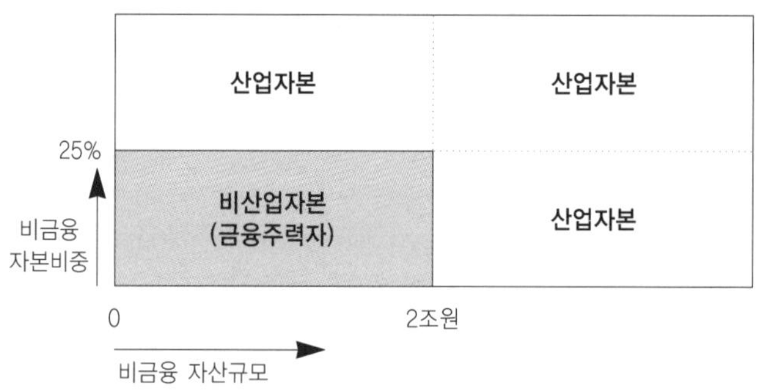

은행 지분소유를 허용하되 4% 초과분에 대해서는 의결권을 제한하기로 했다. 이와 함께 '금융주력자 제도'도 도입했다. 재벌〔산업자본〕이라 하더라도 금융업에 전념하기 위해 2년 안에 비금융부문의 자본 비중을 25% 미만으로 낮추거나 비금융부문의 자산합계를 2조원 미만으로 줄일 경우 '금융주력자'로 인정해 4% 초과지분에 대해 의결권을 인정해 주기로 한 것이다. 이 제도는 1990년대에 중도하차한 '금융전업가 제도'와 비슷하다. 하지만 금융전업가 제도는 30대 재벌의 특수관계인을 제외한 '개인' 중에서 금융전업을 원하는 경우에만 적용되었다. 반면 금융주력자 제도는 개인뿐 아니라 재벌기업이라도 금융전업을 원하는 경우에는 모두 적용된다는 점이 다르다.

정부가 은행 소유제한을 많이 완화했지만 이 정도로 은행에 주인이 탄생할지는 여전히 의문이다. 누구도 10% 지분만으로 확실하게 경영권을 쥐기는 어려울 것이기 때문이다.

정부가 대신한 은행 주인

국책은행〔특별은행〕인 산업·수출입·중소기업은행은 주인이 정부다. 나머지 국내 일반은행〔시중·지방은행〕들은 소유규제 때문에 주인이 없다. 다만 한빛〔현 우리은행〕·조흥·서울은행은 IMF 사태 이후 부실이 쌓이자 정부에서 대규모 공적자금을 투입하면서 대주주 지분을 확보했기 때문에 갑자기 정부가 주인이 되었다. 정부는 은행 민영화를 위해 여건이 허락되는 대로 이 지분을 매각할 방침이다. 불가피하게 주인이 됐지만 일시적인 것이지 결국 주인 자리를 지킬 뜻이 없다는 것이다.

정말 그럴까? 정부는 지금까지 국책은행뿐 아니라 시중·지방은행에 대해서도 사실상 주인행세를 해왔다. 이른바 관치금융이다. 은행장은 물론 은행 임원인사에까지 정부 입김이 작용했고, 금리나 금융상품도 정부가 통제했다. 은행에 주인이 없다는 것 자체가 정부에서 주인 노릇을 하기 쉬운 허점이 되었다.

주인없는 은행과 주인있는 은행

정부가 은행에 주인을 두지 않은 이유는 은행이 특정 개인이나 기업의 사금고로 전락할 가능성이 크다고 판단했기 때문이다. 이른바 산업자본의 금융자본 지배를 우려한 것이다. 더구나 우리나라는 문어발식 경영을 하는 재벌의 힘이 너무 막강해 은행 소유한도를 풀면 재벌들이 모두 은행의 주인이 될 가능성이 높았다. 이렇게 되면 재벌들은 은행을 자기사업을 위한 자금의 파이프라인으로 삼아 은행돈을 쌈짓돈처럼 끌어다 쓸 우려가 있다.

그러나 은행에 주인이 없으면 득보다 실이 더 많기 때문에 주인을 찾아주어야 한다는 반론도 만만치 않다. 정부와 재벌들은 이 문제를 놓고 수십년 동안 격론을 벌여왔지만 지금까지는 칼자루를 쥔 정부의 승리였다.

은행에 주인이 필요하다는 쪽이 내세우는 이유는 크게 두 가지다. 첫째는 은행에 주인이 없으면 책임지고 경영을 할 사람이 없기 때문에 효율적인 내실경영을 다질 수 없다는 것이다. 더구나 증권·투신·보험·종금 등 다른 금융기관에는 모두 주인을 인정하면서 유독 은행에 대해서만 규제를 하는 것은 설득력이 약하다는 지적이다. 둘째, 은행에 주인이 없다 보니 정부가 시시콜콜 경영에 간섭해 관치금융의 폐해가 개선되지 않는다는 것이다.

이에 대해 정부는 IMF 사태 때 엄청난 부실을 드러내 경제를 뒤흔든 종합금융회사나 생명보험사는 모두 주인있는 곳이 아니었냐고 반문하고 있다. 1999년 나라를 떠들썩하게 했던 대한생명의 옷로비사건도 대주주가 자기 마음대로 회사를 좌지우지하다가 불거진 문제였다. 정부는 이런 상황에서 공적인 성격이 강한 은행을 사기업이 소유하면 부작용이 너무 크고, 부실·편법경영을 감시하기 위한 비용도

〈18-3〉 주요 선진국의 은행 소유 규제

	미국	영국	독일	일본
규제 대상	• 동일인이 은행(지주회사)의 의결권부 주식을 25% 이상 취득하고자 할 경우 • 동일인 지분율이 10% 이상으로서 최대주주가 되는 경우	• 동일인이 은행주식을 15%, 50%, 75%를 초과하여 취득할 경우 • 단, 5% 이상 취득할 경우 7일 이내 신고	• 동일인이 금융기관의 의결권부 주식의 10% 이상 취득하고자 할 경우 • 동일인 지분율이 20%, 33% 또는 50% 이상에 도달할 경우	• 일반기업 및 개인이 일본 국내기업(금융기관 포함)의 주식을 취득·소유함으로써 일정 업무영역에서 경쟁을 실질적으로 제한하는 경우
규제기관	FRB, 감독기관	금융감독원	연방은행 감독청	공정거래위원회
규제 목표	• 독점 및 경쟁제한 방지 • 공공 및 예금자의 이익 보호	• 대주주로서의 적격성 • 예금자의 이익	• 금융기관 대주주의 적격성 확보 • 금융기관의 경영 건전성 제고 • 금융감독의 효율성 제고	• 일반기업의 금융기관 주식취득 제한보다는 동종업종 경쟁기업의 주식취득으로 인한 경쟁제한 방지를 위한 장치
규제 내용	• 주식매수계획의 승인 거부	• 주식매수계획의 승인 거부 또는 기승인사항 취소	• 주식의 취득 금지 • 의결권 행사 금지	• 주식의 취득·소유 금지
규제 근거	• 은행지배권의 변경에 관한 법률	• 금융업 및 금융시장에 관한 법률	• 신용조직법	• 독점금지법

※ 자료 : 한국개발연구원

만만치 않을 것이라고 지적하고 있다.

　은행 소유규제에 대한 찬반론은 지금도 계속되고 있다. 문제가 매우 민감하고 양면성이 있기 때문에 어느 한쪽만 옳다고 손을 들어줄 수 없는 상황이다. 그러나 모든 산업의 진입규제가 풀리는 자유화·개방화 물결이 대세를 이루면서 은행에도 주인을 찾아주되 제대로 된 주인을 고를 수 있는 장치를 마련하자는 견해가 점차 힘을 얻고 있다. 미국, 영국, 독일, 일본 등 외국에서도 은행 소유를 직접 규제하지는 않는다. 대신 일정지분 이상을 소유하면 정부에 신고해 승인을 받도록 하고 있다.

　한편 금융지주회사의 경우 은행 소유방식이 조금 다르다. 금융지주회사가 은행·증권·보험 등 여러 금융기관을 거느리려면 자회사 지분을 각각 50%〔상장사는 30%〕 이상씩 확보해야 한다. 그런데 여기에도 은행 소유한도를 적용하면 금융지주회사는 50% 이상의 은행지분을 소유할 수 없게 된다. 이에 따라 정부는 금융지주회사에 대해 은행 소유제한을 풀어주는 대신 은행을 소유한 금융지주회사 자체에 대해 동일인 소유한도를 10%로 제한하고 있다.

19 예금보호 어디까지

뱅크 런 | 신용공황 | 예금자 보호제도 | 예금보장 한도 | 예금 부분보장제도

안전한 돈은 없다

재벌도 망하고, 금융기관〔회사〕도 망한다. IMF 사태가 준 교훈 가운데 하나다. 금융기관에 돈을 맡긴 사람을 어디까지 보호해야 할지 논란이 시작된 것도 IMF 사태 때부터다. 그 전에는 내집 장롱 속보다 안전한 곳이 금융기관이었다. 은행에 돈을 맡긴 사람들은 이자만 따졌지 은행이 망해 원금까지 날릴 수 있다는 사실에 아무도 신경쓰지 않았다.

정부가 IMF에 긴급구조를 요청한 직후인 1997년 12월, 종합금융회사 창구 앞에는 자기 돈을 빼려는 사람들이 인산인해를 이루었다. 정부가 부실 종금사들을 정리하기로 하자 불안을 느낀 예금자들이

우르르 종금사로 몰려온 것이다. 바로 1개월 전에는 투자신탁회사들이 똑같은 사태로 홍역을 치렀다. 이른바 '뱅크 런〔Bank-run : 대량 예금인출 사태〕'이다. 한 금융기관에서 뱅크 런이 발생하면 그 파급이 순식간에 금융계 전체로 번져 더 큰 위기〔신용공황〕로 이어질 수 있다. 다급해진 정부는 금융기관이 망해도 원금은 물론 이자까지 전액 보장해 주겠다고 약속했다. 그러나 이같은 비상조치는 오래갈 수 없었다.

예금보호 수위 오락가락

금융기관이 도산했거나 심각한 경영위기에 빠져 고객들에게 예금을 지급할 수 없는 상황에 몰렸을 때 예금보호기구가 돈을 대신 내주는 것이 '예금자 보호제도'다. 우리나라에서는 1997년 설립된 예금보험공사가 이런 역할을 담당하고 있다. 그 전에는 종합금융회사·상호신용금고·신용협동조합·새마을금고 등 각 금융권별로 별도의 예금보호 장치를 두고 있었다. 다만 은행에는 예금보호제도가 없었다. 아무도 은행이 망하리라고 생각하지 않았기 때문이다.

IMF 사태 이전에 '예금보장 한도'는 금융기관당 2,000만원까지였다. 이른바 '원리금 부분보장'이다. 예컨대 A은행에 3,000만원을 맡기고 이자가 300만원이 붙어 3,300만원이 됐는데 갑자기 은행이 망했다고 하자. 이 경우 받을 수 있는 돈은 1,300만원을 뺀 2,000만원이다. 같은 은행이라면 여러 지점에서 여러 종류의 예금에 가입했다고 하더라도 보장한도는 똑같다. 그러나 3,000만원을 A, B 두 은행에 1,500만원씩 쪼개서 맡겼다면 두 은행이 모두 망해도 원리금 전액을 안전하게 챙길 수 있다.

IMF 사태 이후에는 예금보장 범위에 변화가 많다. 정부는 IMF 사태 직후 모든 예금의 원리금을 전액 보장해 주기로 했다가, 1998년 8월 1일부터 원금보장 수준〔원리금이 2,000만원 이하이면 전액보장, 초과하면 원금만 보장〕으로 낮추었고, 2001년부터는 원리금을 포함해 5,000만원까지 보장해 주기로 했다. 2001년부터는 또한 5,000만원을 보장해 주는 대상에서 은행 신탁상품과 투신사 수익증권을 뺐다. 이들 상품은 저축상품이 아니라 투자상품이기 때문이다. 저축이 아니라 투자라면 투자 리스크를 본인이 부담하는 게 옳다.

정부는 원래 2001년부터는 IMF 사태 이전처럼 2,000만원까지만

〈19-1〉 금융기관별 예금보호 및 비보호 대상

금융기관	계속보호	2000년말까지만 보호	계속 비보호
은행	예금, 적금, 부금, 표지어음, 원금보전형 신탁(개인연금신탁, 노후생활연금신탁 등 포함)	외화예금, 양도성 예금증서(CD), 은행발행채권, 1998년 7월 24일 이전에 산 환매조건부채권(RP)	실적배당 신탁상품(비과세가계신탁, 근로자우대신탁 등), 농·수협 중앙회의 공제상품
증권	고객 예탁금, 각종 증권저축	공모주, 실권주 청약증거금, 1998년 7월 24일 이전에 산 환매조건부채권(RP)	수익증권, 증권사발행 채권, 1998년 7월 25일 이후 매입한 환매조건부채권(RP)
보험	개인보험, 법인의 퇴직보험	퇴직보험을 제외한 법인보험, 1998년 7월 31일 이전 체결된 보증보험 계약	재보험
종합금융	발행어음, 표지어음, 담보부 매출어음, 어음관리계좌(CMA)	—	무담보매출어음, 외화차입금, 수익증권, 종금사발행 채권, 환매조건부채권(RP)
상호신용금고	예금, 적금, 부금, 표지어음	—	—
신용협동조합	출자금, 예탁금, 적금	—	공제상품

보장해 주려고 했었다. 그러나 2000년 하반기 들어 상호신용금고나 부실은행 등에 몰려 있던 2,000만원 이상의 고액예금들이 대거 이탈하는 등 금융시장이 심하게 요동치자 할 수 없이 보장한도를 5,000만원으로 높였다. 고액예금자들의 '반란'에 밀려 정부가 한발 후퇴한 것이다.

부족해도, 지나쳐도 안 되는 예금보호

예금보호는 너무 부족해도 안 되고, 너무 지나쳐도 안 되는 적정선을 지켜야 한다. 그래야만 금융시장 안정과 금융기관 발전이라는 두 가지 목적에 충실할 수 있다.

정부가 예금보호 범위를 다시 줄이고 있는 이유는 자기 돈을 안전하게 굴려야 할 1차적인 책임이 예금자 본인에게 있기 때문이다. IMF 사태 직후처럼 정부가 원리금을 전액 보장해 줄 경우 예금자들은 이자를 많이 주는 곳이면 아무 곳에나 돈을 맡길 것이다. 금융기관들도 우리는 망해도 돈을 떼일 염려가 없다며 감당할 수도 없이 높은 고금리를 약속하면서 예금유치 경쟁을 벌일 가능성이 높다. 이른바 자기책임을 정부에 떠넘기는 '도덕적 해이'가 발생하는 것이다.

그러나 원리금 부분보장 상태에서는 다르다. 예금자들은 자기 돈을 안전하게 굴리기 위해 신경을 많이 써야 한다. 우선 망하지 않을 만큼 튼튼한 우량 금융기관을 골라야 한다. 한군데에 뭉칫돈을 묻어두는 것도 좋지 않다. 금융기관이 망하면 5,000만원 초과분을 모두 날리기 때문이다. 따라서 원리금이 5,000만원 이하가 되도록 쪼개 몇 군데 우량은행에 나눠서 예금하는 것이 최선이다. 쪼갤 돈이 너무 많은 사람은 고민도 많을 것이다. 하지만 이런 사람은 많지 않다. 고객이 돈 맡길 곳을 고르게 되는 만큼 금융기관들도 정신을 차리게 된다. 자기가 탄탄한 우량 금융기관이라는 확신을 고객들에게 주지 못할 경우 예금을 유치하기가 어려워지기 때문이다.

20 썩은 사과 따로 빼기 - 배드 뱅크 · 배드 펀드 · 배드 컴퍼니

시사용어 포인트

배드 뱅크 | 배드 펀드 | 배드 컴퍼니 | 클린 뱅크 | 클린 펀드 | 클린 컴퍼니 | 뱅크 런 | 공적자금

배드 뱅크는 썩은 사과만 따로 모아놓은 바구니

멀쩡한 사과를 썩은 사과와 같은 바구니에 담아 놓으면 멀쩡한 사과마저 썩게 된다. 이를 막으려면 썩은 사과를 골라내든지 아니면 멀쩡한 사과를 골라내든지 해야 한다.

금융기관이 거액의 부실채권을 안게 될 경우 예금자나 투자자들이 앞다퉈 돈을 찾는 것도 멀쩡한 사과를 골라내는 것과 비슷하다. 예금자나 투자자들은 금융기관이 안고 있는 부실채권〔썩은 사과〕 때문에 자신의 투자금액〔멀쩡한 사과〕까지 부실화될 것을 우려해 서둘러 자금을 인출〔뱅크 런〕하게 되는 것이다.

이같은 자금인출사태가 일어나면 금융기관은 유동성 위기에 빠지

게 되고 금융시장은 커다란 혼란에 휩싸이게 된다. 예를 들어 은행은 예금 중 일부만을 지불준비금으로 남겨두고 나머지는 모두 대출을 해주기 때문에 모든 고객이 일시에 예금을 인출할 경우 지급불능 상태에 빠지게 된다. 투자신탁회사나 증권사들도 투자자의 수익증권 환매요구가 집중되면 은행과 비슷한 위기에 몰리게 된다. 결국 금융기관은 대출금을 회수하거나 보유중인 채권을 매각하게 되고 이로 인해 자금시장은 심각한 신용경색에 빠지게 된다.

이런 문제 때문에 금융기관이 거액의 부실채권을 안게 될 경우 자금인출사태가 발생하기 전에 먼저 부실채권을 골라낼 필요가 있다. 이때 금융기관으로부터 부실채권만 따로 매입해 관리하는 기관이나 펀드를 '배드 뱅크[Bad Bank]' 또는 '배드 펀드[Bad Fund]' 라고 부른다. 마찬가지로 '배드 컴퍼니[Bad Company]' 는 부실기업에서 부실자산만 골라 모은 회사다. 즉 배드 뱅크, 배드 펀드, 배드 컴퍼니는 모두 썩은 사과를 골라내 따로 모아놓은 바구니라고 할 수 있다. 반대로 '클린 뱅크[Clean Bank]', '클린 펀드[Clean Fund]', '클린 컴퍼니[Clean Company]' 는 썩은 사과를 빼고 멀쩡한 사과만 남겨 놓은 바구니다.

따로 모은 썩은 사과는 파격세일

배드 뱅크나 배드 펀드가 설립되었다고 해서 부실채권으로 인해 발생하는 문제가 모두 해결되는 것은 아니다. 썩은 사과는 헐값에 팔 수밖에 없으므로 그 차액만큼 금융기관의 자산이 줄어들고, 주주들은 손실을 피할 수 없게 된다. 썩은 사과를 골라낸 다음 금융기관이 정상적으로 영업을 계속하기 위해서는 증자 등을 통해 자본금을 확충하는 조치가 뒤따라야 한다.

　금융기관의 부실채권 규모가 클 경우 민간부문의 힘만으로 이 문제를 해결하기가 어렵기 때문에 배드 뱅크나 배드 펀드는 자산관리공사처럼 정부의 주도하에 설립되며 금융기관의 자본금 확충에도 정부가 직접 나서는 것이 일반적이다. 이때 투입되는 자금을 흔히 '공적자금' 이라고 부른다.

IMF 사태와 대우사태가 만들어낸 썩은 사과

　우리나라에서 배드 뱅크가 유행어가 된 계기는 IMF 사태와 대우사태다. 1997년말 IMF 사태 이후 수많은 기업들이 줄줄이 부도를 내면서 금융기관에 엄청난 부실채권이 쌓이자 이를 해결하기 위한 대안으로 배드 뱅크가 부상한 것이다. 1999년 7월 대우사태 때도 투신

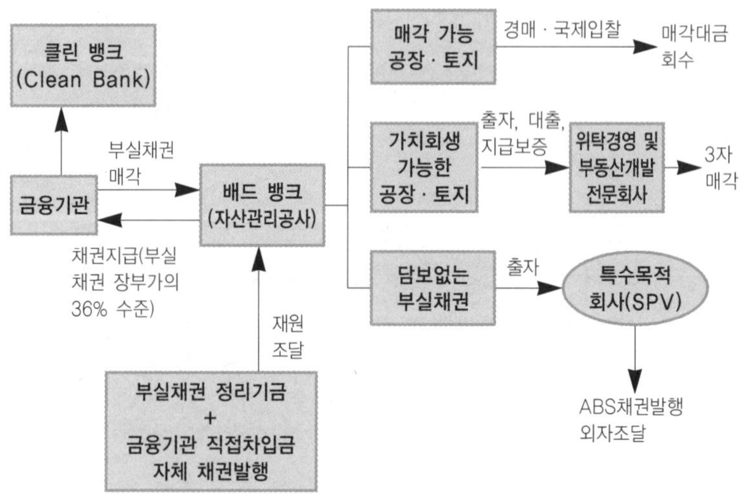

〈20-1〉 배드 뱅크 운영체계

사에 수익증권 환매요구가 이어지고 이른바 '11월 대란설'이 불거져 나오자 배드 뱅크를 설립해야 한다는 주장이 많았다.

그러나 정부는 배드 뱅크 대신 수익증권 환매를 제한하면서 금융기관에 공적자금을 지원하는 방식으로 문제를 풀었다.

반면 대우그룹의 핵심이면서 부실이 가장 많았던 주식회사 대우와 부실자산에 눌려 정상적인 영업이 어려웠던 대우중공업을 처리할 때는 배드 컴퍼니를 이용했다. 채권단은 ▷(주)대우를 대우인터내셔널〔무역부문〕·대우건설〔건설부문〕·잔존회사 등 3개 사 ▷대우중공업을 대우조선공업〔조선부문〕·대우종합기계〔기계부문〕·잔존회사 등 3개 사로 각각 나누었다. 여기서 잔존회사가 바로 정상적인 사과를 빼고 썩은 사과〔부실채권〕만 따로 모은 배드 컴퍼니에 해당한다.

21 뜨거운 감자, 생명보험사 기업공개 논란

시사용어 포인트

자산재평가 | 재평가 차익 | 재평가 차익 배분비율 | 상장차익 | 상호회사

세기를 넘긴 공방

1989년 4월 교보생명은 기업공개를 전제로 '자산재평가'를 실시했다. 부동산 값이 수십 년간 폭등한 덕에 '재평가 차익'이 상당했다. 당시는 종합주가지수가 사상 처음 1,000포인트를 넘는 폭발적인 증시활황기의 절정이기도 했다. 이에 질세라 다음해 2월 삼성생명도 자산재평가를 단행했다.

국내 양대 보험사는 자산재평가 결과 불어난 장부상의 차익을 자본금으로 전환시킨 다음 기업공개를 추진할 계획이었다. 자산재평가로 자본금을 대폭 늘린 만큼 주식 수도 불어 증시에 주식을 상장시킬 경우 막대한 '상장차익'을 거둘 수 있었다.

생명보험사의 기업공개 논란은 이렇게 시작되었다. 그러나 삼성
과 교보생명의 기업공개는 21세기에 들어선 현재까지 실현되지 못하
고 있다. 10년 이상 원점만 맴돌고 있는 것이다.

상장차익, 누구 몫인가

다른 기업들은 요건만 갖추면 큰 어려움없이 기업공개를 하는데
삼성 · 교보생명의 경우 유별나게 문제가 되는 이유는 무엇일까?

요점은 크게 두 가지다. 첫째는 생명보험사의 경우 다른 일반 주
식회사와 다른 성격이 있다는 것이고, 둘째는 상장차익이 상상을 초
월할 만큼 엄청나다는 것이다.

삼성과 교보생명은 액면가가 5,000원인 자기회사 주식의 주가가
상장 후에 각각 70만원과 30만원에 이를 것이라고 추정하고 있다. 이
경우 양사의 시가총액은 각각 14조원과 4조1,160억원 등 총 18조
1,160억원이나 된다. 여기서 양사의 자본금 1,600억원〔삼성생명 1,000
억원, 교보 600억원〕을 뺀 실제 상장차익은 18조원에 달한다.

그렇다면 이 상장차익은 누구 몫일까? 생보사 역시 상법상 엄연
한 주식회사다. 따라서 주식상장에 따른 이익도 법적으로는 모두 주
주들의 몫이다. 생보사들은 이 점을 강조하면서 시종일관 ‘법대로
하자’는 주장을 고수해 왔다.

하지만 생보사는 계약자에게 돈을 받아 일종의 ‘계’처럼 자산을
운용하는 방식으로 사세를 키워왔다. 이른바 ‘상호회사’적 성격이
강한 것이다. 자본금이 수십 억원밖에 안되던 생보사들이 수십조원
씩 자산을 굴리면서 큰소리를 치는 것도 이 때문이다. 삼성생명은 자
산이 50조원대에 육박하지만 자본금은 1,000억원으로 생각보다 많지

<21-1> 생명보험회사 상장안 주요쟁점

구분	보험학회안	금융연구원안	업계안
상장이익 배분	없음(청약우선권 가능)	주식 + 현금	청약우선권 배정 또는 현금배분
배분방안	주주에 귀속	계약자 몫 삼성 21.9%, 교 23.1%	계약자에게 할인가격으로 신주배정
문제점	배분사례 없음	기존주주 동의, 상법 개정 필요	계약자－주주 형평성 시비

않다. 그나마 자산재평가를 통해 자본금을 늘리기 전인 1990년 이전
에는 60억원에 불과했었다. 이런 측면을 인정한다면 막대한 상장차
익도 주주와 계약자가 적절하게 나눠 갖는 게 합당하다.

주식이냐 현금이냐

생보사 기업공개 문제는 사실 정부가 먼저 제기한 것이었다. 정부
는 1987년 '자본시장 육성에 관한 법률'을 제정하고 생보사에 대해
서도 기업공개를 강력히 권유했다. 당시는 많은 기업주들이 기업공
개를 꺼렸다. 증시에 대한 이해가 부족해 기업공개를 하면 소액주주
들에게 시시콜콜하게 시달림만 당하게 된다고 생각하는 사람들이 많
았던 것이다. 오죽하면 증권당국이 기업공개를 기피하는 대기업들을
'블랙리스트'로 관리할 정도였을까.

그러나 1988년부터 분위기가 확 달라졌다. 증시가 뜨겁게 달아오
른 덕에 기업공개를 실시한 기업들은 '횡재'를 했다. 교보생명도 이
런 상황에서 자산재평가를 실시했다. 투자자들의 관심도 갑자기 뜨
거워져 자산재평가 차익을 배분하는 문제가 핫 이슈로 떠올랐다. 정

부는 결국 생보사와 계약자 간의 이해절충을 위해 1989년 10월 이른 바 '3 : 3 : 4 룰'을 마련했다. 재평가 차익이 10이라면 3은 주주 몫으로 하고 또다른 3은 사내에 잉여금으로 쌓아두며, 나머지 4는 계약자 몫으로 돌리라는 것이다.

교보생명은 이같은 논란의 한가운데에서 심한 몸살을 앓았다. 반면 삼성생명은 교보가 어렵게 닦아놓은 고속도로에 무임승차하듯 차익배분안이 확정되기를 기다렸다가 재평가를 실시했다. 하지만 이때는 주식시장도 가파른 내리막길을 걷고 있었다. 당시 재무부는 핑계 김에 이래저래 골치 아픈 생보사 공개문제를 보류시켰다.

생보사 상장문제가 다시 도마 위에 오른 것은 9년 뒤인 1999년이었다. 삼성그룹 이건희 회장은 1999년 자동차사업 포기를 결정하면서 삼성자동차 부채처리용으로 삼성생명 보유주식 400만 주를 내놓았다. 삼성측은 삼성생명 주식이 증시에 상장되면 시가가 70만원에 이를 것이라면서 400만 주의 가치를 2조8,000억원이라고 주장했다.

자산재평가 차익을 어떤 비율로 배분할 것인지에 대해서만 갑론을박하던 사람들은 이를 계기로 쟁점을 바꿨다. 막대한 상장차익을 제대로 나누려면 계약자에게도 재평가 차익을 배분한 비율대로 상장차익을 다시 배분해야 한다는 주장이 급부상한 것이다.

1999년 보험학회와 금융연구원은 두 차례에 걸쳐 공청회를 열었다. 이때 최대 관건은 역시 상장차익을 주식으로 배분하느냐의 여부였다. 금융감독원은 공식입장을 밝히지 않았지만 금감원의 용역을 받은 금융연구원은 생보사들이 현 계약자에 대해서는 무상으로 주식을 나눠주어야 한다고 주장했다. 이와 함께 과거 계약자 몫의 지분은 공익재단에 출연해 공익사업에 활용할 것을 건의했다. 그러나 생보업계에서는 주식배당은 '절대 불가'라는 입장이다. 외국의 생보사 상장사례에서도 주식회사가 상장을 하면서 보험계약자에게 주식을 나눠준 경우는 없다는 것이다. 또 30% 정도의 주식을 계약자에게 나눠주면 경영권 확보마저 어렵다고 맞섰다.

　논란의 와중에 당시 이헌재 금융감독위원장은 "언젠가 결론을 내야 할 사안"이라며 생보사 공개문제에 매듭을 짓겠다는 입장을 분명히 했다. 그는 1999년 12월 생보사를 2000년까지 상장시키겠다고 다짐했다. 나름대로 소신있는 자세였다. 이용근 금감위원장이 바통을 이어받은 2000년 5월 금융감독위원회는 미국 컨설팅회사인 '어네스

〈21-2〉 생명보험사 상장 추진과정

	과정
1987년 11월	자본시장 육성에 관한 법률 제정, 생보사 기업공개 추진
1989년 4월	교보생명 기업공개 위한 자산재평가 실시
1989년 10월	재무부, '생보사 기업공개에 따른 이익배분 기준(안)' 발표(주주:계약자=3:7)
1990년 2월	삼성생명 자산재평가
1990년 9월	삼성·교보생명 재평가적립금 처리 재무부서 승인
1990년 12월	재무부, 증시 물량압박 등 이유로 기업공개 보류 결정
1999년 6월	삼성자동차 처리문제로 생보사 상장 공론화
1999년 12월	상장자문위원회 주최 생보사 기업공개 공청회. 이헌재 금감위원장, 2000년까지 생보사 상장키로
2000년 5월	'어네스트&영'에 상장안 용역의뢰, 8월말까지 정부안 확정 예정
2000년 8월	이근영 금감위원장 상장안 전면 재검토 지시
2000년 9월	참여연대 공청회(계약자 주식배분 주장)
2000년 11월	금감위원장, 생보사 상장안 연내 확정방침 공표
2000년 12월 6일	금감원, 생보사 상장 무기연기 발표

트&영'에 상장안 용역을 의뢰하고 8월말까지 정부안을 확정하겠다고 발표했다.

하지만 이것도 결국 공수표가 되었다. 2000년 8월 생보사 상장안은 나오지 않았다. 대신 이용근 위원장의 뒤를 이은 이근영 위원장은 "법적으로 주식회사인 생보사의 상장차익을 주주가 아닌 계약자에게 강제로 내놓으라고 할 수 없다" 며 "합법적으로 계약자 몫을 챙겨주는 방법 등을 원점에서 전면 재검토하겠다"고 밝혔다. 10년 이상 원점만 맴돌았는데 원점부터 다시 재검토하라는 지시가 떨어진 것이다. 2000년 12월 이근영 위원장은 "이해관계가 너무 첨예하고, 증시도 안 좋은 만큼 생보사 상장논의를 무기한 연기한다"며 결국 완전히 발을 뺐다. 생보사 공개문제는 지금도 답을 찾지 못한 '뜨거운 감자' 다.

22 어음이 사라지고 있다

시사용어 포인트

진성어음 | 상업어음 | 융통어음 | 기업어음(CP) | 약속어음 | 어음장 | 기업
구매자금 대출제도 | 기업구매전용카드

한국에만 있는 토종 금융관행

어음이란 나중에 돈을 갚겠다고 약속한 증서다. 은행에 당좌계좌
를 개설하고 어음장만 받으면 누구나 어음을 발행해 현금화할 수 있
다. 하청업체 등에서 물품을 구입한 뒤 현찰 대신 주는 어음을 '진성
어음' 또는 '상업어음' 이라 한다. 이같은 상거래없이 순수 자금조달
목적으로 발행하는 어음은 '융통어음' 이다. '기업어음〔CP〕' 도 일종
의 융통어음이다.

개인들끼리 주고받는 '약속어음' 은 다른 나라에도 있다. 그러나
우리나라처럼 은행이 '어음장' 을 나눠주고 결제를 책임지는 경우〔은
행어음〕는 세계적으로 유례가 없다.

어음사슬

우리나라 중소기업들은 물품대금의 절반 가량을 어음으로 받는다. IMF 사태 전에는 어음결제 비중이 70%를 넘기도 했다. 따라서 중소기업들에게 어음은 가장 중요한 돈줄이다. 장사를 하고 받는 게 주로 어음이니 중소기업들은 언제나 현금이 부족하다. 따라서 그들도 어음을 발행하게 되고, 다른 곳에서 받은 어음은 만기 전에 '할인세일'을 하게 된다. 이른바 어음할인이다. 은행이나 종합금융회사들은 선이자를 제하고 어음을 샀다가 만기가 되면 어음발행기업에 결제를 요구〔지급제시〕하게 된다. 돈은 급한데 은행이나 종금사에서 할인을 해주지 않으면 할 수 없이 사채업자에게 더 파격적인 헐값에 팔아야 한다. 속칭 '와리깡' 이다.

이런 식으로 어음거래는 모든 기업들을 연결시켜 거대한 '어음사슬' 을 만든다. 어음제도의 함정은 바로 여기에 있다. 어느 한 기업이 제때 어음결제를 못해 부도를 내면 어음사슬에 연결돼 있는 많은 다른 기업들이 줄줄이 연쇄부도를 내게 되는 것이다. 물론 서로 현금결제를 했다면 이런 문제는 생기지 않는다.

예컨대 A가 B에게 발행한 어음이 C-D-E를 차례로 거쳐 종금사에서 최종 할인됐다고 하자. 종금사는 어음만기일에 A가 당좌거래를 하는 은행측에 어음을 제시하고 지급을 청구하게 된다. 이때 A의 당좌계좌에 결제할 돈이 부족하면 부도가 난다. 그러면 종금사에서

〈22-1〉 하루평균 어음교환 규모

1997년	12조3,910억원
1998년	11조9,380억원
1999년	16조6,990억원
2000년	10조8,770억원
2001년	7조9,770억원

※ 자료 : 한국은행

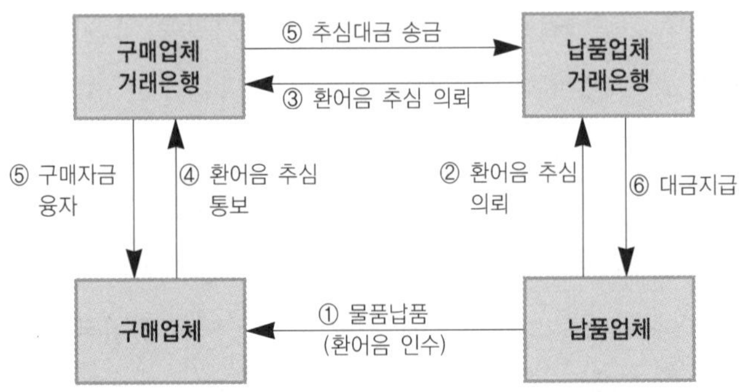

E-D-C-B의 순으로 다시 결제를 요구하는 행렬이 이어진다. 만약 E가 이를 물어주느라 자금이 바닥나고 결제능력이 사라지면 E가 발행한 어음을 받은 업체는 덩달아 위험해진다. 신용으로 묶인 어음사슬은 이런 식으로 순식간에 무너질 수 있다.

어음제도 폐지론

어음제도 폐지를 가장 먼저 주장한 곳은 어디일까? 바로 공정거래위원회다. 공정위는 어음제도 때문에 중소기업들이 대기업과 거래할 때 너무 큰 손해를 보고 있다는 점을 잘 알고 있었다.

현찰 대신 어음을 받으면 여러모로 손해다. 만기까지 갖고 있는다고 이자가 붙는 것도 아니다. 반면 만기 전에 할인해 팔면 할인율만큼 손해가 난다.

공정위는 1997년말 IMF 사태 이전부터 불공정거래를 조장하는 어음제도의 폐지를 강력히 주장했다. 반면 금융당국인 재정경제부나 한국은행은 신중했다. 어음제도에 문제가 있긴 하지만 너무 뿌리깊은 금융관행인데다 거래규모마저 천문학적인 수준이어서 함부로 손을 댈 수가 없었던 것이다.

그러나 IMF 사태 이후 대기업과 중소기업들이 걷잡을 수 없는 부도사태에 휘말리면서 어음제도 폐지론은 다시 힘을 얻었다. 대기업 한 곳만 부도가 나도 마치 '감자 뿌리캐기' 식으로 거래업체들이 줄부도를 냈다. 이런 부도 도미노 현상을 차단하기 위해서라도 어음제도는 개선이 시급했다.

이에 따라 1998년 국회의원 30여 명이 어음법 폐지법안을 국회에 냈다. 3년 뒤인 2001년 7월 31일 이후 어음제도를 전면 폐지하되, 그 이전까지는 어음만기를 단축하고 현금결제비율을 높이도록 하자는 내용이 골자다. 그러나 이 법안은 심의없이 계속 계류되다가 유야무야되고 말았다. 정부와 국회 모두 과감히 어음제도를 폐지하기에는 자신이 없었던 것이다.

기업구매자금 대출제도

한국은행은 2000년 5월 어음제도를 일시에 폐지하기 어렵다면 단계적으로라도 개선해 보자며 '기업구매자금 대출제도'를 대안으로 들고 나왔다. 이 제도는 기업이 물품을 납품받으면 거래은행이 대출을 일으켜 대금을 결제해 주는 제도(그림 22-2 참조)이다. 한국은행은 이런 대출을 해준 은행에 3%짜리 저리정책자금인 총액한도 대출자금을 지원[구매자금대출액의 50%]해 주기로 했다. 이와 함께 정부는 이 제도를 통해 구매대금을 현금으로 결제하는 중소기업에 대해 법인세나 소득세를 감면[(구매자금대출을 통한 결제액 + 구매전용카드 결제액 – 어음발행액) + 0.5%]해 주기로 했다.

이같은 지원책에 힘입어 기업구매자금 대출제도는 비교적 빠르게 자리잡아가고 있다. 기업구매자금 대출은 시행 1년만인 2001년 5월 말 5조735억원의 대출실적을 기록했다. 이는 상업어음 잔액의 32%에 해당하는 금액이다. 웬만해선 꿈쩍도 하지 않을 것 같던 고질적인 어음제도가 조금씩 자리를 물리고 있는 것이다. 한국은행에 따르면 하루 평균 약속어음 교환규모는 1999년 16조6,900억원에 달했으나 2000년에는 10조8,770억원, 2001년에는 7조9,770억원으로 매년 급격히 줄고 있다.

2000년부터 카드회사〔은행 포함〕들이 자체적으로 도입해 시행에 들어간 '기업구매전용카드' 제도도 어음결제를 대체하는 수단으로 부상하고 있다. 구매업체는 카드사로부터 발급받은 신용카드로 납품 대금을 결제하면 납품업체는 카드사로부터 대금을 지급받게 된다(그림 22-3 참조). 기업구매자금 대출제도에서는 구매업체가 금융비용을 부담하는 데 반해 기업구매전용카드에서는 어음할인처럼 납품업체가 금융비용을 부담한다는 점이 다르다.

〈22-3〉 기업구매전용카드 취급절차

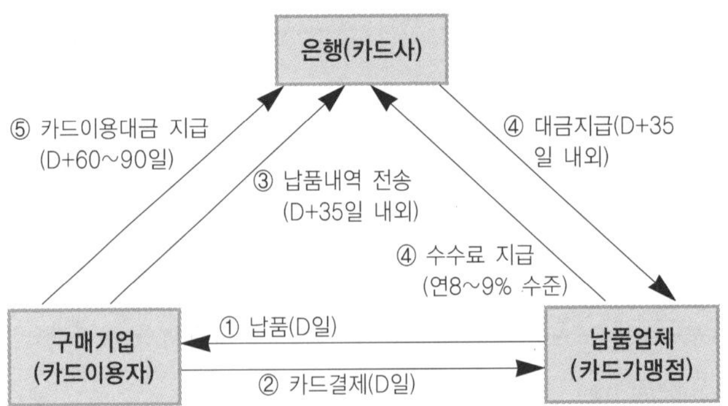

23 부자에게 세금 물리기
– 금융소득 종합과세 줄다리기

분리과세 | 금융소득 종합과세 | 금융실명제 | 부부합산과세 | 부부별산과세

금융실명제의 완결편

'금융소득 종합과세'란 1년에 이자나 배당금으로 버는 돈이 4,000만원을 넘는 고소득층에게 최고 36%의 세금을 물리는 제도이다. 금융소득 중 4,000만원 초과분을 근로소득, 사업소득, 부동산 임대소득 등과 합산해 세금을 물린다. 이 제도를 시행하기 전에는 금융소득이 많든 적든 다른 소득과 합산하지 않고 20% 정도의 낮은 세금을 물렸다. 이른바 '분리과세'다.

금융소득 종합과세는 실명으로 금융거래를 하는 금융실명제 아래서만 실행이 가능하다. 가명이나 차명으로 금융거래를 하는 상황에서는 누가 얼마나 금융소득을 올리는지 알 수 없다. 따라서 금융소득

종합과세는 1993년 8월 전격 실시된 '금융실명제'의 완결편이라고 할 수 있다. 금융실명제의 취지 자체가 금융소득에 대한 정당한 과세에 있기 때문이다.

돈 많은 사람만 싫어하는 제도

금융소득 종합과세의 대상이 되려면 돈이 많아야 한다. 그것도 아주 많아야 한다. 최소한 10억원 정도는 금융자산으로 갖고 있는 부자가 되어야 금융소득 종합과세의 대상이 된다. 그래야만 이자소득도 1년에 4,000만원을 넘을 것이기 때문이다.

2002년 4월 삼성경제연구소가 추정한 보고서에 따르면 우리나라에서 이런 부자는 전체 가구의 1%인 14만 가구에 불과하다. 하지만 금융소득 종합과세를 처음 실시했던 1996년 이자·배당소득이 4,000만원을 넘는다며 종합과세 신고를 한 사람은 이보다 훨씬 적은 3만 197명뿐이었다. 이듬해인 1997년에도 신고자 수는 4만 4,276명에 그

〈23-1〉 금융소득 종합과세 주요내용

주요내용	비고
2001년 1월 1일 발생 소득분부터 종합과세	• 2001년 12월 31일 이전에 가입한 예금 또는 매입한 채권의 이자소득은 기간 안분하여 20% 분리과세
금융소득이 4,000만원을 초과할 경우 종합과세	• 2002년까지는 부부 금융소득을 합산해 4,000만원 초과 시 종합과세. 2003년부터는 부부 개별과세
장기저축·채권 이자분리과세 가능	• 만기 5년 이상 장기저축·채권의 이자는 30%의 분리과세 선택이 가능 • 이자 수령시마다 종합과세·분리과세 선택이 가능
금융소득에 대한 세전 이자는 분리과세 가능	• 4,000만원 초과 여부를 따질 때 원천징수되기 전의 금액을 기준으로 함

쳤다. 금융소득 종합과세 제도가 부활된 2001년에는 5만 1,000명이 신고했다. 이에 따라 금융소득 종합과세의 기준이 되는 소득기준을 대폭 낮춰야 한다는 주장도 나오고 있다.

우여곡절이 많은 제도 시행

금융소득 종합과세는 국민의 절대 다수가 원하는 제도이지만 실제로 도입하는 데는 우여곡절이 많았다. 정부는 1994년 세법을 고쳐 1996년부터 금융소득 종합과세 제도를 시행했다. 숱한 반대를 무릅쓰고 금융실명제를 도입하지 않았다면 꿈도 꾸지 못할 개혁조치였다. 그러나 결국 오래가지 못하고 시행 2년만에 도중하차했다. 1997년말 IMF 사태가 닥치자 정치권은 경제회복을 위해 불가피하다며 1998년부터 이 제도의 시행을 3년간 유보시켰다. 고소득층의 뭉칫돈이 지하로 숨어들거나 해외도 도피하는 바람에 도무지 돈이 돌지 않고 경제가 위축된다는 게 그 이유였다.

하지만 많은 사람들은 이 말을 믿지 않았다. 경제정의실천시민연합 등 시민단체들은 "국회의원 4명 중 1명이 금융소득 종합과세의 대상"이라며 "정치인들이 정치자금 관리문제 등 자신들의 이해관계 때문에 제도를 유보시켰다"고 비난했다. IMF 사태를 수습하는 과정에서 거리에 실업자가 넘쳐나고 부익부 빈익빈 현상이 더 심화되자 여론은 더 악화되었다. 금융소득 종합과세의 부활시기를 앞당기자는 주장도 많았다. 그러나 돈 많은 사람들의 반대로비는 더 강했다. 금융소득 종합과세 제도는 결국 3년간의 유예기간을 모두 채우고 2001년 부활했다.

※자료 : 한국은행

부부합산제에서 부부별산제로

금융소득 종합과세는 원래 부부합산제였다. 부부의 금융자산소득을 합쳐 연간 4,000만원이 넘으면 부부의 다른 소득과 합쳐 종합과세 대상으로 삼았던 것이다. 이것은 부부간 명의이전 등 편법을 통해 누진세 부담을 회피하는 경우를 막기 위한 조치였다. 그러나 2002년 8월 헌법재판소는 "부부의 자산소득을 합산해 과세토록 한 소득세법 규정은 위헌"이라고 결정했다. 모 대학병원 의사인 최모씨 등이 "부부자산소득의 합산과세는 혼인부부를 일반인들에 비해 차별하는 것"이라며 제기한 헌법소원에 손을 들어준 것이다. 헌법재판소는 "자산소득이 있는 모든 납세의무자 중에서 혼인한 부부가 혼인했다는 이유만으로 혼인하지 않은 자산소득자보다 더 많은 조세부담을 해 소득을 재분배하도록 강요받은 것은 부당하다"고 밝혔다.

이로써 금융소득 종합과세는 또 한번 큰 변화를 맞게 되었다. 정부는 소득세법을 고쳐 2003년부터 금융소득 종합과세 때 부부합산이 아닌 부부별산제를 적용한다. 고액자산들은 이래저래 빠져나갈 틈이 많아진 셈이다.

24 21세기형 현금 – 전자화폐

전자화폐 | 사이버머니 | 네트워크형 화폐 | 모바일머니(Mobil Money) | 선불카드 | 스마트카드

돈도 카드도 여러가지

돈도 여러가지다. 옛날에는 조개껍질따위가 돈으로 이용되었다. 20세기 중반에는 금이 가장 중요한 돈이었다. 지금은 국가가 중앙은행을 통해 찍어낸 지폐와 동전이 일반적인 돈이다. 이와 함께 최근에는 IC〔집적회로〕칩을 장착한 전자화폐와 아예 실체가 없는 '사이버머니'가 새로운 형태의 돈으로 부상하고 있다. 모양이야 어떻든 문제가 없고 쓰기 편하면 좋은 돈이라 할 수 있다.

전자화폐와 스마트카드

'전자화폐'란 IC칩을 장착한 카드에 일정금액을 저장시킨 선불카드다. '선불카드'란 공중전화카드나 충전식 교통카드처럼 미리 돈을 받고 그에 해당하는 액수를 담아놓은 카드를 말한다. 전자화폐는 은행이나 신용카드 회사를 통해 자기 예금계좌와 연결된 형태로 발급받고, 돈이 떨어지면 현금자동지급기 등을 통해 충전할 수 있다.

전자화폐의 위력은 IC칩에 있다. IC칩은 일반 신용카드에 부착된 검은색 마그네틱선보다 최소한 100배 이상 많은 정보를 담을 수 있다. 따라서 한 장의 전자화폐에 거의 모든 카드 기능을 통합할 수 있다. 위·변조나 컴퓨터 해킹을 막기 위한 보안장치도 강력하게 업그레이드 할 수 있다. 현재 추세대로라면 머지 않아 신용카드는 물론 개인신분증인 ID카드를 비롯하여 의료카드, 은행 현금카드, 직불카드, 교통카드, 전화카드, PC방 카드 등 모든 카드가 전자화폐 한 장으로 통합될 것이다. 이런 만능카드〔다기능 원카드〕를 전자화폐와 구분해 '스마트카드'라고도 한다.

급팽창하는 한국의 전자화폐 시장

현재 전자화폐를 사용하고 있는 나라는 미국, 영국, 일본, 캐나다, 벨기에 등 30여 개국에 이른다. 우리나라도 2000년 3월 시범사업이

〈24-1〉 실물화폐와 전자화폐 차이

	실물화폐	전자화폐
인출방식	은행창구, ATM(현금자동입출금기)	ATM, PC, 휴대폰, 공중전화
가치저장	동전, 지폐	IC카드 내
원격가치 이전	불가	가능
거래추적	불가	가능

시작된 이후 급속도로 확산되고 있다.

세계 양대 신용카드 회사인 비자와 마스타카드가 전자화폐사업에서도 역시 양대 산맥이다. 비자카드는 '비자캐시'를, 마스타카드는 '몬덱스IC카드'를 각각 전자화폐로 내세우고 있다. 몬덱스는 마스터카드가 인수한 영국의 전자화폐 전문회사다.

우리나라에서는 비자, 마스타와 함께 한국은행과 금융결제원까지 직접 전자화폐사업에 참여해 치열한 3파전을 벌이고 있다. 한국은행과 금융결제원은 2000년 3월 서울 역삼동에서 한국형 전자화폐인 'K-캐시'의 시범사업에 돌입했다. 이 사업은 20개 주요은행과 7개 신용카드회사가 대거 참여해 국내 최대의 전자화폐 유통망을 구축하고 있다. 다만 해외에서는 호환이 안 된다는 게 단점이다.

몬덱스도 같은 시기인 2000년 3월 국민·조흥은행과 손잡고 한양대학교에서 시범사업을 시작했다. 몬덱스는 이어 6월 코엑스를 시범사업 지역으로 삼았다. 몬덱스는 제주관광지구, 대형 백화점, 정유회사, 패스트푸드점, 호텔, 개인택시 등을 중심으로 특화된 전자화폐시장을 집중공략하고 있다.

비자카드는 스마트카드와 전자화폐사업을 동시에 추진중이다. 비자는 1999년 12월 서울 여의도 지역에서 다기능 원카드인 스마트카

〈24-2〉 국내 전자화폐사업 3대축

화폐명	추진기관	업무개시
몬덱스	몬덱스 코리아	2000년 2월 한양대에서 사업시작
K-캐시	한국은행+금융결제원	2000년 3월 역삼동에서 시범사업
비자캐시	비자캐시 코리아	2000년 9월 에버랜드 등에서 사업시작

드의 시범운영을 개시했다. 이 사업에는 국민 · 외환 · BC · 삼성 · LG카드와 신한은행 등이 참여하고 있다. 비자카드는 "2006년까지는 기존의 비자카드를 모두 스마트카드로 교체할 것"이라고 장담하고 있다.

전자화폐사업에는 비자와 삼성물산이 손잡았다. 양사는 2000년 초 합작회사인 '비자캐시 코리아'를 설립하고 같은해 4월부터 전자화폐사업을 벌이고 있다.

이밖에 LG · 삼성 · 국민카드 등 국내 3개 카드사가 2000년 7월 공동 설립한 에이캐시[A-Cash], 부산은행이 부산시와 손잡고 발급한 마이비카드 등 전자화폐시장은 급속도로 확산되고 있는 추세이다.

급속히 확산되는 사이버머니

사이버머니도 지금은 전자화폐의 일종으로 분류된다. 선불카드 형태로 팔고 전자상거래에서만 사용하는 초보적인 형태의 소액 전자

〈24-3〉 전자화폐(카드형) 메커니즘

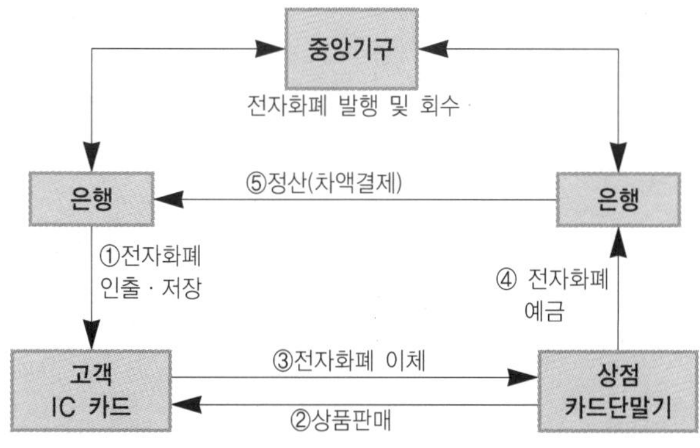

화폐가 많기 때문이다.

하지만 진짜 사이버머니는 실체가 없다. 이 돈은 컴퓨터 네트워크 상에서만 존재한다. 사이버머니는 인터넷을 통해 일정금액을 구입해 PC에 저장한 다음 사용하게 된다. 손으로 만질 수 없는 돈이기 때문에 주고받는 것도 인터넷을 이용한 전자상거래에서만 활용된다. 이런 의미에서 사이버머니를 '네트워크형 화폐'라고도 한다. 사이버머니를 사려면 자기 은행계좌와 연결된 전자화폐나 신용카드가 있어야 한다. 미국의 사이버캐시사에서 내놓은 '사이버캐시'가 대표적인 것이다.

우리나라에서는 1999년 3월 정보통신부 산하 커머스넷 코리아가 발급한 '아이캐시'가 사이버머니의 효시이다. 이후 나눔기술의 '아이민트', 데이콤의 '사이버패스' 등 비슷한 상품들이 네티즌 사이에서 급속도로 확산되고 있다.

전자화폐와 휴대폰의 만남

예금계좌와 연결된 전자화폐가 컴퓨터 네트워크와 만나서 탄생한 돈이 '사이버머니'다. 이 사이버머니는 최근 들어 다시 휴대폰과 연결되면서 '모바일머니'로 발전하고 있다.

이미 인터넷 유료사이트에서는 휴대폰 번호로 결제하는 방식이 보편화되어 있다. 예컨대 인터넷 쇼핑몰에서 상품을 구입하거나 법률 서비스사이트에서 유료콘텐츠를 이용할 때 카드결제 대신 자신의 휴대폰 번호를 입력하면 본인확인절차를 거쳐 곧바로 처리된다. 결제대금은 다음달 자신의 휴대폰 통합요금에 합산 청구된다.

여기서 한발 더 나아가 휴대폰에 전자화폐나 스마트카드를 내장시키면 휴대폰은 그야말로 온라인과 오프라인을 넘나드는 만능 결제 수단을 겸할 수 있게 된다. SK텔레콤이 2001년 10월 은행·카드회사와 손잡고 '비자캐시' 전자화폐를 휴대폰과 연결시킬 수 있게 만든 '모네타카드'가 이런 범주에 들어간다. 통신회사와 카드회사들은 요즘 이런 카드를 휴대폰 속에 완전히 내장시킨 상품까지 내놓고 있다.

25 돈 먹는 하마 – 투신 부실 메우기

12 · 12 증시안정화대책 | 한은특융 | 투자신탁회사 | 투신운용사 | 자산운용사 | 투신증권사 | 증권투자신탁 | 부동산투자신탁 | 계약형 투자신탁 | 회사형 투자신탁 | 뮤추얼펀드 | 변액보험 | 연계콜 | 신탁계정 클린화 작업 | 은행신탁 | 자산운용업법 | 펀드 수시공시제

밑빠진 독에 물붓기

2000년 4월 26일, 현대그룹 계열사들의 주가가 걷잡을 수 없이 폭락했다. 이유는 현대의 자금악화설. 하루 전 정부가 부실의 늪에 빠진 한국투신과 대한투신 등 양대 투자신탁회사에 4조~5조원의 공적자금을 투입하겠다고 밝히면서 현대투신〔옛 국민투신〕을 빠뜨린 게 화근이었다. 정부는 한국 · 대한투신은 대주주가 없지만 현대투신은 엄연히 현대라는 대주주가 있으니까 부실에 대해서도 대주주가 1차 책임을 져야 한다고 밝혔다.

부실하기야 현대투신도 양대 투신 못지 않았다. 당시 현대투신의

자기자본은 마이너스 1조2,000억원으로 한국투신〔마이너스 1조2,000
억원〕, 대한투신〔자기자본 마이너스 1조원〕과 대동소이했다. 현대투신
이 고객의 재산을 담보로 초단기로 빌린 돈인 '연계콜'은 무려 3조
2,000억원으로 대한투신보다 1조6,000억원, 한국투신보다 1조원이
많았다.

그런 현대투신이 공적자금을 받지 못하게 됐으니 투자자들이 겁
을 내는 것도 당연했다. 투자자들은 "현대는 이제 큰일났다"는 생각
에 앞다투어 주식을 투매했다. 현대는 결국 정몽헌 회장의 사재〔비상
장 계열사 주식〕 1,000억원어치를 현대투신에 출자하고, 비상장 계열
사 주식 1조7,000억원어치를 현대투신 정상화를 위한 담보로 내놓아
야 했다.

도대체 투신사들이 얼마나 부실했기에 이렇게 엄청난 공적자금을
잡아 먹고, 국내 최대의 재벌까지 송두리채 뒤흔들었을까. 1970년대
화려하게 출범해 1980년대에는 가장 잘 나가는 금융기관이었던 투신
사들이 어떻게 이젠 '증시의 뇌관', '증시의 천덕꾸러기'로 전락하

〈25-1〉 증권투자신탁(계약형)의 운용구조

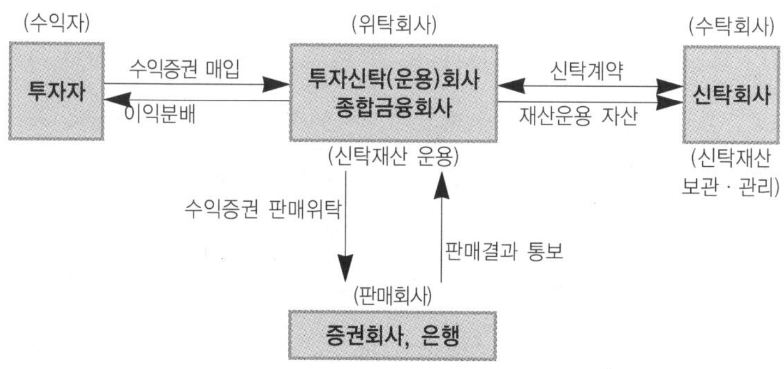

게 되었을까.

투신 부실의 씨앗, 12·12 증시부양책

투신 부실의 시작은 1989년 '12·12 대책'부터다. 그해 4월 1일 종합주가지수는 사상 처음 대망의 1,000포인트를 넘어 1007.7을 기록했다. 그러나 '거품잔치'는 거기서 끝났다. 이후 주가는 끝없이 미끄러졌고, 12월 들어서는 연속 9일 동안 폭락했다. 12·12 대책이 나오기 바로 전날인 12월 11일 종합주가지수는 844.75포인트. 여의도와 명동 증권가에는 투자자들의 한탄과 시위가 넘쳐났다.

궁지에 몰린 정부는 결국 '증시안정화 대책'을 발표하고 투신사들에게 증시가 안정될 때까지 주식을 무제한 사들이라고 지시했다. 투신사가 주식을 살 돈은 은행에서 빌려주었고, 은행 부족자금은 한국은행에서 지원했다. 돈을 새로 찍어서라도 증시를 살리겠다는 고강도 증시부양책이었다. 이에 따라 한국·대한·국민 등 당시 3대 투신은 대책발표 후 불과 2주 동안 2조7,000억원어치의 주식을 사들였다. 하지만 주가는 계속 떨어졌고, 은행에서 빌린 돈은 이자(연 12%)까지 눈덩이처럼 불어 투신사들을 막다른 골목으로 내몰았다

정부지원은 이후에도 계속되었다. 정부가 시키는 대로 했다가 엄청난 부실을 뒤집어쓴 투신사들을 나 몰라라 할 수 있는 처지도 아니었다. 정부는 1990년 5월, 은행들이 투신사에 빌려준 돈 가운데 일부를 투신사가 보유한 수익증권이나 주식과 맞바꿔 상계처리토록 했고, 일부는 출자전환해 주었다. 1991년에는 증권금융을 통해 국고 여유자금 2조2,000억원을 지원해 은행빚을 갚도록 했다.

그러나 투신사들은 이후에도 거듭되는 주가하락과 환매가 겹치면

서 자력으로는 빚을 갚고 정상경영을 하는 것이 불가능해졌다. 설상가상으로 증시가 불안할 때마다 정부의 '주가 떠받치기'에 동원돼 무조건 주식을 사들여야 했다. 1992년 5월 당시 이용만 재무부장관과 조순 한국은행 총재는 3대 투신에 2조3,000억원을 연 3% 금리로 1년간 빌려주는 '한은특융[한국은행 특별융자]'을 실시했다. 1994년 증시활황이 찾아들자 투신사들은 증권금융에서 돈을 빌려 한국은행 특융자금을 갚았지만 증권금융에서 빌린 빚은 다시 불어 1997년 외환위기가 터질 당시 투신권 전체에서 9조5,000억원으로 늘어났다.

미흡한 투신 구조조정

IMF 사태 이후 투신업계도 금융구조조정의 태풍에 휩싸이게 된다. 정부는 급한 대로 극심한 환매사태에 직면해 파산위기에 몰린 지방투신사인 신세기투신을 한국투신에 넘겼고[1997년 12월], 국민투신을 현대에 넘겼다[1998년 8월]. 현대는 이후 한남투신까지 인수해 현대투신으로 이름을 바꿨다.

그러나 또 한번의 시련이 찾아온다. 1999년 7월 대우사태가 터지면서 근근이 버티던 투신사들은 결정타를 맞았다. 대우사태는 오랜

〈25-2〉 한국은행 특별융자 지원

	시기	지원배경	지원금액	금리
1차	1972년 8월	사채동결조치	1,299억원	3.5~7%
2차	1985년	산업합리화조치	1조7,221억원	3%
3차	1992년 8월	투신사의 경영합리화	2조9,000억원	3%
4차	1997년	부실금융권 유동성 지원	2조원	8%

일자	금액	사유
1989년 12월 12일	2조7,000억원	12·12 증시부양
1991~1994년	5조6,000억원	은행차입금 급증에 따른 국고여유자금 지원
1992년 8월	2조9,000억원	국고지원자금 대체 위해 한은특융
1993~1994년	1조9,000억원	국고지원자금 대체용
1999년 12월~2000년 1월	7조9,000억원	정부 공적자금 투입

※ 1994년까지는 대한투신·한국투신·국민투신 등 3대 투신사 합계

만에 달아오른 증시에 찬물을 끼얹었다. 대우가 발행한 회사채를 대거 보유하고 있던 투신사들은 앞이 캄캄해졌다. 공사채형 수익증권 펀드의 수익률은 일제히 마이너스로 돌아섰고, 투자자들은 더 늦기 전에 돈을 빼야겠다면서 줄줄이 환매에 나섰다. 1999년 7월 1일 217조원에 달하던 공사채형 수익증권은 2000년 4월말 94조원으로 줄었다. 단 10개월 사이에 123조원이 빠져나간 것이다.

정부는 할 수 없이 2000년 1월 한국투신에 2조원, 대한투신에 1조원의 공적자금을 지원했다. 정부는 이것으로 투신 부실을 다 털어낼 수 있다고 장담했다. 정부는 우선 고객 돈인 '신탁계정의 클린화 작업'〔신탁계정에 편법·편입시켰던 고유계정의 부실채권 등을 다시 원위치시키는 작업〕을 추진했다. 그러나 클린화 과정에서 펀드 부실을 투신사 자산인 고유계정으로 이전시켰기 때문에 투신사 부실은 더 커지게 되었다. 이는 다시 투자자들의 불안감을 증폭시켜 환매가 더 늘어났다. 투신사들은 환매자금을 마련하기 위해 주식과 채권을 사정없이 내다 팔아 증시침체를 부추겼다.

정부는 2000년 6월부터 9월까지 다시 4조9,000억원의 공적자금을 추가 투입했다. 이래서 2000년에 투신사에 들어간 공적자금만 7조 9,000억원에 이른다. 그러나 이처럼 엄청난 국민의 돈을 쓸어넣고도 투신 부실에 대해 제대로 책임진 사람은 없다. 투신사를 증시부양 도구로 전락시킨 정부나 정부의 지원만 믿고 방만한 경영을 해온 투신 경영진 모두 책임을 회피하면서 눈치만 살피고 있을 뿐이다. 이런 상황이니 투신구조조정도 과감하게 한번에 모든 환부를 도려내는 대수술이 아니라 문제가 심각해져 더이상 감출 수 없을 때 찔끔찔금 미봉책으로 일관하고 있다는 비판을 받고 있다.

투신 · 투신운용 · 투신증권사 등 투신사도 여러가지

'투자신탁회사' 는 다수의 투자자로부터 자금을 모아 주식이나 채권같은 유가증권에 투자한 다음 그 수익을 투자자에게 돌려주는 일을 하는 금융기관이다. 그러나 투신사도 따지고 보면 여러 유형이 있다. 투신사 업무는 크게 수익증권 판매, 펀드〔신탁자산〕 운용 등 두 가지다. 이 두 가지를 모든 취급하는 곳이 우리가 흔히 말하는 투신사다. 즉 투신상품을 팔기도 하고 운용도 하는 곳이다.

그러나 현재 우리나라에 이런 투신사는 없다. 투신사 구조조정 과정에서 수익증권 판매와 펀드운용 업무를 완전히 나누어 수익증권 판매는 증권사에, 펀드운용은 투신운용사에 각각 맡겨버렸기 때문이다. 국내 3대 투신사라 할 수 있는 한국 · 대한 · 현대투신도 엄밀히 말하면 수익증권을 파는 증권사다. 문제가 된 현대투신도 정확한 회사이름은 '현대투자신탁증권' 이다. 나머지 2개 사 역시 회사 이름 끝에 '증권' 이 붙어 있다. 이들 3사는 수익증권 판매가 주력업무지만 그 외에 일반 증권사처럼 주식매매 중개업무 등도 하고 있다. 반대로 일반 증권사들은 부수업무로 수익증권 판매업무를 하고 있다.

순수하게 펀드운용만 하는 '투신운용사'는 1995년 8월부터 설립이 허용돼 2001년말 현재 29개 사가 있다. 3대 투신사 계열인 한국·대한·현대투신운용을 비롯해 삼성생명투신운용, LG투신운용, 주은투신운용, 신한투신운용 등이 예. 이와 비슷한 것으로 자산운용회사란 것도 있다. '자산운용사'는 투신운용사와 거의 똑같지만 취급하는 상품이 주로 '회사형' 신탁상품인 뮤추얼펀드다. 이런 자산운용사는 2001년말 현재 12개가 있다.

우리나라에서 가장 오래된 투신사는 1974년 설립된 한국투신이다. 이어 대한투신〔1977년〕과 국민투신〔1982년〕이 설립돼 IMF 사태 직전까지 3대 투신을 이루었다. 정부는 이와 별도로 1989년 한일투신〔인천〕, 중앙투신〔대전〕, 한남투신〔광주〕, 동양투신〔대구〕, 제일투신〔부산〕 등 5개 지방 투신사의 설립을 허용했다. 이 중 제일투신은 제일투신증권과 제일투신운용으로 분리되었다. 중앙투신도 삼성에서 삼성생명투신운용과 삼성생명투신증권으로 나누어 인수했다. 동양투신은 동양에서 인수해 동양오리온투신이 되었다. 한일투신〔신세기투신으로 개명〕과 한남투신은 각각 신탁자산을 한국투신과 현대투신에 넘기고 퇴출됐다.

신탁도 여러가지

투자신탁도 여러가지다. 신탁자금(펀드)을 주식이나 채권 같은 유가증권에 굴리면 '증권투자신탁'이고, 부동산에 굴리면 '부동산투자신탁'이다.

증권투자신탁은 다시 계약형과 회사형으로 나뉜다. 고객들이 투신사에서 가입하는 상품은 대개 '계약형 투자신탁'이다. 계약형은 투신사가 고객과의 신탁계약에 의거해 발행하는 수익증권을 고객이 사는 형태다. 반면 '회사형'은 투자전문회사〔자산운용사〕의 주식을 고객이 사는 형태다. 흔히 말하는 '뮤추얼펀드'가 이에 해당한다.(☞ '33. 투자자를 주주로 모신다 ·뮤추얼펀드와 리츠' 참조)

'은행신탁'이란 것도 있다. 은행신탁은 투신사에서 파는 계약형 증권투자신탁과 거의 똑같다. 은행에서 취급하고 예전〔2002년까지〕에는 가입자에게 연계대출을 해줬다는 정도가 다르다. 보험사들이 가입자에게서 받은 보험료를 주식이나 채권 등에 운용하고 그 결과에 따라 보험금을 달리 지급하는 변액보험도 투자신탁 상품이다.

신탁상품 통합관리한다 – 자산운용업법

정부는 다양한 신탁상품들을 효율적으로 관리하기 위해 2002년 가을 '자산운용업법'을 제정해 2003년부터 시행한다.

자산운용업법은 증권투자신탁업법〔투신사 수익증권〕, 증권투자회사법〔뮤추얼펀드〕, 신탁업법〔은행신탁〕, 보험업법〔변액보험〕 등 신탁관련 4개 법 가운데 증권투자신탁업법과 증권투자회사법을 통합한 것이다. 이와 함께 은행신탁과 변액보험에 대해서는 자산운용업법의 관련규정이 신탁업법이나 보험업법보다 우선하도록 명시했다. 성격이 같은 신탁상품에 대해서는 통합법인 자산운용업법을 통해 동일하게 규제하고 관리하겠다는 뜻이다.

이 법에 따라 2003년부터 은행의 신탁대출이 금지되었다. 투신사나 은행에서 판매하는 증권투자신탁과 부동산투자신탁의 경계도 모호해졌다. 증권투자신탁이 자금을 굴릴 수 있는 투자대상에 부동산, 금 등 실물자산을 포함시켰기 때문이다. 수익증권을 파는 투신운용사와 뮤추얼펀드를 파는 자산운용사 또한 구분하기 어렵게 됐다. 정부는 자산운용사도 자본금 기준〔자산운용사 70억원, 투자신탁회사 100억원〕 등을 투신사 요건에 맞게 갖추면 수익증권을 팔 수 있도록 허용했다.

이와 함께 투명한 펀드운용을 위한 규제를 강화했다. '펀드 수시 공시제'를 도입해 부실자산 발생, 약관의 주요사항 변경, 운용 전문인력 변경 등 중요한 변화가 있을 경우 이메일이나 홈페이지를 통해 수시로 투자자에게 공시하도록 했다. 고객이 펀드에 가입할 때 상품 내용을 설명하는 투자신탁 설명서는 1년 주기로 내용을 보완하고 상품 설명서에 위반해 재산을 운용할 경우 손해배상 책임을 지도록 명시했다.

3부 머니게임 열풍

3부 머니게임 열풍

필자가 처음 경제부 기자를 할 때는 증시가 정말 대단했었다. 1989년초 주가는 천정부지로 치솟고 있었다. 그리고 4월, 종합주가지수는 마침내 대망의 1,000포인트를 넘었다. 회사원들은 점심시간이면 증권사 객장으로 몰려갔다. 시골 농민들까지 경운기를 타고 시내 객장을 찾았다. 증권사 점포 앞에 줄지어 서 있는 경운기가 신문 사진에 나오기도 했다. 진풍경이었다. 종합주가지수가 이젠 2,000을 향해 갈 것이고 2,500까지 오를 수 있다는 장밋빛 전망들이 잇달았다. 주가는 무조건 오르는 것이라는 착각이 들 정도였다. 하지만 거기가 '상투'였다.

1991년 가을, 증권부 기자가 되어 여의도 증권가에 처음 발을 디뎠다. 그날 증권거래소 후문 쪽 가로수길에는 낙엽이 수북이 쌓여 있었다. 그런데 분위기가 살벌했다. 완전무장한 전경들이 여의도를 점령하고 있었다. 그때는 하루가 멀다 하고 명동 증권빌딩과 여의도 증권가에서 투자자 시위가 벌어졌다. 주가가 폭락했으니 정부가 책임지라는 데모였다. 시위가 격렬해지면 정부는 꿍쳐놓았던 증시부양책을 하나둘씩 내놓았다. 그것은 투자도 투기도 아니었다. 물론 '머니게임' 도 아니었다. 주가가 떨어지면 데모를 하고 목소리를 키워 난리를 치면 부양책을 내놓는 것이 어떻게 게임인가. 그러나 이런 몸살을 겪으면서 증권투자자들은 머니게임의 룰을 조금씩 배워나갔다. 값비싼 수업료를 치른 셈이다. 지금은 주가가 떨어졌다고 투자자들이 데모를 하지는 않는다. 말 그대로 투자는 자기 책임 아닌가.

1992년 증시개방과 함께 불어닥친 '저PER〔주가수익비율〕 혁명' 은 머니게임의 '질' 을 한 단계 높이는 데 기여했다. IMF 사태를 거쳐 '코스닥 열풍' 에 이르는 과정에서도 우리는 많은 것을 배웠다. IMF 사태 이후에는 투자상품도 매우 다양해졌다. 뮤추얼펀드, 벌처펀드. 하이일드펀드, 랩어카운트 등등 정말 헷갈리는 게 많다. 프로그램 매매, 데이 트레이딩 등 컴퓨터를 이용한 투자기법까지 보편화됐다. 그만큼 머니게임은 복잡해졌다.

'머니게임 열풍' 에서는 이처럼 복잡한 머니게임의 핵심 갈래들을 하나씩 짚어본다.

26 투자와 투기 사이
─증권거래소와 코스닥

시사용어 포인트

증권거래소 | 코스닥 | 장외시장 | 제3시장 | 주식상장 | 기업등록 | 발행시
장 | 유통시장 | 공모 | 사모 | 경쟁매매 | 상대매매

다변화되는 증권시장

'증권시장'이란 주식이나 채권 같은 유가증권을 사고파는 시장이
다. 따라서 주식시장도 있고 채권시장도 있다. 정부나 기업이 발행한
유가증권을 처음 거래하는 '발행시장〔Primary Market〕'도 있고, 이미
발행된 유가증권을 거래하는 '유통시장〔Secondary Market〕'도 있다.

그러나 흔히 말하는 증권시장이란 '증권거래소' 시장을 뜻한다.
이곳에서는 주로 상장기업의 주식이 거래된다. 공인된 룰을 갖춘 주
식의 유통시장인 셈이다. 기업이 증권거래소에 입성〔주식상장〕하려
면 꽤 까다로운 심사를 거쳐 주식을 일반에 공모해야 한다. '공모'란
동일한 가격과 조건을 내걸고 여러 사람에게 주식을 파는 것이다. 즉

〈26-1〉 채권과 주식의 차이점

구분	채권	주식
발행기관	정부, 지방자치단체, 특수법인, 금융기관, 주식회사 등	주식회사
자본조달 형태	타인자본(부채)	자기자본
증권소유자의 지위	채권자	주주
증권의 존속기간	만기있음(영구채권 제외)	만기없음
보수의 형태 및 성격	확정이자 수령	이익발생시 배당금 수령
원금상환의무	만기시 원금상환	상환의무 없음(유통시장 거래)
경영참가권	없음(단, 재산분배권은 주식보다 우선)	있음
위험	주식에 비해 작다	크다

공개모집이다. 반대로 특정한 개인이나 법인을 상대로 주식을 팔면 '사모'다.·우리나라 증권거래소 시장은 1956년에 설립되었다. 당시 상장종목은 12개 회사 주식과 건국국채 3종목뿐이었다.

증권거래소 시장은 한때 유일한 장내시장이었고 나머지는 모두 '장외시장'이었다. 코스닥시장은 바로 장외시장에서 출발한 시장이다. 그러나 코스닥시장은 거래규율을 정비하고 폭발적으로 급성장하면서 증권거래소 시장과 함께 제2의 장내 증권시장으로 위상을 굳혔다. 따라서 지금의 장외시장은 '제3시장'처럼 비상장·비등록〔기업공개 장소가 증권거래소이면 '주식상장', 코스닥시장이면 '기업등록'이라고 한다〕 기업의 주식을 사고파는 비정형화된 시장을 뜻한다. 장외시장은 수많은 사람이 참가해 '사자' '팔자' 주문을 내고 '경쟁매매'를 하는 장내시장에 비해 거래체계가 매우 허술하다. 장외시장 거래는 주로 증권사나 사채시장, 또는 사설 인터넷 증권시장에서 일대일로 살 사람과 팔 사람을 찾아내는 '상대매매' 방식으로 이루어진다.

코스닥시장, 벤처와 투기의 요람

코스닥[KOSDAQ]시장은 증권거래소 시장에 상장할 만큼 규모와 역사는 갖추지 못했지만 장래성 있는 기업들이 공개되는 곳이다. 증권업협회와 증권사가 코스닥시장을 운영하는 '코스닥증권'의 대주주이고 중소기업진흥공단도 참여하고 있다. 1996년 7월 설립됐다. '코스닥'이란 'KOrea Securities Dealers Automated Quotations'의 약자. 미국 벤처시장의 메카인 '나스닥[NASDAQ]'을 본뜬 이름이다. 한국

〈26-2〉 증권거래소 · 코스닥시장 · 제3시장 비교

구분	증권거래소	코스닥시장	제3시장
개설	1956년 3월	1996년 7월	2000년 3월
위상	장내 정규시장	장내 정규시장	장외 비정규시장
거래대상	주식, 채권, 옵션	주식	주식
매매방식	경쟁매매	경쟁매매	상대매매
최소매매수량 단위	10주	1주	1주
가격제한폭	전일종가 ±15%	전일종가 ±12%	전일종가 ±50%[1]
신용거래	허용	금지	금지
기준가	전일종가	전일종가	전일가 중 평균주가
양도소득세	없음	없음	중소기업 주식 10% 대기업 주식 20%
데이 트레이딩	가능	가능	불가능
수도결제	3일 결제	3일 결제	3일 결제
위약금지급	증권사가 결정	증권사가 결정	매수현금 100% 매도주식 100%
거래시간 (호가접수시간)	08 : 00 ~ 15: 00	08 : 00 ~ 15: 00	09 : 00 ~ 15: 00

※ 자료 : 증권거래소 · 코스닥 증권시장
1) 2002년 9월 30일부터

의 '나스닥'이 코스닥인 것이다. 마찬가지로 일본에는 자스닥
〔JASDAQ〕이 있다.

1987년 4월 증권업협회에서 개설한 '주식장외시장'이 코스닥의
전신이다. 이때는 등록기업이 많지 않고 주식거래도 뜸해 자본시장
으로서의 역할을 제대로 하지 못했다. 그러나 코스닥시장이 개설된
다음에는 분위기가 일변했다. 1998년부터 벤처창업 붐이 일면서 유
망 벤처기업들이 줄줄이 코스닥시장에 진입한 것이다. 코스닥시장은
증권거래소 시장만큼 '진입조건'이 까다롭지 않아 기업등록이 훨씬
쉽다. 장래성과 기술력은 있지만 이를 상용화할 자본이 부족한 중

〈26-3〉 증권거래소 시장 동향

구분	상장회사 수 (개)	상장주식 수 (백만 주)	거래량 (백만 주)	거래대금 (10억원)	시가총액 (10억원)	종합주가지 수 (80.1.4=100)
1985	342	7,955.3	5,563.8	3,620.6	6,570.4	138.9
1990	669	4,796.3	3,162.1	53,454.5	79,019.7	747.0
1993	693	5,760.1	10,398.4	169,918.1	112,665.3	728.2
1994	699	6,880.5	10,911.2	229,772.0	151,217.2	965.7
1995	721	7,609.4	7,648.4	142,759.7	141,151.4	934.9
1996	760	8,598.4	7,785.4	142,642.2	117,370.0	833.4
1997	776	9,030.7	12,125.3	162,281.5	70,988.9	654.5
1998	748	11,443.7	28,533.1	192,845.2	137,798.5	406.1
1999	725	17,325.8	69,359.1	866,923.5	349,504.0	806.8
2000	704	19,638.6	73,785.3	627,132.9	188,041.5	504.6
2001	689	19,578.2	116,417.3	419,365.3	255,850.1	693.70

※ 자료 : 증권거래소
　기준일 : 매년 12월 폐장일

소·벤처기업들에게는 코스닥시장이 주식발행을 통해 자금을 조달할 수 있는 좋은 터전이다.

2002년 7월말 현재 코스닥 등록기업은 821개 사이며 이 중 절반에 가까운 381개 사가 벤처기업이다. 이처럼 성장성을 중시하는 시장의 특성상 코스닥 투자는 증권거래소에 비해 투기성이 강하다. 즉 '하이 리스크 – 하이 리턴[high risk-high return]' 방식이다. 미국 나스닥의 경우 매년 400~900여 기업이 신규등록하고 동시에 400~700여 기업은 등록이 취소된다.

〈26-4〉 코스닥 증권시장 동향

구분	등록회사 수 (개)	등록자본금 (10억원)	시가총액 (10억원)	거래대금 (10억원)	코스닥지수 (96.7.1=100)
1988	27	32	58	—	—
1989	47	106	215	14	—
1990	66	203	426	12	—
1994	310	3,308	7,958	332	—
1995	340	3,885	7,338	377	—
1996	331	3,102	7,606	535	120.47
1997	359	3,495	7,069	1,166	97.25
1998	331	5,408	7,892	1,607	75.18
1999	453	13,062	106,281	106,808	256.14
2000	604	15,128	29,015	578,490	52.58
2001	721	14,735	51,818	425,179	72.21

※ 자료 : 코스닥 증권시장
　기준일 : 매년 12월 폐장일

27 주식 양도차익 과세 딜레마

시사용어 포인트

조세평등주의 | 주식 양도차익 | 금융소득 종합과세

조세평등주의에도 예외는 있다

집을 팔아 이익이 났을 때는 세금을 내야 한다. 여윳돈을 은행에 넣었다가 찾을 때도 이자가 붙었으면 당연히 세금〔이자의 15%, 연간 이자수익이 4,000만원을 넘으면 초과분에 대해 최고 36%〕을 내야 한다. 대주주〔지분율이 3% 이상이거나 주식 시가총액이 100억원 이상인 경우〕가 주식을 팔아 남긴 이익도 과세대상이다. 비상장주식도 사고팔 때는 양도차익에 대해 세금〔대기업 주식은 20%, 중소기업 주식은 10%〕이 부과된다.

반면 증권거래소와 코스닥시장에서 개인이 주식을 사고팔 때 얻는 양도차익은 비과세대상이다. 정부는 주식시장 활성화와 자본시장

육성을 위해 상장주식과 코스닥 등록주식의 양도차익에 대해서는 세금을 물리지 않고 있다. 하지만 이같은 비과세 혜택은 '조세평등주의'에 어긋난다는 비판이 끊임없이 제기되어 왔다. 소득이 있는 곳에는 반드시 세금이 있어야 한다는 것이다.

원점 맴도는 과세 논란

과세론자들은 부동산 양도차익에는 과세하면서 증권은 제외한다는 것은 형평에 맞지 않다는 점부터 지적한다. 더구나 투기성이 강한 주식에 여윳돈을 굴려 차익을 거둔 투자자에게 세금을 물리지 않는다면 계층간 불균형이 더욱 심화된다고 강조하고 있다.

비과세론자들도 이같은 원론에 반대하지 않는다. 그러나 우리나라 주식시장이 선진국을 따라가려면 아직 멀었는데 섣불리 과세하면 투자자가 이탈해 주가가 폭락하는 등 부작용이 크다고 반박하고 있다. 말은 맞는 '공자 말씀'이지만 '소뿔을 뽑으려다 소를 잡는 우'를 범해서는 안 된다는 논리다.

정부도 언젠가는 '주식 양도차익'에 세금을 물려야 한다는 입장이다. 국책연구기관인 한국조세연구원은 1999년 11월 '한국경제 중장기비전에 대한 공청회'에서 "금융소득에 종합과세하는 2001년부터 상장 주식과 채권의 양도차익에 대해서도 세금을 매기자"고 건의했다. 조세연구원은 그 전에도 몇차례 같은 제안을 했었다. 2000년 2월 1일에는 당시 김유배 청와대 복지노동수석이 '소득분배 구조개선 정책토론회'에서 "주식 양도차익에 대한 과세의 전면적인 실시를 적극 검토해야 한다"고 말했다가 곤욕을 치렀다. 그는 "IMF 사태 이후 부익부 빈익빈 현상이 심화되면서 빈부격차가 커져 대책이 시급하다"고 지적했다. 그의 발언이 전해지자마자 즉각 주가가 곤두박질쳤고, 재정경제부는 '시기상조'라며 시행방침을 부인하고 나섰다. 언론은 금융시장에 큰 충격을 주는 민감한 정책을 정부가 내부조율도 없이 거론해 혼선을 일으켰다고 비판했다.

이같은 논란을 의식해 정부 당국자들은 주식 양도차익 과세문제에 대한 거론 자체를 극도로 꺼려왔다. 그러다 보니 과세론은 간헐적으로 불쑥 머리를 내밀었다가 꼬리를 내리는 식으로 언제나 제자리를 벗어나지 못했다. YS정권 때는 아예 과세여부조차 검토하지 않겠다며 미리 과세론에 쐐기를 박기도 했다. 1994년 6월 강만수 당시 재무부 세제실장은 "신경제 5개년 계획기간인 1997년까지는 주식 양도차익 과세문제에 대해 시행시기나 방법 등에 대해 일체 검토하지 않을 방침"이라고 못박았다. '뜨거운 감자'인 과세문제를 차기정권으로 넘긴 것이다. 1998년 이 문제를 넘겨 받은 DJ정권도 쉬쉬하면서

〈27-1〉 주식 양도소득세 과세체계

구분			과세
상장·등록 주식	대주주	중소기업 발행주식	10%
		대기업 발행주식 / 1년 이상 보유	20%
		대기업 발행주식 / 1년 미만 보유	30%
	소액주주		비과세
비상장 주식		중소기업 발행주식	10%
	대기업 발행주식	소액주주 및 대주주 1년 이상 보유	20%
		대주주 1년 미만 보유	30%

※ 대주주의 범위 : 지분비율 3% 이상 또는 시가총액 100억원 이상

시간을 보내고 있다.

대만의 경우 1986년 주식 양도차익에 대한 과세를 실시했다가 3개월 만에 주가가 20% 이상 폭락하는 바람에 철회한 적이 있다. 일본은 그동안 논란을 거듭해 오다 1999년 증권거래세를 없애는 대신 매각대금의 1%를 분리과세로 원천징수하는 절충론을 선택했다. 그러나 미국, 영국 등 많은 선진국들은 주식 양도차익에 세금을 물리고 있다.

28 채권도 매일 시세가 변한다
─ 채권시가평가제

시가평가 | 장부가평가 | 실적배당형 금융상품 | 신탁보수

투자위험은 투자자가

은행에 예금을 하면 정해진 이자를 받을 수 있다. 그러나 신탁상품에 가입하면 정해진 이자가 없다. 신탁상품이란 은행이나 투자신탁회사가 고객 자산을 대신 맡아서 굴려주고 그 대가로 일정비율의 수수료[신탁보수]를 받는 '실적배당형 금융상품'이기 때문이다. 따라서 투자에 따르는 위험은 고객이 떠안는 게 원칙이다.

가령 투신사에서 판매하는 주식형 수익증권은 매일매일 변하는 주가를 그대로 배당률[수익률]에 반영한다. 따라서 투신사가 고객 돈[주식형 수익증권을 판매해 만든 펀드]으로 사들인 주식의 주가가 오르면 배당률이 높아지고, 주가가 떨어지면 배당률이 떨어진다. 주가가

많이 빠지면 배당을 못 받는 것은 물론 투자 원금도 까먹을 수 있다.

고객이 맡긴 돈을 주로 채권에 투자하는 공사채형 수익증권도 신탁상품이다. 채권 또한 주식처럼 시세〔유통수익률〕가 변하기 때문에 시세변동을 매일매일 배당률에 반영하는 게 원칙이다. 그러나 투신사들은 그렇게 하지 않았다. 은행예금처럼 고객에게 미리 목표수익률을 제시하고, 만기 때 약속한 수익률에 맞춰 원리금을 돌려주는 식으로 운영한 것이다. 이러다 보니 채권값의 변동에 따른 위험을 고스란히 투신사가 지게 되었다. 채권시가평가제는 이런 문제를 바로잡기 위해 도입됐다.

장부가평가와 시가평가

채권시가평가제란 매일매일 변하는 채권값을 그대로 배당률에 반영하는 제도다. 이 반대는 '장부가평가제'. 처음에 사들인 채권값을 장부에 써놓고 시세가 어떻게 변하든 상관없이 일정한 경과이자를 보태 고객에게 원리금을 돌려주는 방식이다.

정부는 이같은 장부가평가제가 신탁상품의 취지에서 벗어날 뿐 아니라 투신사의 경영부실을 심화시킨다고 판단해 1998년 11월 15일부터 '시가평가제'를 의무화했다. 그러나 전면 실시에 따른 충격도 크기 때문에 일단 신규 펀드만 대상으로 하고, 이미 설정된 기존 펀드는 2001년 7월부터 적용토록 했다.

그러자 투신사들은 신규 펀드는 만들지 않고 기존 펀드에서 추가로 고객을 모집하는 편법을 구사하기 시작했다. 시가평가제에 따라 배당률을 매일매일 바꾸면 손님이 가입을 꺼릴 가능성이 높았던 것이다. 실제로 미리 돈을 얼마로 불려주겠다고 약속하는 것과 얼마가 될지 장담할 수 없고 원금이 떼일 수도 있다는 것은 차이가 크다.

정부도 처음에는 이같은 투신사들의 편법을 묵인했다. 그러나 1999년 7월 대우사태가 터지면서 상황이 달라졌다. 대우 계열사들이 발행한 회사채가 줄줄이 부도 위기에 몰려 가격이 폭락하자 대우 회사채를 사들인 투신사들은 꼼짝없이 당하게 되었다. 수익률이 뚝 떨어졌는데도 이를 반영하지 못하고 고객에게 약속한 돈을 내줘야 하는 상황에 몰린 것이다. 이런 가운데 혹시나 돈이 떼이지 않을까 동요하는 가입자들의 중도환매가 급증했다. 투신사들은 시가평가제를 피해가려다가 결국 자기함정에 빠지고 말았다.

설상가상으로 IMF는 경영난에 몰린 투신사들의 구조조정을 앞당기기 위해서라도 채권시가평가제를 앞당겨 실시하라고 촉구했다.

이에 따라 정부는 1999년 9월 시가평가제가 적용되지 않은 기존 펀드에서 새로 가입자를 받는 것을 금지시켰다. 투신사들은 시가평가제가 적용되는 수익증권만 팔아야 하는 처지가 되었다. 그러나 이 방침도 1개월 뒤 번복된다. 대우사태로 불거진 금융불안이 확산되면서 투신사 공사채형 수익증권에서 대규모 환매사태가 일어날 조짐이 뚜렷했기 때문이다. 정부는 결국 시가평가제가 적용되지 않은 기존 펀드의 추가설정을 허용하되 그 한도를 1999년 8월말 현재의 잔액〔189조원〕 이내로 제한하고, 기한도 2000년 6월까지로 국한했다. 따라서 시가평가제는 2000년 7월 이후 가입자부터 본격 적용되고 있다. 또 2001년 7월부터는 기존의 모든 펀드가 시가평가제 적용대상으로 바뀌었다.

채권시가평가제는 투신사들의 자산운용 행태에 큰 변화를 몰고 왔다. 시가평가제가 본격 시행되면서 투신사들은 매일매일 고시되는 배당률을 더 높이기 위해 신경을 바짝 쓰지 않을 수 없게 되었다. 투신사간 수익률 경쟁이 본격화된 것이다. 투자자들도 잘못하면 손해를 볼 수 있다는 점을 명심하고, 어느 투신사가 더 돈을 잘 굴리는지를 꼼꼼히 따져보아야 한다.

29 감자(減資)에 울고 웃는 주주

시사용어 포인트

감자 | 감자차익 | 자사주 소각 | 자사주 매입 | 주식병합

옷로비 사건과 대한생명 감자 공방

1999년 온 나라를 떠들썩하게 한 '옷로비 사건'의 주역은 최순영 대한생명 회장의 부인, 이형자 씨였다. 외화유출 혐의로 구속수사 선상에 오른 남편을 구명하기 위해 장관부인들에게 로비하는 과정에서 수천만원짜리 옷이 오간 게 이 사건의 골자다.

최순영 회장은 300억원의 자본금을 가지고 15조원이나 되는 계약자 자산을 쌈짓돈처럼 사용하다 2조7,000억원이나 펑크〔자산부족액〕를 냈다. 여의도 63빌딩은 그야말로 '속빈 강정'이었던 것이다. 정부는 난감했다. 부실 보험사라고 퇴출시키자니 선의의 피해자가 너무 많고, 그렇다고 부실을 메울 자금을 대주자니 그 규모가 너무 엄청났

다. 더구나 최순영 회장은 부실경영에 책임을 지고 경영권을 포기할
뜻이 전혀 없었다.

정부가 이 문제를 풀기 위해 동원한 조치가 '감자 명령'이었다.
금융감독위원회는 1999년 8월 6일 대한생명을 부실 금융기관으로 지
정하고, 같은 달 14일까지 기존 주식을 모두 무상소각하라는 명령을
내렸다. 바로 이 기존 주식의 소각이 '감자'다. 정부는 100% 감자조
치를 통해 최순영 회장의 지분을 모두 없앤 다음 공적자금을 투입해
경영권을 접수할 계획이었다.

그러나 최 회장은 순순히 물러나지 않았다. 그는 감자 명령에 불
복해 곧바로 행정법원에 '부실 금융기관 지정 및 감자명령 취소 청
구소송'을 냈고, 결국 "사전 소명절차를 거치지 않아 하자가 있다"는
승소판결을 받아냈다. 그리고 자신에게 우호적인 미국의 파나콤이란
회사를 끌어들여 대한생명 증자에 참여토록 했다. 경영권 방어를 위
해 미국 회사를 방패막이로 동원한 것이다. 금융감독위원회는 이에
맞서 법원에 '신주발행〔유상증자〕금지 가처분신청'을 냈으나 다시
기각되고 말았다. 금감위는 결국 최 회장에게 의견제출기회를 부여
하는 등 빼먹은 절차를 다시 밟아 감자 명령을 내리고, 최 회장을 퇴
출시켰다.

감자도 여러가지

'감자〔減資〕'란 한자에서 대강 짐작할 수 있듯이 인위적으로 자
본금 규모를 줄이는 것이다. 예컨대 자본금 50억원인 기업이 80% 감
자를 실시한다면 자본금은 10억원으로 줄어든다. 이에 따라 주식도 5
주가 1주로 바뀐다. 발행주식 수는 그대로 두고 액면가를 낮추는 방

법도 있지만 이보다는 '주식병합'을 통해 주식 수를 줄이는 게 일반적이다.

금융감독위원회가 대한생명에 내린 감자 명령은 100% 감자였다. 이렇게 되면 대한생명 주식은 모두 휴지조각이 되고, 자본금은 '제로'가 된다. 금감위는 이후 예금보험공사를 통해 500억원의 증자를 실시하고, 대한생명을 국영 보험사로 전환시켰다.

감자를 하는 이유는 주로 쌓여 있는 적자를 단번에 털고 심기일전하기 위해서이다. 감자한 자본금〔'감자차익'〕을 적자보전에 쓰면 그만큼 누적적자가 줄어들고 자본이익률은 높아진다. 대주주에게 경영 책임을 묻기 위한 감자도 많다. 이런 감자는 대주주 지분을 소각한 뒤 바로 증자를 실시하고, 새로 발행되는 신주를 정부나 제3자가 인수하는 방식으로 진행된다. 대한생명의 감자가 이에 해당한다. 정부가 한빛〔현재 우리〕·제일·서울·평화은행 등에 공적자금을 투입하기에 앞서 단행한 감자도 같은 것이다.

요즘에는 장사가 잘되는 기업이 주가를 끌어올리기 위해 감자〔자사주 소각〕를 하기도 한다. '자사주 소각'은 주식을 사놓고 그냥 재어 놓는 '자사주 매입'보다 훨씬 강력한 주가관리방법이다. 주식 수를 줄여 주당 순자산가치〔EPS〕를 높이는 직접적인 수단인 것이다.

우리나라에서는 새한정기〔현 다함이텍〕가 첫 케이스. CD플레이어 생산업체인 새한정기는 2000년 3월 주주총회 특별결의를 거쳐 증시에서 자기주식 5%를 매입한 다음 이를 소각해 버렸다. 외국에서는 마이크로소프트 등 우량기업들이 내부 유보금을 가지고 수시로 자사주를 사서 소각하곤 한다.

감자기업 주주는 손해인가

이론적으로 따져보면 감자는 100% 감자가 아닌 한 주주 입장에서 아무런 차이가 없다. 주식 수가 줄어드는 만큼 주당 자산가치와 수익 가치가 올라가기 때문이다. 예를 들어 50%의 비율로 감자한다면 2주가 1주가 되는 것이므로 주당 자산가치와 수익가치는 2배로 올라가게 된다. 쉽게 말해 주식 수는 반으로 줄지만 주가도 2배가 되기 때문에 주주 입장에서는 변화가 없다는 것이다.

그러나 주식시장에서 주가가 항상 이론대로 움직이지는 않는다. 특히 부실기업이 감자를 할 때는 막다른 골목에 몰렸다는 불안심리 때문에 매기가 떨어져 주가가 이론 수준으로 뛰지 못하는 경우가 더 많다. 주식투자자에게 감자는 '호재'보다는 '악재'일 경우가 훨씬 많은 셈이다.

30 주식도 없이 주식을 판다 – 공매도

시사용어 포인트

공매도(空賣渡) | 역공매도 | 대주(貸株) | 대차거래 | 주식매매 3일 결제제도 | 숏셀링(Short Selling) | 숏커버링(Short Covering) | 신용거래 | 업틱(Up Tick)

주식도 없이 주식을 판다

2000년 3월 29일, 우풍상호신용금고는 자기가 갖고 있지도 않은 성도이엔지 주식 15만 주를 팔았다가 큰 물의를 일으켰다. 이틀 뒤인 31일에는 실제 주식을 내놓아야 하는데 주식을 구하지 못해 '펑크'〔거래불이행〕를 낸 것이다. 우풍금고는 이 여파로 고객들의 예금인출 사태가 벌어져 결국 문을 닫고 말았다.

이처럼 자기에게 없는 주식이나 채권을 파는 게 '공매도〔空賣渡〕'다. 어떻게 그런 일이 가능할까. 증시에서 매도주문이 체결됐다고 그 즉시 주식이나 채권을 내줘야 하는 게 아니기 때문이다. 예컨대 오늘 주식을 팔았다면 실제 주식을 넘겨주는 결제는 이틀 뒤에 이루어진

다. 매매당일을 포함하면 3일째 되는 날 결제〔주식매매 3일 결제제도〕
가 되는 셈이다.

공매도는 이 3일간의 시차를 이용한다. 특정 주식의 주가가 떨어
질 것이란 확신이 있을 때 없는 주식이라도 일단 매도주문을 체결시
켜 놓고 3일 안에 그 주식을 구해 넘겨주면 되는 것이다. 자기 예상
대로 주가가 계속 떨어지면 아무 문제가 없다. 자기가 판 것보다 더
싼값에 주식을 사들여 결제하고, 차익을 챙길 수 있기 때문이다. 그
러나 예상과 달리 주가가 뛰면 낭패다. 이때는 싸게 팔고 비싸게 사
는 꼴이 돼 손해를 보게 된다. 주가가 뛸 뿐 아니라 거래물량도 많지
않아 결제할 주식을 확보하지 못하면 더 큰일이다.

우풍금고의 경우가 바로 그랬다. 우풍이 공매한 성도이엔지 주식
은 갑자기 상한가 행진을 하기 시작했고, 하루 거래량은 2~3만 주로
줄었다. 우풍이 막대한 손해를 감수하면서 정신없이 사들인 성도이
엔지 주식은 2만4,000여 주에 불과했다. 공매도 주문을 체결시켜 준
대우증권도 난리가 났다. 대우증권은 결국 성도이엔지의 대주주를
만나 하소연한 끝에 결제할 주식을 빌릴 수 있었다. 공매도인지 모르
고 성도이엔지 주식을 샀던 투자자들은 더 황당했다. 주가가 올라 좋
아했는데 막상 결제일에 가보니 주식이 넘어오지 않은 것이다.

기관투자가들의 '공매도' 작전

공매도는 속성상 투기성이 강하다. 주가가 떨어질 것이라고 믿고
주식도 없으면서 '배팅'을 한다는 것 자체가 도박에 가깝다고 할 수
있다. 이 때문에 대부분의 증권사들은 일반 개인투자자들에게는 공
매도를 허용하지 않고 있다. 일이 잘못돼 결제불이행 사태가 벌어지

면 1차 책임이 증권사 자신에게 돌아오기 때문이다.

다만 전환사채를 주식으로 전환하거나 유·무상증자로 신주를 받는 경우에는 일반 투자자도 공매도 전략을 구사할 수 있다. 주식전환분이나 유·무상증자분을 확보하고 있는 투자자는 당해 종목의 주가가 하락할 것으로 예상될 경우 주식없이도 상장예정일 전전날부터 미리 주식을 팔아 손실을 줄일 수 있다. 전전날 공매도를 해도 사흘 뒤 결제일에는 새로운 주식이 입고되기 때문이다. 하루에도 수십 번씩 주식을 사고파는 데이 트레이딩도 엄밀히 따지고 보면 공매도에 해당한다.

개인투자자와 달리 '큰손님'인 기관투자가들은 큰 제약없이 공매도를 해왔다. 우풍금고의 공매도 사태도 이래서 일어났다. 그러나 기관들의 공매도 역시 매우 위험하다. 공매도를 한 기관들은 '주가하락'에 판돈을 건 만큼 어떻게든 주가를 떨어뜨릴 궁리를 하게 된다. 기관들은 정보력, 자금력, 시장지배력 등 여러 면에서 막강한 힘을 갖고 있기 때문에 마음만 먹으면 충분히 시세를 조종할 수 있다. 기관들이 특정 종목을 대량 매도하겠다는 주문을 내는 것 자체가 일반 투자자들에게는 '팔자' 신호로 받아들여질 수 있다. 일반 투자자들은 자신이 모르는 악재를 기관들이 먼저 알고 주식을 파는 게 아닌가 생각하고, 덩달아 '팔자' 대열에 합류할 가능성이 높다. 공매도를 한 기관들이 노리는 수도 이것이다. 여기서 더 나아가 공매도 종목에 대한 헛소문을 주식시장에 퍼뜨리고, 며칠동안 계속해서 하한가 '팔자' 주문을 내면 주가가 더 빠르게 폭락하게 된다. 이른바 '공매도 작전'이다.

1999년 1월에는 증권사 직원들이 공매도를 한 투자자를 협박해 돈을 뜯어낸 웃지 못할 사건까지 벌어졌다. 고객인 이모씨가 S산업 주식 80만 주를 1,550원에 공매도한 것을 알고는 "50억원을 주지 않으면 주가를 1만원 이상으로 끌어올리겠다"고 협박해 20억원을 갈취한 것이다. 이들은 이씨가 공매도한 주식을 확보하지 못하도록 상한가 주문을 계속 내면서 주식을 매집하는 '역공매도 작전'을 펼쳤다가 결국 구속됐다.

나중에 밝혀진 일이지만 우풍금고의 성도이엔지 주식 공매도 파문도 주가조작 과정에서 돌출한 사건이었다. 성도이엔지 사장이 작전세력과 짜고 주가를 끌어올리기 위해 자사주를 사들이다가 주가를 떨어뜨리려는 우풍측의 공매도가 나오면서 서로 충돌했던 것이다.

〈30-1〉 우풍상호신용금고 공매도 사태 흐름도

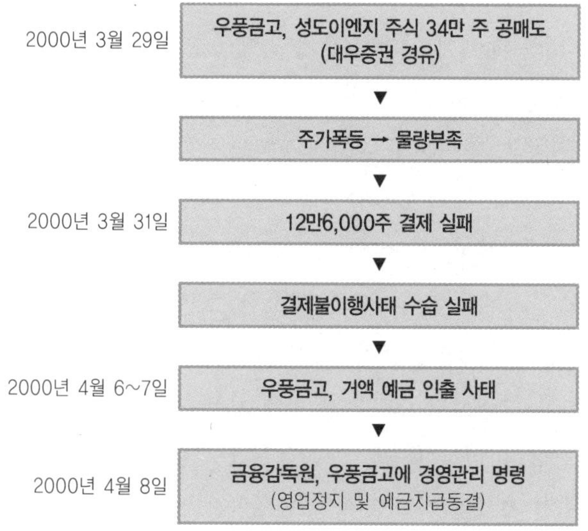

공매도 · 대주 · 신용거래의 증시조절 기능

공매도는 주식을 빌려서 파는 '대주〔貸株〕'와 비슷한 점이 많다. '대주'란 증권사가 갖고 있는 주식을 일정기간 수수료를 내고 빌려 매도한 뒤 약속한 기한 안에 주식을 되사서 갚는 제도이다. 주가하락을 예상하고 자기에게 없는 주식을 판다는 점에서 대주와 공매도는 같다. 이들을 묶어 '대차거래'라고도 한다. 그러나 공매도는 아예 주식을 빌리지도 않은 채 빈손으로 매도계약을 체결하고 3일 안에 주식을 되사 매매체결을 이행해야 한다는 점에서 대주와 다르다.

공매도와 대주는 증시과열을 진정시키는 효과가 있다. 주가가 하늘 높은 줄 모르고 치솟을 때 주가하락을 점치는 사람이 있다고 하자. 이 사람은 공매도나 대주제도를 이용해 '팔자'에 나설 것이고, 이런 '팔자'가 많아지면 수급논리상 주가는 떨어지게 된다. 반대로 증시침체기에는 '신용거래'가 주가를 부추기는 역할을 할 수 있다. 신용거래란 말 그대로 증권사에서 투자자금을 빌려 주식을 사는 것이다. 증시가 비록 침체돼 있지만 주가가 떨어질 만큼 떨어져 오를 때가 됐다고 생각하는 사람은 빚을 내서라도 '사자'에 나설 것이다. 이런 '사자'가 많아지면 주가는 오르게 된다.

강한 투기성에도 불구하고 대주 · 공매도 · 신용거래 제도가 허용되고 있는 것도 이같은 순기능이 있기 때문이다.

미국에서도 우리나라의 공매도와 비슷한 '숏셀링〔Short Selling〕'이란 제도가 있다. 하지만 숏셀링은 조건이 매우 까다롭다. 우선 숏셀링을 중개하는 증권사는 '팔자' 물량에 해당하는 주식을 실제로 갖고 있어야 한다. 따라서 우풍금고와 같은 결제불이행 사고가 일어날 수 없다. 또한 숏셀링 가격도 하한가로는 불가능하다. 이를 미국

증권용어로 '업틱〔Up Tick〕'이라고 한다. 예를 들어 삼성전자를 숏셀링한다고 했을 때 매수주문이 하한가인 30만원에 10만 주, 31만원에 5만 주, 32만원에 1만 주가 있다면 30만원의 가격으로는 숏셀링할 수 없다. 단지 향후 주가가 약세라고 보고 투자를 하는 것이지 주가를 인위적으로 떨어뜨릴 수는 없게 만든 것이다.

우리나라도 우풍금고의 공매도 사건을 계기로 결국 공매도 제도를 대폭 강화했다. 금융감독원은 2000년 6월부터 기관투자가라고 하더라도 공매도를 할 때는 결제이행확인서를 내도록 의무화했다. 실제로 주식을 가지고 있어 결제사고를 내지 않을 것이라는 점을 사전에 확인키로 한 것이다. 또 주식을 빌려 매도〔대주〕할 경우 직전 가격보다 낮은 가격으로 호가하는 행위도 금지시켰다. 이어 2001년 1월부터는 공매도 후 결제를 하지 못한 경우에는 3개월간 보증금 조로 위탁증거금을 100% 납부하도록 했다.

〈시사용어 팁 - 숏커버링(Short Covering)〉

숏셀링을 했는데 주가가 오르면 낭패다. 이처럼 자기 생각과 달리 주가가 오를 때 숏셀링을 한 세력이 주가가 더 뛰기 전에 서둘러 주식을 사들이는 것을 숏커버링(Short Covering)이라 한다. 외환시장에서 외환딜러들이 일정한 외환 규모(외환포지션)를 유지하기 위해 부족분을 서둘러 매입해 채우는 것도 숏커버링이다.

31 액면분할과 액면병합의 트릭

1주를 10주로

주식은 보통 액면가가 5,000원이다. 증권시장에서 형성된 주가〔시세〕가 한때 300만원을 넘어 '황제주'로 불리던 SK텔레콤 주식도 액면가는 5,000원이었다. 이렇게 비싼 주식의 액면가를 쪼개 한 장의 주식을 여러 장으로 만드는 게 '액면분할'이다. 예컨대 액면가 5,000원짜리 주식을 500원짜리로 만들면 액면가는 10분의1이 되지만 주식수는 10배로 늘어난다. 사실 액면 5,000원짜리 주식 1장과 액면 500원짜리 주식 10장은 가치가 똑같다. 액면분할은 이론상 기업가치나 주주들에게 미치는 영향이 없다.

액면분할, 왜 하나

그렇다면 왜 액면분할을 할까? 가장 큰 이유는 주식 수를 늘려 많은 사람들이 주식을 사고팔 수 있게 하려는 것이다. 주가가 그렇게 비싸지 않은 것처럼 보이게 해 투자자를 더 끌어모으려는 목적도 있다. 많은 사람들이 주가가 싸다고 생각하고 '사자'에 나서면 주가는 더 오르게 마련이다.

300만원짜리 SK텔레콤 주식은 일반 투자자들에게 '그림의 떡'이었다. 주식을 사려면 최소한 10주 이상을 사야 하는데 이것만으로도 3,000만원이 필요했던 것이다. 그러나 돈이 있어도 쉽게 살 수가 없었다. 기관투자가들이 물량을 독식한 다음 좀처럼 내놓지 않아 시장에서 거래되는 유통주식이 거의 없었기 때문이다.

액면분할을 하면 이런 문제를 쉽게 해결할 수 있다. SK텔레콤은 2000년 4월 24일 주식 액면가를 5,000원에서 500원으로 낮추었다. 이에 따라 액면분할 직전 294만원이던 주가는 10분의1인 29만4,000원으로 떨어졌다. 대신 전체 주식 수는 833만5,000주에서 10배인 8,335만 주로 늘어났다. 덕분에 일반 투자자들도 SK텔레콤 주식을 손에 쥘 수 있게 되었다.

액면분할의 착시효과

정부는 상법을 고쳐 1999년부터 주식 '액면가'를 100원 이상으로 낮추고, 액면분할을 허용했다. 그 전에는 주식 액면가가 하나같이 5,000원이었다. 기업들이 액면가를 자유롭게 정할 수 있게 되면서 1999년과 2000년에는 액면분할이 '붐'을 이루었다. 1999년 증권거래소와 코스닥시장에서 액면분할을 단행한 회사는 140개 사나 됐다.

<31-1> 액면분할·액면병합 추이

구분	거래소시장		코스닥시장	
	액면분할	액면병합	액면분할	액면병합
1998년	20	0	9	0
1999년	49	0	91	0
2000년	30	0	116	4
2001년	22	8	41	16

※ 자료 : 증권거래소·코스닥증권

2000년에는 이보다 많은 146개 사로 늘었다. 액면가도 100원, 200원, 500원, 1,000원, 2,000원, 2,500원 등으로 매우 다양해졌다.

특히 코스닥 등록기업들의 액면분할 열기는 뜨거웠다. 코스닥에 등록된 벤처기업들은 자본금이 적은 중소기업이 대부분이다. 따라서 액면가를 5,000원으로 할 경우 발행주식 수〔자본금 / 5,000원〕가 적어 충분한 주식 유통물량을 확보할 수 없다. 코스닥 벤처기업들은 이런 문제를 해결하기 위해 앞다투어 액면분할에 나섰다. 액면분할을 하면 주가가 싼 것처럼 보여 투자자들이 몰리고 그 덕에 주가가 뜨는 '어부지리'도 얻을 수 있었다.

당시는 코스닥시장이 폭발적인 활황기였기 때문에 이같은 '착시 효과'가 그대로 먹혀들었다. 단순히 액면분할을 한다는 공시만 해도 주가가 며칠씩 상한가 행진을 하곤 했다. 이런 착시현상을 이용하려고 무조건 액면분할을 하는 기업도 많았다. 그 결과 코스닥시장에서는 액면분할 허용 2년 만에 액면가 500원짜리 주식이 5,000원짜리보다 많아졌다. 2002년 3월말 현재 500원짜리 주식은 501개로 5,000원짜리〔202개 사〕보다 2배 이상 많다.

〈31-2〉 증권거래소 상장주식 액면가 분포

액면가	회사수	비율(%)
100원	1개	0.1
500원	95개	13.9
1,000원	20개	2.9
2,500원	14개	2.0
5,000원	558개	81.1
계	688개	100.0

※ 자료 : 증권거래소
2002년 3월말 현재 보통주 기준

〈31-3〉 코스닥시장 등록주식 액면가 분포

액면가	회사수	비율(%)
100원	1개	0.1
200원	1개	0.1
500원	501개	65.6
1,000원	53개	6.9
2,500원	4개	0.5
5,000원	202개	26.4
10,000원	2개	0.3
계	764개	100.0

※ 자료 : 코스닥증권
(2002년 3월말 현재 보통주 기준)

액면가를 5,000원에서 500원으로 분할하면 주식시세도 10분의1로 떨어져야 하지만 실제로는 그렇지 않았다. 예를 들어 시세가 1만원인 A주식의 액면가가 5,000원이라고 하자. 이 주식의 액면가를 500원으로 쪼개면 시세는 1,000원이 되어야 한다. 그런데 액면분할 후 기준가 1,000원에서 거래가 재개된 A주식은 순식간에 2,000원, 3,000원으로 값이 뛰는 일이 비일비재했다. 이는 1만원짜리 주식이 갑자기 2만원, 3만원으로 폭등한 것과 똑같다.

액면분할 대신 액면병합

투자자들의 착각을 이용한 액면분할 트릭은 오래가지 않았다. 투자자들도 한 번 속지, 두 번 속지는 않는다. 잘 나가던 주식시장은 2001년 들어 폭락세로 급반전했다. 특히 액면분할을 했던 코스닥 주식의 주가가 걷잡을 수 없이 추락했다. 강세장에서는 유통주식 수를 늘리는 작전이 먹혀들었지만, 약세장에서는 유통물량이 많다는 게 오히려 악재가 되었다.

그러자 이번에는 액면분할 대신 액면병합을 하는 회사들이 나타났다. '액면병합'이란 말 그대로 액면분할의 반대다. 예컨대 액면가 100원짜리 주식 10주를 묶어 1,000원짜리 1주로 바꾸는 게 액면병합이다. 이 주식의 주가가 500원이었다면 액면병합 후 주가는 5,000원이 될 것이다. 이처럼 액면병합은 주식물량을 줄이면서 싸구려 주식을 비싸게 보이도록 하는 효과가 있다. 그러나 이것도 일종의 착시현상이다. 액면을 쪼개건, 아니면 합치건 투자자들에게 중요한 것은 이것이 기업가치를 좋게 만드는 것은 아니라는 사실이다. 이제는 기업들도 투자자들이 얄팍한 트릭에 쉽게 속지 않는다는 사실을 염두에 두어야 할 것 같다.

32 우리사주와 스톡옵션의 명암

시사용어 포인트

우리사주제도 | 스톡옵션 | 종업원 지주제도 | 우리사주신탁제도(ESOP)

비슷하면서 다른 제도

임직원이 자기회사 주식을 사서 갖는다는 점에서 우리사주와 스톡옵션은 비슷하다. 그러나 우리사주는 경영민주화 개념이 강하고, 스톡옵션은 인센티브 개념이 강하다. 우리사주는 종업원들이 공평하게 주식을 나누어 갖는 것이지만 스톡옵션은 특정 임직원에게 언제 얼마에 주식을 살 수 있다는 권리를 부여하는 것이다. 즉 우리사주는 주식이 대상이고, 스톡옵션은 권리〔주식매입권〕가 대상이다.

우리사주제도는 종업원 지주제의 한 형태

‘우리사주’ 는 종업원들에게 경영참여를 보장하기 위한 ‘종업원

지주제'의 한 형태다. 우리나라에서는 1968년 도입되었다. 기업은 신주발행 때 일반공모에 앞서 신주의 20%를 우리사주조합에 배정하게 된다. 우리사주조합이란 종업원이 자기회사 주식을 사서 관리할 목적으로 만드는 조합이다.

정부의 지원책도 많다. 기업이 우리사주 인수자금을 종업원에게 빌려줄 때는 이자세가 감면된다. 종업원이 우리사주를 양도·상속할 때는 500만원까지 세금이 면제된다. 배당금에 대해서도 일정수준까지는 저율로 분리과세하는 등 여러가지 혜택이 있다.

대신 우리사주는 결혼·주택구입·퇴직 등 특별한 사유가 있을 때를 제외하고는 마음대로 처분할 수 없다. 1999년 상반기까지는 양도금지기간이 7년이나 됐으나 이후 대폭 단축되어 지금은 1년이다. 근로자들의 재산권 행사를 제한한다는 비판을 정부가 수용한 것이다. 그러나 양도금지기간이 너무 짧을 경우 많은 우리사주가 수시로 증시매물로 나와 증시에 부담을 줄 수 있다. 또 대주주 지분율이 낮은 회사는 경영권 확보가 어려워진다. 우리사주는 적대적 M&A[인수·합병]로부터 경영권을 보호하는 역할도 하기 때문이다.

증권거래소가 12월 결산 상장기업 540개 사를 대상으로 조사한 결과에 따르면 2001년말 현재 우리사주조합은 308개[57%]이며, 이들이 보유한 주식은 1억1,800만 주에 이른다. 시가로는 1조4,600억원어치다. 1개 사당 평균은 42만 주[지분율 0.9%]이다.

우리사주는 노비문서 또는 황금문서

근로자들에게 우리사주는 양면성이 있다. 자사주의 주가가 오를 경우 우리사주는 돈을 벌어주는 황금문서나 마찬가지다. 반면 주가가 떨어질 때 우리사주는 '노비문서'가 된다. 우리사주 매입자금은 보통 회사에서 임금·상여금 공제형식으로 직원들에게 장기대출해 준다.

물론 우리사주를 갖고 있는 직원이 회사를 그만둘 때는 이 돈을 모두 갚아야 한다. 그러나 자사주의 주가가 폭락하면 주식을 팔아 빚을 갚기가 불가능해진다. 주가가 많이 떨어질수록 직원들은 우리사주에 매여 회사를 그만두고 싶어도 그만둘 수 없는 처지가 된다.

신용카드회사나 종합금융회사처럼 자본금은 많고 직원 수는 적은 회사를 보자. 이런 회사일수록 직원들에게 배정되는 우리사주가 많다. 때문에 직원들은 주가동향에 따라 수시로 천당과 지옥을 넘나든다. 종합주가지수가 1,000포인트를 처음 넘었던 1989년 종합금융회사 직원들은 그야말로 횡재를 했다. 수억원씩 시세차익을 챙긴 여직원들은 '몸값'이 금값이 되었다. 결혼 등을 이유로 퇴직하는 경우도 잇따랐다. 퇴직을 해야 우리사주를 처분해 현금을 만질 수 있기 때문

〈32-1〉 우리사주조합 주식보유 현황

(단위 : 만 주, 억원, %, %P)

구분	회사 현황		보유주식현황			
	회사수	비율[1]	주식수	1사당평균	지분율	보유금액[2]
2000년말	333	61.67	24,687	74	1.7	20,554
2001년말	308	57.04	12,810	42	0.9	14,618
증감	−25	4.63	−11,877	−33	−0.8	−5,935
증감률	−7.5	−	−48.1	−43.9	−	−28.9

※ 자료 : 증권거래소
1) 분석대상 540개 법인 중 우리사주조합이 주식을 보유하고 있는 회사의 비율
2) 보유금액은 2000년 및 2001년말 주가 기준

이다. 그러나 1997년 IMF 사태로 주가가 폭락했을 때는 정반대 현상이 빚어졌다. 종금사들은 특히 IMF 사태를 초래한 대표적인 부실 금융기관으로 지목되어 3분의2가 퇴출됐고, 남은 종금사들도 주가가 폭락했다. 이로 인해 우리사주를 받은 종업원들은 퇴직금까지 모두 우리사주 매입대금을 갚는 데 날리고 빈털터리가 되었다.

벼락부자를 만드는 스톡옵션

'스톡옵션'이란 일정기간 후 일정가격으로 자사 주식을 매입할 수 있는 권리다. 주식 매입가격은 보통 액면가〔보통 주당 5,000원〕 또는 현재 시세보다 훨씬 싼 수준에서 정해진다. 따라서 회사가 잘돼 주가가 오르면 큰 차익을 남길 수 있다. 주가가 뛰지 않았을 경우에는 주식매입권을 포기하고 주식을 사지 않으면 된다. 우리사주에 비해서는 안전장치가 되어 있는 셈이다.

벤처기업들은 대개 자금이 부족해 고임금을 미끼로 고급인력을 확보하기가 어렵다. 이때 스톡옵션은 훌륭한 대안이 될 수 있다. 당장은 아니지만 나중에 주식으로 큰돈을 벌 수 있다는 가능성 자체가 유능한 인재를 끌어모으는 데 무기가 되는 것이다. 스톡옵션을 받은 직원은 회사의 경영성과가 자기의 미래수입과 직결된다는 점에서 더욱 의욕적으로 일하게 된다.

미국의 경우 스톡옵션은 기본이다. 미국 대기업들은 75% 이상이 스톡옵션제도를 시행하고 있다. 우리나라에서는 1997년 증권거래법이 개정되면서 처음 도입되었다. 뒤늦은 시작이었지만 1998년 벤처 붐이 일면서 스톡옵션제도는 급속도로 확산되고 있다.

특히 김정태 국민·주택 합병은행장은 스톡옵션제를 세간에 유명하게 알린 장본인이다. 그는 1998년 8월 주택은행장이 되면서 월급 대신 스톡옵션을 요구했다. 그는 임기를 마치는 3년 뒤(2001년 11월) 주택은행 주식 30만 주를 액면가 5,000원씩에 살 수 있는 권리를 인정받았다. 이와 함께 3년 뒤 주택은행 주가가 은행주 중 최고일 경우 10만 주를 추가로 살 수 있는 권리도 확보했다. 대신 그의 월급은 단돈 1원. '1원 + 스톡옵션 40만 주'가 그의 보수였던 것이다.

그렇다면 그는 3년 뒤 과연 얼마를 벌게 됐을까? 김정태 행장은 주택은행 주식에 대한 스톡옵션이 있었지만 그 사이 국민은행과 주택은행이 합병함에 따라 스톡옵션을 행사할 수 있는 주식도 국민·주택 합병은행 주식으로 바뀌었다. 그런데 2001년 11월 9일 새로 상장된 국민·주택 합병은행의 주가는 3만원으로 은행주 중 최고를 기록했다. 따라서 그는 국민·주택 합병은행주 40만 주를 액면가 5,000원씩에 살 수 있게 됐다. 이때 필요한 돈은 20억원. 하지만 40만 주의 시가는 6배인 120억원에 이른다. 따라서 그는 매입원금 20억원을 빼고 단번에 100억원의 거금을 손에 쥘 수 있게 되었다. 3년간 매달 1원씩 월급을 받았지만 실제로는 스톡옵션으로 매달 2억7,700만원씩의 돈을 벌고 있었던 셈이다.

1998년에는 김정태 행장에 이어 고병우 당시 동아그룹 회장, 김승유 하나은행장 등이 잇달아 스톡옵션을 받았다. 이즈음 스톡옵션을 받은 벤처기업가 중에서는 코스닥시장의 폭발적인 활황세를 타고 수백, 수천억원대의 자산가가 속출하기도 했다. 2000년 들어서는 삼성·현대·LG·두산 등 재벌그룹들도 임원급 이상 경영진을 대상으로 과감하게 스톡옵션제를 도입했다. 우리나라에서도 스톡옵션이 우수인재를 확보하기 위한 핵심 경영전략으로 급부상한 것이다.

하지만 모든 게 지나치면 문제다. 그래서 '과유불급〔過猶不及〕'
아니던가. 2002년 미국에서는 스톡옵션을 받은 경영진이 주가를 끌
어올리기 위해 장부를 조작〔분식회계〕한 사건이 잇따라 터져 증시를
뒤흔들었다. 임원들에게 과도한 스톡옵션을 제공하면 그만큼 회사의
비용부담이 커진다. 또 임원들은 중장기적인 회사발전보다는 단기적
인 주가관리에 매달리기 쉽다.

우리사주신탁제도(ESOP)

우리사주와 비슷한 제도로 '우리사주신탁제도〔ESOP : Employee
Stock Ownership Plan〕'란 것도 있다. 이 제도는 기업과 종업원이 함
께 돈을 내 펀드를 조성한 다음 이 펀드를 통해 자사주를 매입, 종업
원에게 성과급으로 나눠주는 제도이다.

우리사주제도는 종업원이 자기 돈으로 자사주를 사지만 우리사주
신탁제도는 기업과 종업원이 같이 주식을 산다는 점이 다르다. 종업
원들은 주로 성과급이나 퇴직금 등을 가지고 주식을 사게 된다. 미국
에서는 이같은 ESOP제도가 활성화되어 있다. 우리나라도 주식시장
의 장기 수요기반을 확충하고 종업원들에게 자사주 취득기회를 늘려
주기 위해 2002년부터 이 제도를 도입했다.

ESOP가 취득한 자사주 가운데 기업출연분은 3~8년 범위 안에서
노사가 합의해 배정하게 된다. 종업원 출연분은 취득과 동시에 배정
되지만 우리사주처럼 배정받은 지 1년이 지나야만 찾아서 팔 수 있
다. ESOP제도에도 세제혜택이 많다. 우선 종업원이 우리사주신탁에
돈을 내면 240만원 범위 안에서 전액 소득공제를 받는다. 기업과 대
주주의 출연액도 전액 또는 일정한도 내에서 손비로 인정된다.

　정부는 ESOP제도와 우리사주조합제도가 비슷하다는 점을 감안해 중장기적으로 두 제도를 통합 운영하는 방안을 검토중이다. 신주를 발행할 때 우리사주신탁에도 20%를 우선 배정토록 하는 등 시스템을 통일하겠다는 뜻이다.

33 투자자를 주주로 모신다
― 뮤추얼펀드와 리츠

시사용어 포인트

뮤추얼펀드 | 수익증권 | 리츠 | CR리츠 | CRV

뮤추얼펀드의 원조는 계(契)

뮤추얼펀드[Mutual Fund]는 우리나라의 '계'와 거의 똑같다. 'Mutual'은 '서로' 또는 '상호'란 뜻이다. 'Mutual aid'는 우리말로 상호부조다. 상호부조를 목적으로 하는 계에서는 계원들이 돈을 모아 서로에게 도움이 되는 방식으로 운영하면서 이익금을 배분해 준다. '뮤추얼펀드'도 투자자들이 돈을 내 증권투자를 하는 회사를 만들고 자금을 운용해 수익금을 나눠 갖는다. 계에서 계원 모두가 주인이듯 뮤츄얼펀드에서는 투자자 모두가 주주다.

뮤추얼펀드는 투자신탁회사에서 파는 수익증권과 비슷하다. 그러나 펀드 하나하나가 일종의 '주식회사'라는 점에서 다르다. 수익증권을 사면 투신사의 고객이 될 뿐이지만 뮤추얼펀드에 가입하면 주주가 된다.

제일은행을 5,000억원에 인수한 미국의 뉴브리지 캐피털도 뮤추얼펀드다. 또 2001년 국내에 진출한 피델리티는 1조달러 이상의 자산을 운용하고 있는 세계 최대의 뮤추얼펀드 운용회사다. 우리나라에서는 IMF 사태로 증권시장이 급격히 위축되자 지난 1998년 11월 증권투자 수요를 넓히기 위해 처음 도입되었다. 미래에셋의 '박현주 펀드'가 그 시초다.

펀드매니저는 계주

뮤추얼펀드에서는 자금을 굴리는 펀드매니저의 실력이 수익률을 좌우한다. 펀드매니저는 계주와 같은 역할을 한다. 펀드매니저를 잘 만나면 기대 이상의 고수익을 올릴 수 있지만 반대의 경우에는 낭패를 보게 된다. 박현주 펀드의 박현주도 유명한 계주인 셈이다.

예전에 투신사들은 돈만 맡겨 놓으면 운용을 잘못해도 실제로는 일정한 수익률을 보장해 주는 경우가 많았다. 그러나 뮤추얼펀드에서는 이런 일이 없다. 펀드매니저가 잘못하면 투자원금을 몽땅 까먹을 수도 있는 것이다. 이 때문에 뮤추얼펀드에서는 투자자의 입김이 강하다. 투자자들은 주주로서 펀드운용내역과 수익률 등을 살펴볼 수 있다. 주주총회를 열어 펀드매니저의 교체를 요구할 수도 있다.

뮤추얼펀드의 투자자들은 투자회사[펀드]의 주식을 사는 방식으로 유가증권에 간접투자를 하게 된다. 운용수익은 배당금 형태로 주주[투자자]에게 분배되며 회사 자체가 증권시장에 상장되어 투자자들이 주식매매를 통해 투자자금을 회수할 수도 있다. 그러나 증권시

<33-1> 수익증권(계약형 투자신탁)과 뮤추얼펀드(회사형 투자신탁)는 어떻게 다른가

구분	수익증권(계약형 투자신탁)	뮤추얼펀드(회사형 투자신탁)
설립형태	신탁계약에 의한 신탁관계	펀드자체가 상법상 주식회사
발행유가증권	수익증권	주식
투자자 지위	수익자	주주
설립규제	설립요건 엄격	설립이 쉽다
통제제도	감독기관이 감독	주주에 의한 자율적 규제
금융상품의 성격	통장거래 등 저축수단으로 인식	주식의 직접거래로 투자수단으로 인식
환매방법	시장매각 또는 투신사 환매	시장매각 또는 투신사 환매

장에서 거래되는 가격은 실제 자산가치보다 10~20% 싸기 때문에 유의해야 한다.

투자자들이 언제든지 뮤추얼펀드[투자회사]에 주식환매를 요구할 수 있는 개방형과, 일정기간 환매가 불가능하며 주식시장을 통해 투자자금을 회수해야 하는 폐쇄형으로 크게 나뉜다. 우리나라에서는 만기 1년 이상짜리 폐쇄형만 허용하다가 규제를 점점 풀어 2001년부터는 완전개방형 뮤추얼펀드가 나오고 있다. 그러나 펀드가입 후 일정기한[예 3개월] 내에 환매하면 이익금의 상당부분을 수수료로 공제한다.

리츠는 부동산 뮤추얼펀드

뮤추얼펀드가 투자하는 대상은 주로 주식과 채권 같은 유가증권이다. 그러나 꼭 그러란 법은 없다. 뮤추얼펀드와 똑같지만 투자대상이 부동산인 상품도 있다. 이른바 리츠[REITs : Real Estate Investment Trusts]다.

‘리츠’는 대표적인 부동산 간접투자상품이다. 뮤추얼펀드처럼 주식발행을 통해 투자자로부터 모은 자금을 운용해 그 이익을 분배한다. 발행된 주식이 증시에 상장돼 투자자들이 언제든지 회사의 주식을 사고 팔아 현금화할 수 있다는 점도 같다.

정부는 일반인들의 부동산 소액투자를 늘려 침체된 부동산경기를 살리기 위해 2001년 7월부터 이 제도를 도입했다. 리츠 운용회사〔부동산투자회사〕는 펀드 모집금액의 70% 이상을 부동산이나 부동산관련 유가증권에 투자하고, 여기서 얻는 수익의 90% 이상을 투자자〔일반 주주〕에게 배당해야 한다.

일반적인 리츠에서 조금 더 특화된 것으로 ‘CR리츠〔Corporate Restructuring : 기업구조조정 전용리츠〕란 게 있다. 일반 리츠는 순수 토지를 제외한 모든 부동산〔개발사업도 가능〕을 투자대상으로 한다. 반면 CR리츠는 기업이 구조조정을 위해 매물로 내놓은 부동산에 70% 이상을 투자해야 한다는 제약이 있다. 정부는 대신 CR리츠에 취득·등록·법인세 감면, 현물출자 허용 등 적지 않은 혜택을 주고 있다. 이와 같은 CR리츠를 운용하는 회사를 CRV〔Corporate Restructuring Vehicle : 기업구조조정 투자회사〕라 한다.(☞ ’35. 부실기업 처리하기 벌처펀드 · CRC · CRV’ 참조)

34 치고 빠지는 바람잡이 – 헤지펀드

시사용어 포인트

핫머니 | 포트폴리오 투자 | 조지 소로스 | 퀀텀펀드 | 롱텀캐피털 매니지먼트 (LTCM) | 조세피난처 | 헤지펀드

국경을 넘나드는 핫머니

'헤지펀드'란 가장 빨리, 가장 많은 투자수익을 올리기 위해 세계 각국의 금융시장을 넘나드는 투기성이 강한 자금이다. 나름대로 전문적인 투자이론으로 무장한 국제적인 '핫머니'라고 할 수 있다. 그러나 단기 고수익을 위해 고위험을 감수한다는 점에서 여러 곳에 분산투자하는 '포트폴리오 투자'와는 다르다. 주로 주식·채권·외환 등 시세가 수시로 변하는 금융상품을 노린다. 선물·옵션 등 복잡한 파생 금융상품도 먹이감이다. 그러나 때로는 금이나 원유 같은 실물 상품에도 손을 댄다.

헤지〔Hedge〕란 원래 '울타리'란 뜻이다. 이 말이 발전해 지금은

‘방어하다’ ‘피하다’ ‘몰래 숨어다니다’ ‘도망칠 곳을 만들어놓다’
는 등의 의미로 쓰인다. 헤지펀드의 속성도 바로 이와 같다. 세금을
피해 카리브해의 버뮤다 같은 ‘조세피난처〔Tax Haven〕’에 거점을 두
고, 은밀하게 이곳저곳을 헤집고 다닌다. 이익이 난다 싶으면 집중공
략하고, 한 건 챙겼다 싶으면 순식간에 빠져나간다.

아시아 금융위기를 부른 헤지펀드

헤지펀드는 법망을 교묘하게 피해 자기에게 유리한 쪽으로 시세
를 움직인다. 예를 들어 선물거래에서 ‘태국 돈〔바트〕의 가치가 떨어
진다’는 데 돈을 걸고, 현물시장에서 쉬지 않고 바트화를 대거 팔아
치우면 바트값이 급락하게 된다. 그 결과 태국경제는 환율이 갑자기
치솟아〔바트화 절하〕 비상이 걸리게 되고 이에 놀란 다른 해외투자자들도 바트화를 팔고 열심히 도망치기 시작한다. 이로 인해 바트화는 더욱 걷잡을 수 없이 폭락해 태국을 심각한 경제위기로 몰아넣게 된다. 하지만 이 때문에 헤지펀드는 큰돈을 번다. 선물시장에서는 바트화 강세를 점친 사람들의 돈을 챙길 수 있고, 현물시장에서는 바트화를 팔고 사들

〈34-1〉 헤지펀드의 태국통화 공략 흐름도

헤지펀드 바트화 선물 약세조건으로 대량매입(작전개시)
▼
헤지펀드 바트화 현물 집중 매도
▼
바트화 폭락
▼
환율급등, 경제불안 가속
▼
바트화 추가 대폭락
▼
헤지펀드 바트화 선물약세 폭리 실현

인 달러로 다시 태국의 바트나 주식, 부동산 등을 헐값에 매집할 수 있는 것이다.

1997년 태국에서는 실제로 이런 일이 일어났다. 인도네시아, 말레이시아, 한국 등 아시아 연쇄위기의 시작이었던 '바트화 폭락'에는 헤지펀드가 깊숙이 개입되어 있었다. 그해 태국에 앞서 홍콩달러도 헤지펀드의 집중공격을 받아 큰 타격을 입었다.

헤지펀드의 스타들

헤지펀드는 철저한 비밀주의다. 투자자 수도 100명 이내의 소수로 제한하고 공모가 아닌 사모 방식으로 거액자산가들끼리 돈을 모아 운영하는 게 보통이다. 백만장자들의 '투자클럽'인 셈이다.

헤지펀드에 모인 돈이 얼마인지는 아무도 모른다. 다만 미국 대통령 산하 금융시장 실무그룹은 1998년 중반 현재 2,500~3,500개의 헤지펀드가 2,000~3,000억 달러의 자본으로 8,000억~1조달러의 자산을 굴리는 것으로 추정했다. 2001년에는 3,300여 개의 헤지펀드가 4,000억 달러의 자본을 굴리고 있다는 게 일반적인 관측이다. 우리나라 외환보유액이 1,000억 달러 정도라는 점을 감안하면 정말 천문학적인 돈이다. 그러나 규모가 워낙 폭발적으로 늘고 있는데다 조성된 돈으로 주식을 사고 이것을 담보로 다시 돈을 빌리는 식의 자산증식을 하기 때문에 정확한 규모는 가늠하기 어렵다.

조지 소로스는 이런 헤지펀드를 전문적으로 조성해 굴리는 가장 대표적인 인물이다. 그가 운영하는 '퀀텀펀드'는 한때 영국의 파운드화까지 공략해 세계를 경악시켰다. 그는 이제 세계 금융시장을 요리하는 '큰손 중의 큰손'이 되었다. 세계 자본주의가 낳은 새로운 유형의 '스타'인 것이다. 퀀텀펀드는 1999년 서울증권을 사들여 한국 투자의 거점으로 활용하고 있다.

줄리안 로버트슨이 운영하는 타이거 매니지먼트도 유명한 헤지펀드다. 로버트슨은 1980년 800만 달러로 '타이거펀드'를 시작한 이래 '재규어펀드' 등 고양이과 이름을 붙인 6개 펀드를 운영하며, 20년간 연평균 26%의 고수익을 거둔 미국 월가의 전설적인 인물이다. 타이거펀드는 1998년 우리나라에서 SK텔레콤 주식을 집중적으로 매집해 화제를 모으기도 했다. 그러나 그도 1998년 아시아 등 세계 신흥시장 금융위기와 러시아 모라토리엄 선언 등에서 큰 타격을 입었다. 이후 미국 내 투자에서도 실패를 거듭해 2000년에는 파산상태에서 결국 두손을 들고 말았다.

1993년 설립된 미국의 '롱텀캐피털 매니지먼트(LTCM)' 역시 빼놓을 수 없는 헤지펀드. 월스트리트 최고의 트레이더였던 존 메리워더가 만든 LTCM의 운영팀은 말 그대로 '드림팀'이었다. 이 펀드에는 2명의 노벨 경제학상 수상자와 미국 연방준비제도이사회 부의장 출신으로 미국 금융계의 2인자로 통하던 데이비드 뮬린스까지 가세했다.

LTCM은 각종 현란한 투자기법을 구사하면서 1995~1996년 40%, 1997년 20%(27억 달러)의 수익률을 기록했으나, 1998년 러시아 모라토리엄 사태에 휘말려 순식간에 파산위기를 맞았다. 러시아 국채에 모든 것을 건 도박투자를 했다가 '판돈'을 날린 것이다. 이때 LTCM의 자산운용규모는 1,250억 달러로 자본금 48억 달러의 26배(레버리지비율(자기자본과 타인자본의 비율) 25)에 달했다. 미국은 결국 금융시장의 파국을 우려한 뉴욕 연방은행의 주선으로 주요 금융기관들이

36억 달러를 지원하고 기존 주식 90%를 인수하는 극약처방을 내려야 했다.

헤지펀드에 대한 국제적 규제론이 부상한 것도 이때부터다. 헤지펀드가 투기적 공략을 일삼지 못하게 과도한 자금유출입을 제한하는 장치를 만들어야 한다는 것이다.

〈시사용어 팁 - 조세피난처(Tax Haven)〉

기업소득에 대해 세금을 매기지 않거나 아주 적은 세금을 매기고 세무절차도 최대한 간소화해 국제자본이 조세회피장소로 이용하는 지역이나 국가를 말한다. 우리나라는 관세청에서 61개국(2002년)을 선정해 감시하고 있다. 이 61개국은 바하마, 버뮤다제도 등 카리브해 연안과 중남미에 집중되어 있다. 크게 완전 조세회피·무세지역인 면세국(Tax Paradise)과 저세율국(Low Tax Haven), 국외소득 면세국인 택스 셸터(Tax Shelter), 특정법인 또는 사업소득 면세국인 택스 리조트(Tax Resort) 등 4가지로 나뉜다.

35 부실기업 처리하기
– 벌처펀드 · CRC · CRV

썩은 고기를 노리는 투기자금

'벌처펀드〔Vulture Fund〕'란 부실기업을 싸게 사들여 정상화시킨 다음 비싼 값에 되팔아 차익을 챙기려는 회사〔기업구조조정 전문회사 : Corporate Restructuring Company〕, 즉 CRC가 운영하는 기금〔구조조정조합〕이다.

벌처〔Vulture〕란 말 자체가 썩은 고기를 먹고 사는 '대머리 독수리'를 뜻한다. '뮤츄얼펀드'와 비슷하지만 뮤츄얼펀드는 주로 건전한 기업에, 벌처펀드는 부실기업에 투자하는 것이 다르다. 투기성이 높은 만큼 손실위험과 기대수익이 모두 높다.

벌처펀드 운용회사는 기업수술 전문가

벌처펀드를 운용하는 '기업구조조정 전문회사[CRC]'는 정부가 부실기업의 신속한 구조조정을 돕기 위해 1999년 5월 설립을 허용했다.

CRC 설립에 필요한 최소자본금은 30억원 이상으로 창업투자회사[100억원 이상]나 신기술금융회사[200억원 이상] 등에 비해 훨씬 적었다. 일정 수의 전문인력을 확보해야 한다는 식의 의무규정도 없었다. IMF 사태 이후 부실기업이 너무 많이 쌓이다 보니 정부도 마음이 조급했던 것이다. 그러나 설립요건이 너무 허술하다 보니 영세업체가 난립해 투기를 조장하는 등 문제가 적지 않았다. 이에 따라 정부는 2002년 4월 CRC 최소자본금을 70억원 이상[창업투자회사 겸업시 170억원 이상]으로 올리고, 관련분야 변호사나 회계사 등 기업구조조정 전문인력을 3명 이상 두도록 의무화했다.

〈35-1〉 벌처투자 흐름도

구조조정 전문회사(CRC)
펀드모집

▼

회생가능기업 발굴 · 선정

▼

부실채권 인수

▼

구조조정 단행
(감자, 출자전환 등 채무조정 신규자금 투입)

▼

기업회생 후 지분매각, 이익실현

구조조정 전문회사는 다시 최저 출자금의 5% 이상만 내면 구조조정조합을 결성할 수 있다. 이 구조조정조합이 바로 벌처펀드다. 화의나 법정관리 신청기업, 부도기업, 은행관리기업, 자본잠식회사 등이 구조조정 전문회사가 투자할 수 있는 부실기업이다. 구조조정 전문회사들은 중환자가 된 부실기업을 사들여 인력감축, 조직개편 등 과감한 수술을 단행하고 회사가 살아나면 비싸게 되팔아 차익을 챙긴다.

1998년 부도를 낸 한라그룹에 10억 달러를 투자한 미국의 로스차일드도 벌처펀드를 운용하는 세계적인 회사다.

CRC의 두얼굴

1999년 5월, 정부가 CRC 설립을 허용한 이후 우리나라 CRC 업계는 급성장했다. 2002년 3월말 현재 산업자원부에 등록된 CRC는 99개. 또 이들이 운용하는 벌처펀드〔구조조정조합〕는 28개에 이른다. CRC 업계가 2000년에 투자한 규모도 314개 사에 1조768억원으로 만만치 않다. 부실기업 처리시장이 제대로 만들어진 것이다.

이 중 KTB네트워크가 동신제약을 정상화시켜 SK케미컬에 매각한 것은 대표적인 구조조정 성공사례로 꼽힌다. 이밖에 세진〔현 Sedak〕, 와이즈콘트롤, 동양토탈 등이 벌처펀드의 도움을 받아 재기했다.

그러나 우리나라의 CRC 업체들은 대부분 자본금이 적고 규모가 영세하다. 뿐만 아니라 각종 사채자금과 증시작전자금 등이 우후죽순처럼 벌처펀드에 유입되면서 자산운용의 건전성과 투명성에도 문제점이 드러나고 있다.

2001년 9월에 터진 '이용호 게이트'는 CRC 업계의 두 얼굴을 잘 보여준다. 업계 선두주자였던 G&G그룹의 이용호 회장은 부실기업을 인수한 다음 유상증자나 전환사채 발행 등으로 거액의 자금을 조성한 뒤 제맘대로 빼돌리다 적발됐다. 삼애실업을 인수해 삼애인더스로 이름을 바꾸고 "보물섬을 인양했다"며 호들갑을 떨면서 주가를 끌어올렸던 것도 그의 작품이었다. 그는 검찰총장〔당시 신승남〕의 동생을 자회사 사장으로 영입하는 등 '검은 커넥션' 까지 만들어 파문을 일으켰다. 기업의 부실을 털어 '클린화' 하는 업계가 오히려 불법과 편법의 온상이었던 것이다.

CRC 업계가 건전하게 발전하려면 금융당국의 치밀한 관리 · 감독과 업계 스스로의 자정노력이 필요하다.

CRC와 CRV

CRC와 비슷한 것으로 'CRV〔Corporate Restructuring Vehicle ： 기업구조조정 투자회사〕' 라는 게 있다. CRV는 CRC처럼 기업구조조정을 촉진하는 역할을 수행한다. 그러나 CRV는 '자산관리회사〔AMC ： Asset Management Company〕' 에 위탁해 운영되는 페이퍼컴퍼니다. 실체가 없는 서류상의 회사인 것이다. 반면 CRC는 자산운영과 구조조정 관련업무를 전문으로 하는 상법상의 주식회사다.

CRV는 합의도출이 어려운 워크아웃제도의 단점을 보완하기 위해 2000년에 도입방안이 마련됐다. CRV는 은행이 보유한 출자전환주식과 대출채권을 모아 기업구조조정을 전문으로 하는 자산관리회사에 위탁 · 운용하도록 함으로써 효율적인 의사결정과 부실채권의 원활한 정리를 꾀한다. 이와 함께 재무상태가 악화됐거나 회생가능성이 있는 기업의 경영을 정상화하고 이들 기업에 물린 금융기관의 부실채권이 신속히 정리되도록 한다.

채권금융기관은 CRV에 주식을 넘겨 조기에 자금을 회수할 수 있으므로 부실자산을 떠안고 있을 경우 쌓아야 하는 대손충당금 적립부담이 없어진다. CRV에 출자하면 출자한도나 자산운용상 예외인정

244

구분	CRV	CRC	뮤추얼펀드
도입 목적	약정체결기업의 경영정상화	구조조정 대상기업의 경영정상화	다양한 투자수단 제공 자본시장의 투자활성화
대상 기업	약정체결기업	• 파산 등 부실기업 • 결손발생기업 등 구조조정이 필요한 기업	우량기업 위주
설립 방식	채권금융기관 및 법인투자가가 참여하는 페이퍼컴퍼니로 발기설립에 의한 주식회사	상법상 실체를 갖는 주식회사	일반투자자가 참여하는 페이퍼컴퍼니
운영 주체	자산운영 : 자산관리회사 자산보관 : 자산보관회사 등	CRC가 직접 자산운영, 자산보관, 구조조정 등 업무를 수행	자산운영 : 자산관리회사 자산보관 : 자산보관회사 등
업무 내용	• 약정체결기업의 유가증권 매매 • 대출채권의 유동화 및 매매 • 자금의 차입 및 사채의 발행, 약정체결기업에 대한 투자 등	• 구조조정기업의 인수 · 투자, 자산의 인수 등 • 인수기업 정상화를 위한 자금지원 등	기업의 유가증권, 외화증권, 콜론, 금융기관 예치금 등에 투자
운영 방식	금융기관의 성격 한시적 · 제한적 조직	비금융기관의 성격 영구적 · 비제한적 조직	폐쇄형의 경우 한시적 · 제한적 조직
감독 주체	금융감독위원회	산업자원부	금융감독위원회

도 받을 수 있다. 전문적인 자산관리회사가 CRV에서 넘겨받은 부실자산을 효율적으로 처리하기 때문에 업무효율도 높아진다.

예를 들어 갑, 을, 병 등 3개 부실기업에 대출금이 물려 있는 A, B, C 등 3개 은행이 있다고 하자. 이들 은행이 부실채권을 가지고 갑 - ABC, 을 - ABC, 병 - ABC 등 3개의 CRV를 만든 다음 CRV에 모인 부실자산의 운용과 처리를 자산관리회사에 맡긴다면 워크아웃을 보다 신속하게 추진할 수 있을 것이다.

이런 장치가 없다면 채권금융기관들은 신속한 부실기업 · 부실채권 처리를 원하면서도 채권액, 담보여부 등 자기 이해관계에 따라 제각각 다른 목소리를 내는 바람에 결과적으로 부실기업 처리나 워크아웃 작업을 지연시킬 가능성이 높다.

CRV는 자산총액의 절반 이상을 구조조정 대상기업이 발행한 유가증권의 매매, 구조조정 대상기업에 대한 대출이나 지급보증 등에 운용한다. 또 자기자본의 2배를 초과하지 않는 범위 안에서 자금을 차입할 수 있다. 부동산구조조정 펀드인 'CR리츠'도 운용대상이 부동산이라는 점만 다를 뿐 다른 CRV와 동일하다.(☞ '33. 투자자를 주주로 모신다 '뮤추얼펀드와 리츠' 참조)

36 투기채권 소화하기 – 하이일드펀드·CBO펀드·자산유동화증권

시사용어 포인트

하이일드펀드 | 그레이펀드 | 정크본드 | 후순위채권 | 후순위담보채펀드
(CBO펀드) | ABS | CBO | CLO | 프라이머리 CBO | MBS | SPC

모 아니면 도

하이일드펀드와 후순위담보채펀드는 부도위험이 높아 신용도가
떨어지는 대신 이자를 많이 주는 채권에 집중투자하는 펀드다. 자칫
하면 휴지조각으로 전락할 가능성이 있는 부실채권을 노린다는 점에
서 투기성이 강하다. 그야말로 '모' 아니면 '도' 인 셈이다. 이런 펀
드들이 사들이는 채권을 미국에서는 보통 '정크본드〔Junk Bond〕' 라
고 부른다. 정크란 쓰레기란 뜻이다.

두 펀드의 차이점은 투기성의 정도

'하이일드펀드' 는 신용등급이 투자부적격〔BB+ 이하〕인 채권을 집

중 매입한다. 이런 채권은 정상채권보다 이자를 더 많이 준다. 펀드 가입자에게 공모주 우선청약권과 세금혜택이 있다는 점도 매력이다. 그러나 채권 발행자가 부도를 내고 원리금을 떼먹을 가능성이 높다. 투자를 잘하면 고수익이 보장되지만 잘못하면 원금을 날릴 수 있는 것이다.

하이일드펀드에서 일드〔Yield〕는 이익 또는 이율을 말한다. 3년 만기 회사채 수익률을 영어로 'Yield on Three-Year Corporate Bond'라고 한다. 따라서 하이일드펀드는 고수익을 강조한 이름이다. 투기성이 강하다는 사실이 이름에서 빠진 것이다. 이런 양면성을 감안해 하이일드펀드를 '그레이펀드'라고 부르기도 한다.

'후순위담보채펀드'〔통상 CBO펀드라고도 한다〕는 하이일드펀드조차 매입을 꺼리는 B·C·D급 채권을 담보로 발행된 '후순위채권'을 주로 사들이는 펀드다. '후순위'란 부도가 나 빚잔치를 할 때 돈을

〈36-1〉 CBO펀드와 하이일드펀드 비교

구분	CBO펀드	하이일드펀드
저축기간	6개월~3년	6개월~3년
투자대상	- 채권 등 : 70% 이상 신용등급 BB+ 이하 채권, B+ 이하 기업어음 및 후순위채에 50% 이상 • 특히 후순위채에 25% 이상 - 주식(공모주 포함) 30% 이하	- 채권 등 : 70% 이상 신용등급 BB+ 이하 채권 및 B+ 이하 기업어음에 50% 이상 - 주식(공모주 포함) 30% 이하
원금보전	• 판매사 자율결정 • 추가형은 없고 단위형은 5% 정도	• 추가형은 없음 • 단위형은 개인의 경우 5~10%
우대사항	• 세제혜택부여(이자소득세 50% 감면) • 공모주 우선권 배정	
공모주 배 정	• 거래소 신규공모주 : 10% • 코스닥 신규공모주 : 20%	• 거래소, 코스닥 신규공모주 : 각 10%

받는 순서가 맨끝이란 뜻이다. 예컨대 A회사가 발행한 채권이 C등급
이라 하자. 이 채권은 아무도 사는 사람이 없다. 할 수 없이 A사는 C
등급 채권을 담보로 또다른 채권〔CBO : 채권담보부증권〕을 발행하고
새 채권에 변제순위를 매긴다. 이때 변제순위가 빠른 선순위채권은
담보가액 범위 안에 있어 신용등급이 투자적격으로 올라가게 된다.
반면 후순위채권은 발행회사가 망하면 건질 게 아무것도 없는 진짜
'정크본드'가 된다. 후순위담보채펀드는 바로 이같은 채권을 핵심
투자대상으로 하는 펀드이다.

대우사태가 도입계기

우리나라에서는 투기를 조장할 우려가 있다는 이유로 오랫동안
이들 펀드를 허용하지 않았다. 그러나 1999년 7월에 터진 대우사태
로 대우 회사채의 신용등급이 모두 투자부적격으로 전락하자 황급히
도입을 허용했다. 18조원어치에 이르는 대우 회사채를 사고팔 수 있
는 정크본드 유통시장이 필요했던 것이다. 정부가 하이일드펀드를
허용한 1999년 10월 당시 국내 회사채 중 40% 가량이 투자부적격 등
급에 속했다. 하이일드펀드보다 투기성이 강한 후순위담보채펀드는
2000년 3월 시판되었다.

ABS, CBO, CLO, MBS

후순위담보채권은 '자산유동화증권〔ABS : Asset Backed Securities〕'
의 일종이다. ABS는 보유하고 있는 자산을 담보로 발행한 증권을 말
한다. 자산에 돈이 묶여 현금흐름에 문제가 생겼을 경우 ABS는 현금
확보를 위한 유용한 수단이 될 수 있다. 예전에는 주로 자산담보부채

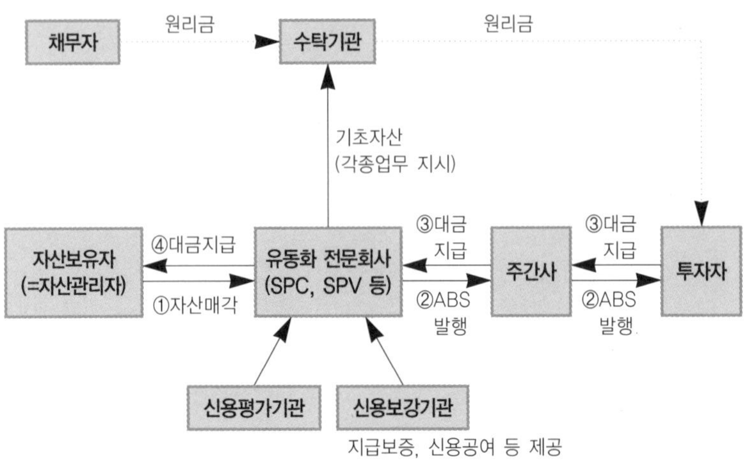

※ 자료 : 금융감독원
　실선은 ABS 발생시 현금흐름을, 점선은 이 유동화증권 발행 이후 원리금이 회수되는 순서
　를 나타냄

권 또는 자산담보부증권이라고 불렀다. 그러나 1998년 9월 '자산유동화에 관한 법률'이 제정되면서 '유동화증권'이란 용어를 더 많이 쓰게 되었다. 후순위담보채권에서 유동화시키려는 자산은 채권변제 순위가 꼴찌인 후순위채권이다.

　이처럼 어떤 자산을 가지고 현금화를 시도하느냐에 따라 ABS는 여러가지로 나뉜다. 예컨대 보유중인 채권을 담보로 했으면 채권담보부증권〔CBO : Collateralized Bond Obligation〕, 남에게 빌려준 대출금을 담보로 했으면 대출담보부증권〔CLO : Collateralized Loan Obligation〕, 외상매출금을 담보로 했으면 매출채권 담보부증권이 된다. 주택저당대출을 담보로 한 것은 주택저당담보부증권〔MBS : Mortgage Backed Securities〕이라 한다.

후순위담보채권은 채권 중에서도 후순위채권만을 담보로 한 CBO
의 일종이다.

프라이머리 CBO

후순위담보채권이 CBO의 일종이고, CBO는 다시 ABS의 일종이
라는 것을 이해하는 것도 골치 아픈데 뒤이어 '프라이머리 CBO' 란
것까지 나와 복잡하기 끝이 없다.

일반적으로 말하는 CBO는 유통시장 CBO〔Secondary CBO〕다. 즉
예전에 발행되어 지금은 유통시장에 나와 있지만 신용도에 문제가
생겨 잘 팔리지 않는 회사채를 담보로 발행하는 것이다. 이와 달리
프라이머리 CBO는 회사채를 발행하고 싶지만 신용도가 떨어져 발행
자체가 쉽지 않은 기업들이 모여 발행하는 회사채를 담보로 한다. 유
통단계가 아니라 발행단계에서 CBO를 만들어내는 것이다. 이런 의
미에서 발행시장 CBO라고 한다.

예컨대 부도확률이 20~30%인 기업 10개가 있다고 하자. 이들은
신용도가 낮아 독자적인 회사채 발행이 어려울 것이고, 운좋게 회사
채를 발행했다고 하더라도 금융기관들이 매입을 꺼릴 것이다. 회사
채 발행기업이 부도를 내면 곧바로 큰 손실을 보기 때문이다. 그러나
10개의 기업이 발행한 채권을 한데 모아 '자산 풀' 을 만들고 이를 담
보로 CBO를 발행하면 금융기관들은 이 CBO의 부도확률과 이에 따
른 손실확률이 20~30%라는 것을 쉽게 예상할 수 있게 된다. 더 나
아가 CBO 발행 당시 정부〔신용보증기금〕가 총채권액에 대해 일정비
율〔예 80%〕로 보증을 서주면 손실확률은 더 줄어든다. 보증범위를
넘어선 부분을 후순위채권으로 분류해 발행회사에서 일부 사고, 나

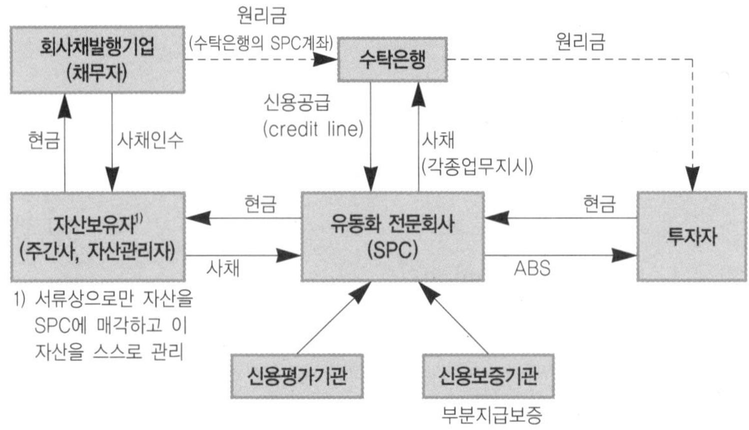

머지를 후순위담보채펀드 등에 판다면 선순위채권들의 신용도는 더 높아질 수 있다.

이처럼 정부가 부분보증을 서주고 금융기관이 CBO를 발행해 기업에 자금을 공급해 주는 파생금융상품이 프라이머리 CBO다.

프라이머리 CBO는 여러 기업이 신규로 발행하는 회사채를 증권회사가 먼저 총괄 인수한 다음 이를 '유동화전문회사〔SPC : 특수목적회사〕'에 매각하고, 유동화전문회사는 이를 담보로 CBO를 발행해 은행이나 투신사 같은 기관투자가에게 매각하는 과정을 거친다. 이렇게 하면 신용등급이 낮은 기업도 회사채를 비교적 쉽게 발행할 수 있게 된다.

우리나라에서는 2000년 7월에 첫선을 보였다. 당시 중견기업들은 자금시장 불안과 신용경직으로 회사채 발행에 제동이 걸려 극심한

<36-4> 유동화자산 종류별 ABS 발행현황

(단위 : 억원)

유동화자산		1999년		2000년		2001년	
		금액	비율	금액	비율	금액	비율
유가증권	유통시장 CBO	–	–	204,154	41.3%	11,133	2.2%
	P-CBO(인수회사채)	–	–	73,073	14.8%	75,406	14.8%
	기타(토지수익 연계채권 등)	5,317	7.9%	9,157	1.9%	–	–
	소계	5,317	7.9%	286,384	58.0%	86,539	17.0%
채권	대출채권	30,012	44.3%	103,118	20.9%	146,922	28.9%
	카드론·리스채권·오토론 등	11,790	17.4%	55,969	11.3%	85,029	16.7%
	주택저당채권	–	–	13,788	2.8%	8,380	1.6%
	토지분양대금채권	5,627	8.3%	2,260	0.5%	5,913	1.2%
	카드매출채권, 현금서비스채권	–	–	8,616	1.7%	130,869	25.7%
	기업매출채권[1)	9,413	13.9%	9,724	2.0%	36,279	7.1%
	기타채권	–	–	2,063	0.4%	600	0.1%
	소계	56,842	83.9%	195,538	39.6%	413,992	81.3%
부동산		5,550	8.2%	11,910	2.4%	8,811	1.7%
합계		67,709	100.0%	493,832	100.0%	509,342	100.0%

※ 자료 : 금융감독원
1) 일반기업 매출채권(항공요금, 여객·화물운송대금, 철강·기름·타이어 매출채권, 인터넷서비스이용료, 호텔객실료 등), 분양 및 공사대금 채권(공공법인 등 포함), 통신관련 채권(단말기 가입기 분납채권) 등

자금난을 겪고 있었다. 프라이머리 CBO는 이같은 신용위기를 넘기는 데 나름대로 중요한 역할을 했다.

분류	도입목적	형태	운영 형태	관련 법률	소관 기관
CRV	금융기관의 경영 건전성을 제고하고 부실기업 정상화	Paper Company	부실기업이 발행한 유가증권 등의 매매	기업구조조정 투자회사법	재경부 금감위
CRF	중소기업 등의 재무구조개선 및 구조조정 지원	Paper Company	유가증권 등의 매매	증권투자 회사법	재경부 금감위
CR-REITs	구조조정차원에서 매각하는 부동산을 매입하여 구조조정 지원	Paper Company	구조조정용 부동산 매입·운용	부동산투자 회사법	건설 교통부
ABS	부동산 및 유가증권 등 기초자산을 통한 자금조달	Paper Company	기초자산을 결집하고 증권발행	자산유동화에 관한 법률	재경부 금감위
MBS	주택저당 대출채권을 유동화를 통한 자금조달	실체가 있는 회사	주택저당 대출채권을 결집하고 증권발행	주택저당채권 유동화회사법	재경부 금감위
CRC	부실기업의 구조조정	실체가 있는 회사	부실채권 등의 인수	산업발전법	산자부
REITs	부동산을 매입·운용하고 그 수익을 출자자에게 배분	실체가 있는 회사	부동산 매입·운용	부동산투자 회사법	건설 교통부

※ 자료 : 재정경제부

37 변신이 자유롭다
– 엄브렐러펀드와 랩어카운트

엄브렐러펀드 | 자유전환형 펀드 | 카멜레온펀드 | 랩어카운트 | 금융자산관리사 | 맞춤형 신탁

획일적인 펀드는 싫다

뮤추얼펀드, 하이일드펀드, 벌처펀드, CBO펀드, 머니마켓펀드〔MMF〕, 인덱스펀드, 카멜레온펀드, 코스닥펀드….

IMF 사태 이후 선보인 신종 펀드들이 정말 많다. 정부가 돈이 돌지 않는 금융·증권시장을 살리기 위해 외국에서 유행하는 다양한 펀드들을 국내로 줄줄이 들여온 것이다. 엄브렐러펀드〔Umbrella Fund〕는 이런 펀드들의 종합판이라고 할 수 있다. 그리고 여기서 한 발 더 나아가간 것이 '랩어카운트〔Wrap Account〕' 이다. 이들은 투자자가 자기 취향이나 증시여건에 따라 투자자산의 포트폴리오를 손쉽게 바꿀 수 있도록 했다는 게 가장 큰 특징이다. 전문적인 펀드매니

저가 1대1로 최적의 포트폴리오 구성을 도와준다는 점도 기존 펀드
와 다르다. 고객이 맡긴 돈을 정해진 룰에 따라 획일적으로 운용하는
일방형이 아닌 쌍방형 금융상품인 것이다.

엄브렐러펀드(Umbrella Fund)

'엄브렐러펀드'는 여러 개의 펀드를 한데 묶어놓은 것이다. 하나
의 '모[母]펀드' 아래 다수의 '자[子]펀드'가 펼쳐져 있는 모습이 마
치 우산 같다고 해서 엄브렐러펀드라 한다. 모펀드는 7개까지 자펀
드를 거느릴 수 있다. 투자자들은 이 중 한 개의 자펀드에 가입하고,
자기 판단에 따라 자유롭게 다른 자펀드로 옮겨다닐 수 있다. 다른
자펀드로 옮길 때 수수료는 전혀 없다. 이런 점에서 '자유전환형 펀
드'라고도 한다. 정부는 대우사태 이후 기존 펀드에서 자꾸 돈이 빠
져나가 채권시장이 급속히 경색되자 2000년 2월부터 이 상품의 판매
를 허용했다.

이에 앞서 나온 것이 '카멜레온펀드'다. 일단 주식형 펀드에 가입
했다가 일정 수익률을 올리면 안정적인 공사채형 펀드로 전환할 수
있게 만든 펀드다. 여건에 따라 색깔을 바꿀 수 있다는 뜻에서 카멜
레온 펀드라는 이름이 붙여졌다.

그러나 엄브렐러펀드는 카멜레온펀드보다 변신이 더 자유롭다.
엄브렐러펀드 밑에 있는 자펀드는 보통 공사채형, 성장주식형, 안정
주식형, 인덱스펀드, 공모주전용, 코스닥전용, MMF[머니마켓펀드]
등으로 구성된다. 투자자는 1년 동안 시장상황을 살펴가며 최대 12
번까지 자펀드를 옮겨다닐 수 있다. 예컨대 주가가 뛸 때는 성장주식
형, 등락이 심할 때는 안정주식형, 주가가 떨어질 때는 공사채형,

CD〔양도성예금증서〕, CP〔기업어음〕 등 단기금융상품의 금리가 떨 때는 MMF로 자펀드를 바꾸는 식이다. 투자금액은 제한이 없으나, 투자금액의 1~2%를 수수료로 먼저 받는다. 대신 중도환매 수수료는 없다. 연간 전환횟수가 12번을 넘을 때는 투자금액의 0.5% 정도를 수수료로 내야 한다.

랩어카운트

랩〔Wrap : 포장하다〕과 어카운트〔Account : 계좌〕의 합성어인 랩어카운트는 우리말로 '자산종합관리계좌' 다. 포트폴리오 전문가인 '금융자산관리사' 와 함께 자기 계좌를 멋있게 꾸밀 수 있게 만든 금융상품이란 뜻이다.

투자자는 증권사에 자산종합관리계좌를 트고 자신의 취향에 맞춰 주식 · 채권 · MMF 등 다양한 투자자산을 포트폴리오로 구성해 운용할 수 있다. 공격적인 투자자라면 주식비율을 높이고, 보수적인 투자자라면 채권과 현금비율을 높이는 식이다.

이때 포트폴리오 구성을 도와주는 사람이 전문자격증을 가진 '금융자산관리사〔FP : Financial Planner〕' 다. 금융자산관리사는 성장률, 물가 등 거시경제 전망치와 주가, 금리 등 금융시장 변수 등을 감안해 만든 포트폴리오 모델과 고객의 성향을 감안해 최적의 투자프로그램을 짜주는 역할을 한다. 또한 필요하면 투자자문사를 소개해 주고, 주문을 대신 내주기도 한다. 정기적으로 투자상황을 투자자에게 보고하고 투자전략에 대해 상담하는 것도 이들의 임무다. 따라서 얼마나 유능한 금융설계사를 두느냐에 따라 투자의 성패가 좌우된다고 할 수 있다.

은행에서 판매하는 '맞춤형 신탁'도 랩어카운트의 일종이다. 맞춤형 신탁이란 고객이 은행의 전문 펀드매니저와 함께 투자할 대상을 직접 선택하고 지정하는 금융상품이다.

랩어카운트는 크게 일임형〔컨설턴트 랩〕과 자문형〔뮤추얼펀드 랩〕두 가지가 있다. 자문형 랩어카운트는 고객의 돈을 받아 투자자문을 하는 데 그친다. 증권사 직원〔금융자산관리사〕이 고객과 상담한 후에 고객의 성향과 요구에 맞는 뮤추얼펀드나 수익증권을 추천하면 고객이 이 중 일부를 선택하는 방식이다. 반면 일임형 랩어카운트는 증권사가 모든 자산운용업무를 대신해 준다. 고객의 성향에 따라 주식이나 채권, 주식형펀드 등 투자자의 자산 포트폴리오를 구성하는 것은 물론 운용까지 모두 해주는 토탈 금융서비스라고 할 수 있다. 엄격한 의미의 랩어카운트는 일임형을 말한다.

랩어카운트의 원조는 미국

랩어카운트의 원조는 미국이다. 랩어카운트는 미국의 E. F. 휴튼 증권〔현재 살로먼 스미스바니〕이 1975년 주식매매 수수료 자유화 이후 수입이 줄어들자 수익원 다변화 차원에서 처음 개발했다. 1987년 블랙먼데이〔뉴욕증시의 대폭락 사태〕 이후 증권회사가 안정적인 수입원으로 개인자산 운용업에 치중하면서 활성화되었고, 1990년대 들어 성장을 계속했다. 1990년대에는 증권사뿐 아니라 은행, 보험회사 등 다른 금융권이 가세해 상품이 더욱 다양해졌다.

일본에서도 1999년 닛코증권이 미국의 살로먼 스미스바니증권과 합작으로 랩어카운트 영업을 하는 회사를 설립해 본격적으로 자산관리업무에 나섰다.

우리나라는 2001년 2월부터 자문형 랩어카운트 상품이 선보였고, 2001년 7월부터는 일임형 랩어카운트도 발매가 허용되었다.

38 증시를 뒤흔드는 복병
– 프로그램 매매

시사용어 포인트

프로그램 매매 | 블랙먼데이 | 주가지수 선물 | 차익거래 | 선물거래 잔고 | 사이드 카

미국 증시를 뒤흔든 프로그램 매매

1987년 10월 19일, 암흑의 월요일〔Black Monday〕. 뉴욕 증시는 대폭락했다. 이날 하루 사이에 다우존스 평균주가는 무려 22.6%〔508포인트〕가 떨어졌다. 투자자들은 공포에 휩싸여 비명을 질렀다. 1929년의 대공황이 머릿속에 떠올랐기 때문이다. 주가폭락의 가장 큰 원인은 가파른 금리상승이었다. 경기불안이 가중되는 가운데 시중금리가 급등하자 기관투자가들이 앞다투어 주식을 처분하고 채권을 사려다 증시를 위기로 내몬 것이다.

아무리 그래도 어떻게 증시의 생리를 잘 아는 기관투자가들이 모두가 공멸할 정도로 일시에 주식을 내던졌을까? 그 해답 중의 하나

가 바로 '프로그램 매매'다. 이날 앞뒤 재지 않고 사정없이 주식을 내다 판 주범은 기관투자가라기보다는 컴퓨터였던 것이다. 이런 프로그램 매매가 요즘에는 국내 증시에도 상륙해 심심찮게 주가를 흔들고 있다.

컴퓨터가 주식을 사고판다

프로그램 매매란 컴퓨터가 정해진 매매조건〔프로그램〕에 따라 자동으로 주식을 사고파는 것이다. 그것도 1개 종목이 아니라 15~30개 종목을 한 묶음으로 묶어 특정시점이 되면 일시에 매매주문을 집행한다. 사람의 힘으로는 수십 개의 주식을 동시에 매매할 수 없기 때문에 능력있는 컴퓨터에게 일을 맡긴 것이다. 컴퓨터는 자신에게 부여된 명령과 실제 증시상황이 일치하는 상태가 되면 하루에도 몇 번씩 차질없이 대량매매를 실행할 수 있다.

〈38-1〉 프로그램 매매 동향

(단위 : 억원, %)

연도	프로그램 매매 거래대금		차익거래		비차익거래		프로그램 매매비율
	매도	매수	매도	매수	매도	매수	
1996	1,243	790	819	415	423	375	0.07
1997	6,663	5,730	5,139	3,938	1,524	1,792	0.38
1998	29,929	36,309	19,161	23,582	10,769	12,727	1.72
1999	183,396	199,239	97,177	105,524	86,219	93,715	2.21
2000	249,610	216,373	126,200	116,620	123,410	99,753	3.72
2001	233,767	225,969	93,831	97,714	139,936	128,255	4.68

※ 자료 : 증권거래소
　　프로그램 매매 비율 = 프로그램 매매 합계 / 주식거래대금×2

이런 프로그램 매매에 입력된 명령은 거의 대부분 '주가지수 선물'과 연결된 것들이다. 평상시 선물과 현물은 비슷하게 움직인다. 그러나 증시가 불안할 때에는 현물과 선물의 가격차가 일시적으로 크게 벌어지는 경우가 생긴다. 투자자들이 현물을 너무 많이 사거나, 반대로 선물을 너무 많이 사도 현·선물간 가격차가 발생한다. 기관들은 이때를 틈타 한꺼번에 '사자' 또는 '팔자' 주문을 내면서 차익을 거둔다. 현물과 선물 중 상대적으로 싼 것을 사면서, 동시에 비싼 것을 매도해 현·선물간 가격차이만큼 수익을 거두어들이는 것이다.

예컨대 주가지수 선물가격이 오르면 기관들은 값이 비싼 선물을 팔고, 대신 값이 싼 현물주식을 사들이는 '프로그램 매수'를 한다. 반대로 주가지수 선물가격이 떨어지면 선물을 사고, 값이 싼 현물주식을 파는 '프로그램 매도'를 하게 된다. 이른바 현물과 선물의 시세차이를 재빨리 이용하는 '차익거래'다.

이렇게 컴퓨터를 통해 사놓은 일반 주식들은 선물시장에서 만기가 돌아오면 일시에 팔아야 하는 경우가 많다. 그래서 '선물거래 잔고'가 크다는 것은 만기에 한꺼번에 주식 매도물량이 쏟아질 수 있다는 뜻으로 해석된다. 기관들은 보통 종합주가지수에 미치는 영향이 큰 대형 우량주를 프로그램 매매종목으로 삼는다. 따라서 프로그램 매매가 집중되면 출렁이던 증시는 더 심하게 급등락을 되풀이하게 된다. 잘 오르던 주가가 막판에 갑자기 대량매물을 맞아 크게 밀리는 경우는 대개 프로그램 매매의 결과다.

프로그램 매매의 정지신호, 사이드 카

프로그램 매매는 평상시 현물과 선물 주식시장의 가격차이가 지나치게 벌어져 시장이 왜곡되는 현상을 막아주는 역할을 한다. 그러나 프로그램 매매는 컴퓨터가 기계적으로 수행하기 때문에 자칫하면 '블랙먼데이'와 같은 주가폭락 사태를 부채질할 위험이 있다.

선물값이 현물값과 비교해 일정수준 이상으로 떨어지면 컴퓨터는 현물매도 명령을 받고 무조건 주식을 파는 데만 열중할 것이다. 컴퓨터에게 증시상황을 종합적으로 고려해 유연하게 대응하라고 요구할 수는 없는 노릇이다. 이런 문제를 보완하기 위해 나온 제도가 프로그램 매매를 일시 정지시키는 '사이드 카[Side Car]'이다.(☞ '39. 증시 폭락 정지신호 -서킷 브레이커와 사이드 카' 참조)

39 증시폭락 정지신호
– 서킷 브레이커와 사이드 카

시사용어 포인트

서킷 브레이커 | 선물 서킷 브레이커 | 사이드 카 | 프로그램 매매 | 블랙먼데이

주가폭락을 막아라

2000년 4월 17일 월요일, 한국 증시는 사상 최악의 날을 맞았다. 이날 종합주가지수는 무려 93.17〔11.6%〕포인트, 코스닥지수는 22.33 포인트〔11.4%〕가 추락했다. 증시는 공황상태에 빠졌고, 겁먹은 투자자들은 앞다투어 투매행렬에 가담했다. 주가 대폭락의 진원지는 미국이었다. 3일 전인 4월 14일 뉴욕증시가 폭락하자 극심한 동조화 현상을 보여온 아시아 증시도 큰 충격을 받은 것이다.

한국판 ‘블랙먼데이’가 된 이날 우리나라 증시에서 처음 발동된 조치가 ‘서킷 브레이커〔Circuit Breaker : 매매거래 중단제도〕’였다. 증권거래소는 오전장 개장 직후 종합주가지수가 10% 이상 폭락하자 30

264

분간 모든 거래를 정지시키는 서킷 브레이커를 발동했다. 13년 전인 1987년 10월 19일, 미국이 '블랙먼데이'를 경험한 이후 서둘러 도입한 제도가 마침내 우리나라에도 발효된 것이다. 당시 주가폭락에 곤욕을 치른 미국은 서킷 브레이커와 사이드 카[Side Car : 프로그램 매매 체결지연 제도]라는 두 가지 긴급 제동장치를 만들었다.

서킷 브레이커는 회로차단기

서킷 브레이커란 회로차단기를 말한다. 이른바 '두꺼비집'이다. 과열된 회로를 차단하는 장치처럼 증시에서도 이상과열 현상이 나타나면 이 서킷 브레이커가 작동한다. 증권거래소는 1998년 12월 7일 하루 상·하한가 변동폭을 12%에서 15%로 확대하면서 이 제도를 도입했다. 주가가 더 심하게 널뛸 위험이 커진 만큼 일종의 안전장치가 필요했던 것이다. 코스닥시장은 증권거래소시장보다 3년 늦은 2001년 12월 1일부터 이 제도를 시행했다. 따라서 2000년 4월 17일 주가 대폭락 때 코스닥시장은 서킷 브레이커를 발동할 수 없었다. 미국 뉴욕과 워싱턴에서 '9·11 사태'가 일어난 다음날인 2001년 9월 12일에도 거래소시장에서는 서킷 브레이커를 발동했으나 코스닥시장에서는 브레이크를 걸 수 없었다. 이날 종합주가지수는 64.97포인트[12.02%], 코스닥지수는 7.16포인트[11.58%]가 폭락했다.

증권거래소는 종합주가지수가 10% 이상 폭락해 1분 이상 지속될 경우 30분간 모든 거래를 중단시킨다. 코스닥시장도 마찬가지다. 거래중단 대상에는 현물주식뿐 아니라 선물과 옵션도 포함된다. 서킷 브레이커가 발동되는 30분 중에서 처음 20분 동안은 모든 매매거래가 일체 중단되고, 이후 10분 동안은 주문만 받는다. 증권거래소는 이 주문을 가지고 개장 직전 동시호가를 받을 때처럼 단일가격〔싸게 팔겠다는 주문과 비싸게 사겠다는 주문을 순서대로 나열해 서로 균형을 이루는 선〕을 산정한다. 30분 뒤 매매가 재개되었을 때 이 단일가격이 매매 기준가격이 된다. 하루에 딱 한 번만 발동할 수 있고, 장이 끝나기 40분 전인 오후 2시20분부터는 주가가 아무리 폭락해도 발동이 안 된다. 뉴욕증시도 우리처럼 주가가 10% 이상 빠지면 서킷 브레이커가 발동되지만 거래정지시간은 60분으로 우리나라보다 길다.

선물 서킷 브레이커와 사이드 카

현물 주식시장에서 서킷 브레이커가 발동되면 선물 주식시장에서도 자동적으로 같은 조치가 내려진다. 이와 달리 선물 서킷 브레이커와 사이드 카는 현물시장과 무관하게 선물시장에서만 발동된다. 증권거래소는 1996년 5월 3일 주식 선물시장을 개장하면서 이 두 가지 제동장치를 처음 도입했다. 2001년까지 서킷 브레이커는 단 세 차례만 발동됐지만 선물 서킷 브레이커와 사이드 카는 한두 달에 한 번 꼴로 심심찮게 발동된다.

'선물 서킷 브레이커'도 방식은 현물시장의 그것과 거의 똑같다. 선물가격이 전일종가〔정확하게는 기준가. 기준가란 3개월물, 6개월물, 12개월물 등 여러 선물종목 중 전일 거래량이 가장 많은 종목의 종가〕보다 5% 이상 뛰거나 떨어진 상태〔또는 현물가격과 이론가격의 차이인 괴리율이 ±3% 이상일 때. 이론가격이란 현재가격에서 만기 때까지 보유하는 이자를 더하고 배당수익률을 뺀 수치다. 따라서 만기 때 이론가와 현재가격은 정확하게 일치한다〕가 1분 이상 지속될 경우 발동된다. 현물시장의 서킷 브레이커는 주가가 폭락했을 때만 발동되지만 선물시장에서는 주가가 폭등해도 발동된다는 점이 특이하다. 조치가 발동되면 5분간 모든 선물거래가 중단되고, 이후 10분 동안은 주문만 받는다. 하루 한 번만 발동할 수 있고, 장이 끝나기 40분 전인 2시20분 이후에는 발동이 안 된다.

'사이드 카'는 선물거래 중에서도 '프로그램 매매'(☞ '38. 증시를 뒤흔드는 복병 프로그램 매매' 참조)만을 대상으로 한다. 선물가격이 전일종가[기준가]보다 5% 이상 뛰거나 떨어져 1분간 지속될 경우 5분간 프로그램 매매를 일시 정지시키게 된다. 이 조치는 현물과 선물 간의 가격차를 이용한 대량의 컴퓨터 프로그램 매매가 일시에 집중해 현물시장의 주가를 왜곡시킬 가능성을 차단하기 위한 것이다. 역시 하루 한 번만 발동할 수 있다.

40 순간을 먹고 사는 데이 트레이딩

초단타매매 | 데이 트레이딩 | 정석투자 | 데이 트레이더 | 스캘퍼 | 스윙 트레이더 | 단타증후군 | 주식회전율

하루에도 수십 번씩 사고판다

하루에도 몇번씩 많으면 수십, 수백 번씩 주식을 샀다 팔았다 하는 '초단타매매'가 데이 트레이딩[Day Trading]이다. 우리나라에서는 컴퓨터를 이용한 사이버거래 시스템이 급속히 확산된 1999년 하반기쯤부터 본격화되었다. 사이버거래를 하면 마치 컴퓨터 게임을 하듯 한두 번의 마우스 클릭으로 사고팔기를 거듭할 수 있는데다 수수료도 창구거래 때보다 훨씬 싸기 때문이다.

데이 트레이딩은 정석투자와 다르다

데이 트레이딩은 한 번 사면 한동안 갖고 있다가 파는 '정석투자

〔Buy & Hold〕'와는 접근방법부터 완전히 다르다. 정석투자는 기업가치가 좋아져 주가가 뛸 것이라는 판단을 전제로 투자한다. 경기상승기에는 이런 투자가 빛을 발한다. 반면 데이 트레이딩은 시시각각 변하는 주가 움직임에 주파수를 맞춰 놓고 '반짝차익'이 기대되면 무조건 사고 판다. 그만큼 투기성이 강하다. 시장상황이 바뀔 때마다 민첩하게 거래를 성사시켜야 하기 때문에 투자대상 종목도 거래량이 일정수준을 넘고 주가변동폭이 큰 것이어야 한다. 초단타를 즐기는 사람에겐 주가가 널뛰는 혼조장세가 더 좋은 터전이다.

주가가 어느 정도 떨어지면 샀다가 적당히 오르면 곧장 팔아치우기 때문에 주가가 일시적인 충격을 받아 급등락할 때 이를 완화시키는 긍정적인 측면도 있다. 하지만 정석에서 벗어난 초단타매매로 시장을 어지럽힌다는 비판이 더 많다. 과도한 매도·매수는 투기심리와 주가널뛰기를 더욱 부추겨 투자자들을 혼란에 빠뜨릴 가능성이 높다.

데이 트레이더에도 급이 있다

'데이 트레이더'도 얼마나 단타를 즐기는지에 따라 스캘퍼〔Scalper〕, 데이 트레이더〔Day Trader〕, 스윙 트레이더〔Swing Trader〕 등 3개 부류로 나뉜다. 이 중 '스캘퍼'는 하루에도 수십 번 또는 수백 번씩 매매를 결행하는 투자자다. 스캘퍼는 주식을 산 다음 수수료에 약간의 이익만 남으면 즉시 매도한다. 이들은 대단히 공격적인 성향을 보이기 때문에 시장교란의 주범으로 몰리기도 한다. 스캘퍼에 비해 데이 트레이더와 스윙 트레이더는 호흡이 조금 길다. '데이 트레이더'는 하루에 몇번 정도 매매를 하는 투자자, '스윙 트레이더'는

〈40-1〉 월별 거래량기준 당일매매 비중 추이

(단위 : 포인트, %)

구분	월평균지수	월평균 당일매매비중	구분	월평균지수	월평균 당일매매비중
1999년 7월	971.43	20.43	2000년 10월	548.07	43.32
1999년 8월	933.07	25.53	2000년 11월	544.09	45.95
1999년 9월	926.88	25.58	2000년 12월	526.36	41.96
1999년 10월	828.58	30.46	2001년 1월	585.02	44.65
1999년 11월	950.12	26.79	2001년 2월	593.40	38.70
1999년 12월	984.48	27.42	2001년 3월	543.89	44.38
2000년 1월	952.52	29.40	2001년 4월	530.27	44.19
2000년 2월	902.73	26.90	2001년 5월	600.73	41.55
2000년 3월	878.38	26.96	2001년 6월	602.93	41.95
2000년 4월	779.75	30.59	2001년 7월	554.11	42.31
2000년 5월	720.77	35.45	2001년 8월	567.65	47.83
2000년 6월	795.05	43.11	2001년 9월	504.04	55.52
2000년 7월	794.13	46.25	2001년 10월	523.27	48.34
2000년 8월	720.35	39.20	2001년 11월	604.75	49.04
2000년 9월	622.92	42.06	2001년 12월	666.20	45.64

※ 자료 : 증권거래소
당일매매 비중 = (당일매매거래량 합계 / 전체거래량 × 100)

하루에서 5일 정도까지는 포지션을 유지하는 투자자를 말한다.

어느 급에 해당하는 데이 트레이더이든지 이들의 공통점은 하루 종일 컴퓨터 증권단말기만 바라보고 산다는 점이다. 오전장이 열리기 전에 그날 타깃으로 삼을 20~30개 종목을 찍어놓고 시세변동에 따라 일희일비하면서 수시로 주식을 사고파는 게 이들의 일과다. 직장이든 가정이든 PC방이든 장소는 상관없고, 사고파는 결정은 순간

270

적이다. 오후장이 끝나면 그날을 정리하고 내일의 투자정보를 모으는 일이 시작된다.

이들이 아니더라도 증권에 빠진 사람들이 겪는 증상 중의 하나가 이른바 '단타증후군'이다. 잠시도 시세단말기를 보지 않으면 불안하고, 단말기를 보고 있으면 밥먹는 것도 잊어버리지만 막상 단말기에서 멀어지면 식욕마저 사라지는 증상을 말한다.

이런 점에서 1999년 미국 매사추세츠 주정부가 데이 트레이더인 하비코닌과 그가 경영하는 데이 트레이딩 전문 증권사를 상대로 낸 소송은 의미심장하다. 주정부는 기업가치와 상관없는 데이 트레이딩은 도박으로 볼 수 있기 때문에 하비코닌이 불법도박을 방조했다고 주장했다. 하비코닌은 결국 몇만 달러를 내고 매사추세츠 주에서 영업을 하지 않는 것으로 주정부와 합의했다. 우리나라도 2001년 8월부터 데이 트레이딩에 대한 위험을 계좌개설 투자자에게 서면으로 알리고 홈트레이딩 초기화면에도 '주의' 문안을 띄우도록 했다.

데이 트레이딩이 정석투자보다 못하다

데이 트레이딩도 원조는 미국이다. 1980년대 후반에 시작되어, 2000년말 80여 개의 데이 트레이딩 전문회사가 150개의 데이 트레이딩 센터를 운영하고 있다. 데이 트레이더 인구는 500만 명 선. 이들의 주식거래량은 나스닥시장 하루 거래량의 15%에 달한다. 이런 영향으로 1990년 24개월이던 투자자의 평균 주식보유기간도 1999년에는 8개월로 짧아졌다.

전문적인 데이 트레이더라고 해서 항상 성공하는 것은 아니다. 1999년 북미증권관리자협회[NASAA]가 미국의 대표적인 데이 트레이딩 회사인 올텍의 매사추세츠 주 워터타운 지점에 개설된 데이 트레이더 계좌를 조사한 결과, 70%가 손실을 입었으며 이익을 본 계좌는 11.5%에 불과했다. 투자성공률이 10% 남짓인 것이다.

우리나라에서도 데이 트레이더의 수익률은 정석투자자보다 높지 않다는 게 전문가들의 지적이다.

초단타 세계 1위

우리나라의 단타매매는 세계 1위다. 1999년 코스닥시장의 연간 '주식회전율'은 1,108%로 타의 추종을 불허할 정도였다. 코스닥에 등록된 모든 주식의 주인이 1년 동안에 11번 넘게 바뀐 것이다. 이는 2위를 기록한 미국 나스닥시장[352%]보다 세 배 가량 높은 수준이다. 나스닥 다음은 다시 우리나라 증권거래소시장[316%]이었다. 이어 대만 타이베이[297%], 파리[240%], 마드리드[198%] 등의 순이고 미국 뉴욕증권거래소[83%]는 16위였다.

1999년에는 코스닥시장이 폭발적으로 성장하고, 증권거래소시장도 뜨겁게 달아올랐다는 점을 감안하더라도 우리나라의 단타매매 성향은 위험수위라고 할 수 있다. 증권거래소가 1999년 하반기 개인투자자들의 주문만을 대상으로 데이 트레이딩 여부[당일 매매기준]를 조사한 결과 전체 거래 가운데 평균 22.4%가 데이 트레이딩인 것으로 나타났다. 또한 데이 트레이딩 비중이 높을수록 주가도 심하게 출렁거렸다. 데이 트레이딩 비중이 20%를 넘어선 종목의 하루 주가변동률은 평균 9.7%로, 15% 초과~20% 이하 8.6%, 10% 초과~15% 이하 7.8%, 10% 이하 6.8% 등보다 훨씬 높았다.

데이 트레이딩을 하는 데는 개인뿐 아니라 기관투자가들도 빠지지 않는다. 2001년 개인과 기관을 포함한 데이 트레이딩 비율은 46%를 기록했다. 이는 2000년 38.7%보다 7.4%포인트 높아진 것이다.

<시사용어 팁 – 주식회전율>

주식회전율이란 주식의 주인이 얼마나 자주 바뀌는지를 나타내는 지표이다. 일반적으로 주식회전율 하면 거래량회전율을 말한다. 이는 일정기간 동안 거래된 특정종목의 주식 수를 모두 더한 다음 해당종목의 상장주식 수로 나누어 구한다.

예컨대 상장주식 수가 100만 주인 A종목이 지난 1년간 총 470만 주 거래됐다면 이 주식의 연간 거래량회전율은 (470만 / 100만)×100으로 계산해 470%가 된다. 이는 A주식의 주인이 지난 1년간 4.7번이나 바뀌었다는 뜻이다. 보통 대주주 지분이 낮고 주식거래가 활발한 주식일수록 회전율이 높다. 일반인들이 많이 보유하고 있는 은행주와 증권주의 회전율이 높은 것도 이 때문이다. 그러나 회전율이 높다는 것은 단타매매가 극성을 부리고 있다는 뜻도 된다.

시가총액회전율이라는 것도 있다. 이는 일정기간중의 거래대금을 같은 기간 평균 시가총액으로 나눈 비율이다. 개별시장의 주식유통 정도를 파악하는 데는 상장주식회전율이 주로 이용된다. 그러나 국제간의 시장유통 정도를 비교할 때는 나라마다 1주당 가격수준에 차이가 많이 나기 때문에 거래량회전율보다 시가총액회전율을 이용하는게 합리적이다.

4부 한국경제 흐름타기

4부 한국경제 흐름타기

19 88년 모 신문사 필기시험에 '포트폴리오'를 묻는 상식문제가 있었다. 그때 그 말을 몰라 "최근 발견된 바이러스성 신종질병의 하나"라고 답을 썼다. 영어 단어에서 '○○폴리오' 하면 병명을 뜻하는 경우가 많아 '혹시나' 하고 찍어본 것이다. 그 시험에서 떨어졌다. 하지만 '분산투자'를 뜻하는 포트폴리오란 말은 내 머릿속에 확실하게 들어왔다. 그리고 얼마 뒤 다른 신문사의 필기시험을 거쳐 면접을 보는 자리에서 "경제활동인구와 실업률은 어떤 관계냐"는 질문을 받았다. 갑자기 말문이 막혔다. 두 개념에 관계가 있는 게 분명한데, 특히 15세 이상과 관련이 있는데 등등 답이 머리를 맴돌기만 하지 정리가 안 됐다. 그런데 나는 지금도 실업률 내는 방법이 헷갈린다. '실업률'은 확실히 '포트폴리오'보다 복잡한 개념이다.

경상수지도 이와 비슷하다. 무역수지, 국제수지, 자본수지, 소득수지, 서비스수지 등등 무슨 '수지'가 그리도 많은지 짜증이 난다. 마음먹고 개념정리를 해도 나중에는 또 헷갈리곤 한다. 그뿐인가?

GDP, GNP, GDI, GNI 등 국민소득을 측정하는 지표들도 항상 알듯 말듯 하다. 거시경제지표들이 대부분 이와 같다. 그래서 경제가 어려운가 보다. 하지만 경제를 알려면 거시지표를 읽을 수 있어야 한다. 그것은 경제현실을 반영하는 중요한 척도이기 때문이다.

'한국경제 흐름타기'에서는 거시경제지표 가운데 특히 중요하면서도 헷갈리기 쉬운 것들을 골라서 짚어본다. 이와 함께 국가신용도, 외환보유액, 국가채무, 외채 등 나라경제의 건전성과 경쟁력을 따질 때 빼놓을 수 없는 핵심기준들과 이를 통해서 본 우리경제의 현주소를 살펴본다.

41 나라를 뒤흔드는 국가신용도

시사용어 포인트

스탠더드 앤 푸어스 | 무디스 | 피치 | 신용등급 전망지표 | 신용평기회사 역 평가론

세계의 경제심판관

세계 3대 신용평가회사인 '스탠더드 앤 푸어스[S&P]', '무디스', '피치'. IMF 사태를 계기로 우리나라에서 일약 스타가 된 곳들이다. 그 전에는 이들이 한국을 어떻게 평가하든 신경쓰는 사람이 별로 없었다. 그러나 IMF 사태 이후에는 이들의 일거수일투족이 그야말로 나라의 명운을 좌우하는 칼날이 되었다. 지금도 이들 회사의 신용조사원들이 입국하면 나라가 바빠진다. 정부는 조금이라도 더 좋은 평가를 받기 위해 촉각을 곤두세우고, 온갖 배려를 마다하지 않는다.

이유는 간단하다. 이들이 국가신용도를 어떻게 평가하는냐에 따라 세계에서 한국을 바라보는 시각이 달라지기 때문이다. 국제금융

시장에서 받는 대접도 신용등급에 따라 천지차이다. 이들이 국가등급을 낮게 평가하면 정부는 물론 민간 금융기관과 기업들까지 해외에서 홀대를 당하게 된다. 각국의 기관투자가들은 신용평가회사이발표한 신용등급을 투자여부를 결정하는 중요한 잣대로 삼고 있기 때문이다. 재정경제부 분석에 따르면 우리나라는 신용등급이 1등급 오를 때 해외자금 차입금리가 0.35%포인트 정도 하락해 매년 5억 달러 이상의 차입비용을 절감할 수 있다.

나라를 뒤흔드는 신용등급

신용이 없는 사람은 돈을 빌리기 어렵다. 신용이 떨어질수록 돈을 빌릴 때 많은 이자를 부담해야 한다. 신용을 완전히 잃으면 이자가 얼마이든 아무도 돈을 빌려주지 않을 것이고, 이미 빌려준 돈도 빨리 갚으라고 난리를 칠 것이다. 나라도 마찬가지다. 신용을 잃으면 나라 전체가 위기에 처한다.

IMF 사태 때를 보자. S&P는 1995년 4월 4일 한국의 국가신용등급을 위에서 4번째인 AA-로 평가했다. 선진국인 OECD 가입국의 신용등급은 대부분 1~3등급 사이. 한국은 OECD 가입을 앞두고 신용등급에서도 선진국 수준에 거의 다다랐던 것이다. 그러나 여기가 한계점이었다.

동남아 외환위기가 확산되던 1997년 10월 24일, S&P는 한국의 신용등급을 A+(5등급)로 한 단계 더 낮추었다. 그리고 1개월 뒤인 11월 25일에는 두 단계 낮춘 A-(7등급)로 조정했다. 한국이 IMF에 긴급구조를 공식요청한 직후인 12월 10일에는 다시 세 단계 낮은 BBB-(10등급)로 떨어뜨렸다. 여기까지가 이른바 '투자적격' 단계다. 하지만

S&P는 인정사정 없었다. S&P는 다시 열흘쯤 뒤인 12월 22일 한국의 신용등급을 한꺼번에 무려 네 단계나 강등시켰다. 이래서 받은 등급이 B+〔14등급〕.

다른 평가회사들도 예외가 아니었다. 무디스는 S&P에 하루 앞선 12월 21일 한국을 '투자부적격'〔Ba1,11등급〕으로 판정했고, 피치도 12월 23일 같은 판정을 내렸다. 특히 피치가 매긴 등급은 B-〔16등급〕로 투자부적격의 마지막 단계였다. 이 아래부터는 국가부도를 의미하는 지급불능 단계이다. 어렵게 쌓아온 한국의 신용은 단 2개월만에 10등급이 추락하면서 모래성처럼 무너져내렸다.

그로부터 한국이 투자적격 등급을 만회하는 데는 1년 이상이 걸렸다. 3대 평가회사들은 1999년 1월에서 2월 사이 한국의 신용등급을 투자적격의 맨 아래 등급〔10등급〕으로 상향 조정했다. 한국이 여기서부터 시작해 A등급으로 올라서는 데는 다시 3년 이상이 걸렸다. 2002년 3월 무디스는 마침내 한국에 A3등급을 부여했다. 한꺼번에 두 단계를 높인 이례적인 조치였다. 그리고 3개월 뒤 피치가 한국의 신용등급을 BBB+에서 A로 두 단계 올렸고, 다시 1개월 뒤 S&P는 BBB-에서 A-로 한 단계 올렸다. 이로써 한국은 '경제우등생'이 될 수 있는 후보 대열에 다시 설 수 있게 되었다.

복잡한 신용등급

신용평가회사의 신용등급체계는 매우 복잡하다. 등급수만 해도 무디스는 21개, S&P는 22개, 피치는 25개나 된다. 그러나 골격은 투자적격〔1~10등급〕, 투자부적격〔11~16등급〕, 지급불능〔17 등급 이하〕 등 3단계로 똑같다. 이 중 A등급은 투자적격, C등급은 지불불능이

<41-1> 우리나라의 국가신용등급 변화 추이

S&P(22등급)	무디스(21등급)	피치(25등급)	구분	등급간 금리차
AAA	Aaa	AAA	양호 우량	0.1%p 내외
AA+	Aa1	AA+		
AA	Aa2	AA		
AA− '95.5.30	Aa3	AA−		
A+ '97.10.24	A1 '90.4.4	A+ '97.11.18		0.2%p 내외
A	A2	A '97.11.26 2002.6.27		
A− '97.11.25 2002.7.24	A3 '97.11.27 2002.3.28	A−		
BBB+ 2000.11.13	Baa1	BBB+ 2000.3.30	잠재적 불안정	0.5%p 내외
BBB '99.11.11	Baa2 '97.12.10 '99.12.16	BBB '99.6.24		
BBB− '97.12.10 '99.1.25	Baa3 '99.2.12	BBB− '97.12.11 '99.1.19		
BB+ '98.2.17	Ba1 '97.12.21	BB+ '98.2.2	지급불능 가능성 있음	투자부적격 범위에서는 등급간 금리차이가 일정하지 않으며 대체로 1등급 차이에 0.5%p 이상의 조달금리 차이가 발생하는 것으로 보임
BB	Ba2	BB		
BB−	Ba3	BB−		
B+ '97.12.22	B1	B+	지급불능 가능성 높음	
B	B2	B		
B−	B3	B− '97.12.23		
CCC+	Caa1	CCC+	지급 불능	
CCC	Caa2	CCC		
CCC−	Caa3	CCC−		
CC	Ca	CC+		
C	C	CC		
D		CC−		
		C+		
		C		
		C−		

다. B등급은 일부가 투자적격이고, 일부는 투자부적격이다.

신용등급을 매기는 대상도 여러가지다. 흔히 말하는 국가신용등급이란 장기외화채권의 등급을 뜻한다. 이는 국가나 기업이 해외에서 만기 1년 이상의 장기로 채권을 발행할 때 상환능력이 어느 정도이냐를 종합평가한 것이다. 이와 별도로 1년 미만의 채권발행에 대해서는 단기외화채권 등급이 매겨진다. 또한 국책은행인 산업·수출입·기업은행을 비롯 국민·우리·조흥·신한은행 등 주요은행과 한국전력·한국통신·삼성전자·포항제철 등 한국을 대표하는 대기업들도 장단기 채권을 발행할 때 신용등급평가를 받는다.

향후 등급이 변할 수 있다는 사실을 알리는 '전망지표'도 있다. 전망지표는 긍정적〔Positive〕, 안정적〔Stable〕, 부정적〔Negative〕 등 크게 3가지다. '긍정적'이란 아직 신용등급을 올릴 정도는 아니지만 신용상태가 좋아지고 있어 조만간 등급이 상향조정될 수 있다는 뜻이고 '부정적'이란 그 반대다. 예컨대 S&P가 매긴 한국의 신용등급은 1988년 A+에서 7년 뒤인 1995년 AA-로 한 계단 올랐는데 그 사이 평가전망은 등급변화 없이 1994년 6월〔긍정적 → 부정적〕, 11월〔부정적 → 긍정적〕, 1995년 5월〔긍정적 → 안정적〕 등 세 차례나 바뀌었다.

신용평가회사도 평가하자

1998년 4월, 무디스는 일본의 국가신용등급을 최상위인 Aaa에서 Aa1으로 한 단계 낮추고 곧이어 전망지표도 '부정적 감시대상'으로 강등했다. 일본의 경기불황이 장기화되면서 금융기관에 부실이 쌓이고 재정적자도 심해지고 있다는 게 그 이유였다. 그러나 일본은 무디스의 신용평가 자체가 공정하지 못했다면서 우리가 신용평가회사의 능력을 '역평가' 하겠다고 맞섰다. 일본 관리들도 "세계 최대의 채권국인 일본의 상환능력을 의심한다면 말이 안 된다"고 불만을 터뜨렸다. 그해 8월 일본 국제금융정보센터는 실제로 세계 7대 신용평가회사들의 신용평가능력을 역판정하는 작업에 착수했다. 이 센터는 일본 대장성과 일본은행이 지원하고 주요 금융기관들이 자금과 연구원을 파견해 설립한 회사였다.

당시 말레이시아 마하티르 총리도 "신용평가회사들의 평가기준에 투명성이 결여되어 있으며, 이로 인해 이들의 평가활동이 경기회복에 오히려 걸림돌이 된다"며 국제사회에 규제를 촉구하기도 했다.

우리나라도 마찬가지. 1998년 9월, 전국경제인연합회는 〈국제신용평가회사의 평가제도 현황과 문제점〉이란 보고서를 냈다. 전경련은 여기서 "국제 신용평가회사들의 국가신용평가 방식이 자료수집 및 담당인력의 한계와 경험부족, 국제금융환경의 급격한 변화에 대한 대응미흡 등으로 여러 문제점을 노출하고 있다"고 주장했다. 전경련은 1997년 아시아 외환위기 때도 사전에 위기를 예측하지 못했던 평가회사들이 신뢰도에 의문이 제기되자 아시아 각국의 신용등급을 뒤늦게 과잉조정했다고 지적했다. 예컨대 태국 바트화 폭락이 시

〈41-2〉 주요국 국가신용등급 현황

(S&P 2002년 8월말 현재 기준)

구분	S&P 등급	주요국	구분	S&P 등급	주요국
투자 적격 범위	AAA	미국, 싱가포르	투자 부적격 범위	BB+	필리핀
	AA+	호주, 캐나다		BB	인도, 콜롬비아
	AA	대만		BB-	페루
	AA-	일본		B+	러시아, 브라질
	A+	홍콩, 쿠웨이트		B	몽고
	A	그리스		B-	터키, 파키스탄
	A-	이스라엘, 한국		CCC+	에콰도르
	BBB+	폴란드		CCC	–
	BBB	중국, 말레이시아		CCC-	–
	BBB-	태국, 이집트		D	인도네시아

작된 1997년 7월, S&P는 태국에 대한 등급조정이 필요없다고 밝혔다가 8월 13일 태국정부가 IMF에 구제금융을 요청하자 서둘러 등급을 대폭 낮췄다는 것. 전경련은 "S&P의 경우 현재 69개국을 분석, 평가하고 있으나 각국의 개별 사정을 고려하면서 전체적인 일관성을 유지하는 것이 결코 쉽지 않을 것"이라고 지적했다.

재정경제부도 이에 앞서 〈지피지기[知彼知己] 전략〉이라는 보고서를 내고 "신용평가회사의 평가기준은 미국방식"이라며 "우리 국민이 금모으기운동에서 보여준 강한 국민성은 신용평가에 반영되지 않고 있다"고 꼬집었다. 또 "동남아 외환위기는 신용평가등급이 낮아졌다는 보고서가 공개된 이후 시작됐고, 한국의 외환위기도 신용등급 문제였다"며 "신용평가가 필요하지만 신용평가등급의 가치가 과

〈41-3〉 국가신인도 관련 평가지표

평가분야	평가회사	하일드펀드
국가위험도	PERC(홍콩) EIU(영국)	시장규모, 경제활력, 정책지속성, 성장잠재력, 대외지불능력, 환율, 외환정책, 정치·사회적 위험 등
국가신용도	무디스, S&P 피치IBCA	기업·금융기관 및 채권·환율 등에 대한 신뢰성 등
국가경쟁력	WEF, IMD	외국인 투자, 환율, 정부부채 등의 통계자료 및 외국 재계인사에 대한 설문조사
국가부패지수	TI, PERC	뇌물수수 등 부패도에 대한 해당 국내거주 외국인 대상 설문조사
경제자유도	해리티지재단	통상정책, 정부부채, 정부규제, 통화정책 등 10개 요소 50개 변수
인간개발지수	UNDP	평균수명, 교육수준, GDP 등
정치권리자유도	Freedom House	정치적 권리, 시민자유도 등

대평가된 것은 아닌지에 대한 의문이 있다"고 덧붙였다.

이같은 반론은 어느 정도 일리가 있다. 신용평가회사의 위력이 너무 막강해지다 보니 이들이 등급을 낮추면 그 여파로 경제불안이 더 심화되는 부작용도 생겨났다. 신용평가회사들이 문제를 사전에 포착하지 못하고 뒤늦게 평가했을 경우 부작용은 더 증폭될 수 있다. 평가기준이 전적으로 서구식이란 문제도 있다.

그러나 이런 문제는 우리가 통제할 수 있는 게 아니다. 또한 신용평가회사들이 평가대상국의 신용추락을 사전 예보했건, 사후에 반영했건 중요한 것은 신용이 떨어졌다는 사실 그 자체다. 좋은 신용을 유지하고 정확한 신용평가를 받을 수 있도록 노력하는 것은 기본적으로 모두 당사자 책임인 것이다.

42 외채 공포

외채 | 총외채 | 순외채 | 단기외채 | 장기외채 | 디폴트 | 모라토리엄 | 채무재
조정

채권국과 채무국을 가르는 기준

'외채'란 말 그대로 나라 빚이다. 정부와 금융기관과 기업이 외국
에 진 빚을 통틀어 '총외채'라 한다. 총외채에서 대외자산[외국에 꿔
주었거나 투자한 돈]을 뺀 것은 '순외채'다. 외채는 국가의 대외신용
도를 나타내는 중요한 지표다. 특히 순외채는 채권국이냐 채무국이
냐를 가르는 기준이다. 총외채가 많아도 대외자산이 더 많으면 채권
국에 속한다. 갚을 돈보다 받을 돈이 더 많기 때문이다.

외국 금융기관에서 빌린 차관은 대표적인 외채다. 반면 외환보유
액은 대외자산이다. 외채 중 1년 안에 갚아야 하는 것은 '단기외채',
그 이상인 것은 '장기외채'로 분류한다. 단기외채가 많으면 그만큼

당장 갚아야 할 빚이 많다고 할 수 있다.

디폴트(Default)와 모라토리엄(Moratorium)

빚이 많은 가계나 기업이 망하듯 외채가 많은 나라는 망하기 쉽다. 빚더미에 눌린 나라가 더이상 빚을 갚지 못할 지경이 되면 디폴트나 모라토리엄을 선언하게 된다.

디폴트란 외채상환 불능, 모라토리엄이란 외채상환 유예를 뜻한다. 쉽게 말해 '디폴트'는 더이상 빚을 못 갚겠다고 두손을 드는 것이고, '모라토리엄'은 나중에 갚을 테니 조금 봐달라는 것이다. 디폴트는 파산신청, 모라토리엄은 법정관리 신청이라 보면 된다.

디폴트 선언이 나오면 채권국과 채무국 모두 큰 타격을 입게 된다. 채무국은 더이상 돈을 빌릴 수 없고, 수출입 등 대외거래도 할 수 없다. 현찰을 들고 오지 않는 한 아무도 물건을 팔지 않을 것이기 때문이다. 비산유국은 석유도 수입할 수 없게 된다. 결국 거리의 자동차는 모두 서게 되고, 난방도 어려워진다. 경제 전체가 파국으로 치닫게 되는 것이다. 채권국들은 서둘러 채권회수에 나서는 등 난리를 치지만 돈을 받기 어려워진다.

따라서 대외지급이 극도로 어렵게 된 나라들은 디폴트 선언 이전에 국제기구, 채권국, 채권단들과 위기타결을 위한 구제협상에 나서는 게 보통이다. 이때 디폴트를 선언하겠다는 위협 자체가 협상을 유리하게 이끌기 위한 전략이 되기도 한다.

모라토리엄은 다급한 국가파산 위기를 넘기기 위한 고육지책이란 점에서 디폴트와 성격이 다르다. 모라토리엄 선언이 나오면 채권국과 채권단들은 채무국의 사정을 감안해 채무삭감, 이자조정, 만기연장 등 수습책[채무재조정]을 강구하게 된다. 채무국 입장에서는 다행인 셈이다. 하지만 채무국은 채권국들이 요구하는 각종 정책권고사항을 이행해야 하는 부담도 떠안게 된다.

모라토리엄은 1982년 멕시코가 최초로 선언했다. 이후 필리핀[1983], 브라질[1987], 베네수엘라[1983, 1988], 러시아[1997] 등이 선언했다. 우리나라도 1997년말 더이상 외채를 갚기 어려운 상황에 몰렸다. 그러나 디폴트나 모라토리엄을 공식 선언하지는 않았다. 대신 IMF에 구제금융을 신청하고, 해외채권단들과 '채무재조정'을 하는 선에서 국가부도 위기를 가까스로 넘겼다.

외채망국론과 IMF 사태

IMF 사태가 터지기 직전인 1997년 9월 우리나라 총외채는 1,805억 달러, 순외채는 672억 달러로 모두 사상 최대였다. 우리나라 총외채는 1980년 272억 달러에서 1990년 317억 달러로 서서히 늘어나다가 1994년부터 급증해 그해 말 969억 달러를 기록했고, 다음해에는 1,000억 달러를 넘었다. 순외채는 1980년 196억 달러에서 1989년 30억 달러로 크게 줄었다가 다시 급증했다. 외환거래규제가 풀리자 기업과 금융기관들이 앞다투어 해외에서 돈을 차입했던 것이다. 일부에서 외채망국론을 제기하면서 경고했지만 심각하게 여기는 사람이 많지 않았다.

외채가 얼마나 무서운 것인지는 IMF 사태를 겪으면서 모두가 실감했다. 우리나라는 IMF 사태 이후 대외자산인 외환보유액을 열심히 쌓고 단기외채를 갚아 순외채를 대폭 줄였다. 1999년 9월에는 순외채가 플러스로 돌아서면서 순채권국으로 돌아섰다.

<42-1> 외채동향

(단위 : 억 달러, %)

구분	1997년말	1998년말	1999년말	2000년말	2001년말	2002년 6월말
총외채	1,592	1,487	1,371	1,317	1,177	1,258
장기외채	957	1,180	978	838	785	781
단기외채	636	307	392	479	391	477
총대외채권	1,052	1,285	1,454	1,647	1,628	1,714
순채권	△541	△202	83	331	452	455
총외채/GDP[1](추정)	33.4	46.3	33.7	28.8	27.9	29.0
단기외채/외환보유액[2]	716.6	63.3	53.0	49.8	38.1	42.4
유동외채/외환보유액[3]	924.0	138.1	75.7	65.3	51.8	53.9
외환보유액	89	485	740	962	1,028	1,124

※ 자료 : 재정경제부
  유동외채 = 단기외채 + 1년 이내 만기도래 장기외채
  1) 외채문제 없는 국가(30% 미만), 경채무국(30~50%), 중채무국(50% 초과)
  2) 안정수준(60% 미만), 경계수준(60~100%), 위험수준(100% 초과)
  3) 안정수준(100% 미만), 경계수준(100~200%), 위험수준(200% 초과)

　2002년 6월말 우리나라는 총외채 1,258억 달러, 대외채권 1,714억 달러로 455억 달러의 순채권을 확보하고 있다. 국내총생산[GDP] 대비 총외채비율은 29.0%로 이는 세계은행이 외채문제가 없는 국가로 보는 범주[30% 미만] 안에 드는 것이다. 세계은행은 GDP 대비 총외채비율이 30~50% 미만이면 '경계수준', 50%를 넘으면 '중채무국'으로 규정하고 있다.

　그러나 우리나라는 총외채의 절대규모가 크고, 이 중 1년 안에 갚아야 하는 단기외채[477억 달러]가 많아 아직 안심할 수 있는 단계가 아니다.

43 외환보유액, 얼마나 쌓아야 하나

시사용어 포인트

외환보유액 | 가용 외환보유액 | 유동성 트란셰 | 적정 외환보유액 | 기도티
모델 | 아시아통화기금(AMF) | 통화스왑

외환보유액와 가용 외환보유액

'외환보유액'이란 한 나라의 정부나 중앙은행이 갖고 있는 외화
와 외화자산을 말한다. 외환보유고라고도 하지만 일본식 표기여서
요즘에는 외환보유액으로 통일해 쓰고 있다. 쓰는 거보다 버는 게 많
은 나라는 이 외환보유액이 넉넉하게 마련이다. 반면 씀씀이가 헤퍼
적자가 나는 나라는 외환보유액이 바닥나고 외채가 자꾸 쌓이게 된
다. 이런 나라는 경제불안이 조금만 가중되어도 부도를 내기 십상이
다. 이미 빌린 외채는 갚으라고 난리인데 외환보유액은 없고 더이상
외채도 빌릴 수 없다면 남는 것은 '국가부도' 뿐이다. 우리나라도
1997년말 이런 상황에 몰려 IMF에 구제금융을 신청했다.

외환보유액이라고 해서 중앙은행 금고에 달러 뭉치로 쌓아놓고 있는 것은 아니다. 우리나라는 외환보유액 대부분을 선진국, 특히 미국의 국채〔재무부증권 : TB〕에 투자해 놓고 있다. 미 국채는 언제든지 처분해 현금화할 수 있다. 안전성도 세계 최고다. 하지만 이자는 짜다. 필요할 때 신속하게 경제방위에 써야 하는 외환보유액을 환금성과 안전성을 무시한 채 수익성 위주로만 굴릴 수는 없는 노릇이다.

이처럼 필요할 때 바로 찾아 쓸 수 있는 외환보유액을 IMF 사태 이전에는 '가용 외환보유액' 이라고 따로 분류했다. 가용 외환보유액는 외환위기에 직접 대처할 수 있는 '실탄' 이다. 외환보유액이 많아도 당장 쓸 수 없게 묶여 있다면 의미가 없다. 예컨대 한국은행이 국내은행의 해외점포에 맡겨놓은 달러는 생각과 달리 아무때나 쉽게 찾아 쓸 수가 없다. 막상 외환위기가 닥쳐 찾으려 할 때는 은행 자체가 달러부족 사태에 빠져 함부로 돈을 빼낼 수가 없게 되는 것이다. IMF 사태 때 우리나라는 실제로 이같은 낭패를 경험했다. 이에 따라 IMF 사태 이후 한국은행은 외화예탁금 등을 아예 외환보유액 통계에

〈43-1〉 외환보유액 추이

연도	외환보유액	연도	외환보유액
1995년말	327.1억 달러	1999년말	740.6억 달러
1996년말	332.4억 달러	2000년말	962.0억 달러
1997년 12월 18일	39.4억 달러	2001년말	1028.2억 달러
1997년말	204.1억 달러	2002년 7월말	1,155.0억 달러
1998년말	520.4억 달러		

※ 자료 : 한국은행

서 뺐다. 따라서 지금 사용하는 외환보유액 개념은 IMF 사태 이전에 사용하던 가용 외환보유액과 같은 것이다.

필요할 때 찾기 힘든 돈을 뺀 외환보유액이라도 언제든지 바로 꺼내 쓸 수 있는 돈과 꺼내 쓰는 데 시간이 조금 걸리는 돈이 있을 수 있다. 이 중 유사시 즉시 현금화가 가능하도록 관리하고 있는 돈을 '유동성 트란셰〔Liquidity Tranche〕'라고 한다. 유동성 트란셰는 각 나라마다 철저한 비밀주의를 유지하고 있어 정확한 규모를 알 수 없다.

외환보유액은 국가적 비상금

외환보유액은 '국가적 비상금'과 같다. 정부는 물론 기업이나 금융기관 등이 해외에 갚아야 할 돈을 갚지 못하는 상황이 벌어졌을 때 외환보유액은 마지막 해결사가 된다. 1997년 가을, 우리나라는 주로 종합금융회사들이 해외에서 단기로 빌린 외화차입금을 갚지 못해 부도위기에 몰렸다. 이때 외환보유액이 충분했다면 IMF 사태는 벌어지지 않았을 것이다.

외환보유액은 자국의 통화가치를 안정적으로 방어하는 데도 긴요한 역할을 한다. 환투기를 노리는 핫머니가 기습적으로 원화를 대량 매각하고 달러를 사들였다고 하자. 그러면 원화 값은 갑자기 큰 폭으로 떨어져 수출 등 대외거래에서 큰 타격을 입게 된다. 핫머니의 공략을 예상치 못했던 원화 보유자들도 손해가 크다. 이럴 때 외환보유액이 충분하다면 시중에 달러를 풍부하게 풀어 환율안정을 기할 수 있다.

없어도 문제, 너무 많아도 문제

외환보유액은 경제안보를 위한 방위비에 해당한다. 어느 나라나 방위비가 아까워 경제방위를 포기할 수는 없다. 그러나 경제방위만 생각하고 무한정 외환보유액을 늘리는 것도 좋은 방법이 아니다.

그렇다면 적당한 외환보유액은 얼마만큼일까. IMF는 일단 3개월분의 수입액〔경상지급액〕 정도를 최소한의 적정선으로 간주하고 있다. 1997년 우리나라의 월평균 수입액은 120억 달러. 따라서 IMF 권고치를 적용한 당시의 적정 외환보유액은 360억 달러다. 그러나 1997년 우리나라 가용 외환보유액은 연초 271억 달러에 불과했고 그나마 계속 줄어 IMF 구제금융을 받기 직전인 12월 18일에는 사실상 고갈 상태였다. 이때 가용 외환보유액은 39억 달러.

우리나라는 IMF 사태의 고통을 겪으면서 외환보유액이 얼마나 중요한지 실감했다. 외환보유액을 열심히 쌓기 시작한 것도 이때부터다. 다행히 수입이 줄고 수출이 늘면서 외환보유액의 재원인 달러를

〈43-2〉 외환보유액 구성내역

(단위 : 백만 달러)

구분	1999년말	2000년말	2001년말	2002년 7월말
외환보유액	74,055	96,198	102,821	115,495
유가증권	66,010	90,545	92,685	95,622
예치금	7,691	5,310	9,803	19,369
IMF포지션	286	272	262	429
SDR	0.7	4	3	5
금	67	68	68	69

※ 자료 : 한국은행

많이 벌어들일 수 있었다. 그 결과 외환보유액은 1998년말 485억 1,000만 달러, 1999년말 740억5,000만 달러, 2000년말 962억 달러로 급증했다. 2001년 9월말에는 1,000억8,000만 달러로 1,000억 달러를 넘었다. 2002년 7월말 외환보유액은 1,155억 달러. 이는 일본, 중국, 대만에 이어 세계 4위에 해당한다. 외환보유액 세계랭킹 '톱4'가 모두 아시아 국가인 셈이다.

그래도 놀란 가슴에 달러를 계속해서 쌓아야 한다고 생각하는 사람이 아직은 더 많다. 하지만 이쯤에서 달러를 그만 쌓자는 견해도 만만치 않다. 달러를 자꾸 쓸어모아 미국 국채 같은 저수익 자산에 묶어놓는 것은 국가적으로 낭비라는 것이다. 돈은 굴려야 이익이 나고 그래야 경제도 같이 구르게 된다. 외환보유액를 많이 쌓을수록 그 돈을 다른 곳에 더 유용하게 쓰지 못하는 기회비용도 같이 불어나게 된다.

사실 '적정 외환보유액'에 대한 정답은 없다. 나라마다 사정이 다르기 때문이다. 미국처럼 자국 돈인 달러가 세계의 중심통화인 나라

〈43-3〉 외환보유액 세계순위

순위	국가명	외환보유액	순위	국가명	외환보유액
1위	일본	4,462억 달러	6위	독일	864억 달러
2위	중국	2,428억 달러	7위	싱가포르	804억 달러
3위	대만	1,482억 달러	8위	미국	748억 달러
4위	한국	1,155억 달러	9위	프랑스	607억 달러
5위	홍콩	1,124억 달러	10위	인도	580억 달러

※ 2002년 6월말 현재 기준, 한국은 7월말 현재 기준

와 우리나라를 동등비교할 수는 없다. 극단적으로 말해 미국은 달러가 부족할 때 달러를 새로 찍어낼 수 있다. 우리는 경제의 대외의존도가 매우 높고 외채도 많지만 달러를 찍어낼 권한은 없다.

따라서 우리나라의 외환보유액은 국제적인 권고기준보다 많을 필요가 있다. 적정 외환보유액을 추정하는 방법 중 가장 보수적인 것 중의 하나가 이른바 '기도티 모델'이다. 기도티[Guidotti]는 외부충격을 최소화하기 위해서는 외환보유액이 '단기외채 + 외국인 주식투자자금의 3분의1 + 3개월치 수입액'보다 많아야 한다고 지적했다. 이 정도 달러는 유사시 단기간에 빠져나갈 수 있기 때문에 외환보유액도 이 이상은 되어야 한다는 뜻이다. 이 기준에 따를 경우 우리나라의 적정 외환보유액은 950억 달러 정도가 된다.

우리나라 외환보유액이 1,000억 달러를 넘으면서 외환보유액을 좀더 잘 굴려보자는 '수익성 논쟁'이 본격적으로 불거진 것도 이때문이다. 2001년 8월, 진념 당시 부총리 겸 재정경제부장관은 보유외환의 수익성을 높이는 방안을 검토해 보겠다는 뜻을 처음으로 밝혔다. 싱가포르의 경우 보유외환 가운데 일정부분을 투자용으로 배정해 해외투자공사[GIC]에 운용을 맡기고 있다. 이런 방법이 아니더라도 국제적인 투자운용사에 적정선을 넘어선 보유외환의 운용을 위탁할 수도 있다. 그러나 외환보유액을 실제로 운용하고 있는 한국은행은 재경부보다 입장이 훨씬 보수적이어서 아직 뚜렷한 결론이 나오지 않고 있다.

아시아통화기금(AMF) 설립 논란과 아세안 + 3 통화스왑

미국이 주도하는 국제통화기금[IMF]과 같은 통화안정기구를 아시아에서 별도로 만들자는 논의도 적정 외환보유액 논란과 깊은 관계가 있다. 예컨대 세계 제2의 경제대국인 일본과 통화위기를 겪은 아시아 역내 국가들이 뭉쳐 '아시아통화기금[AMF]'을 만들면 외환보유액을 끝없이 쌓아야 하는 부담을 크게 줄일 수 있다. 아시아 회원국 중 한 곳에서 외환위기가 불거지면 AMF에서 확보한 달러 기금으로 긴급진화에 나설 수 있는 것이다. 이렇게 되면 각 나라마다 개별적으로 엄청난 외환보유액을 쌓지 않아도 안심할 수가 있다. 그러나 이 문제는 세계 자본주의 질서를 끌고 가는 미국의 반대 등 정치외교적인 문제와 복잡하게 얽혀 있어 쉽게 결론이 나지 않은 채 답보상태에 있다.

대신 아시아 국가들끼리 유사시 외환보유액을 빌려주는 '통화스왑'은 활발하게 추진되고 있다. 우리나라는 일본과 70억 달러의 통

〈43-4〉 아세안＋3(한·중·일)간 통화스왑 계약현황

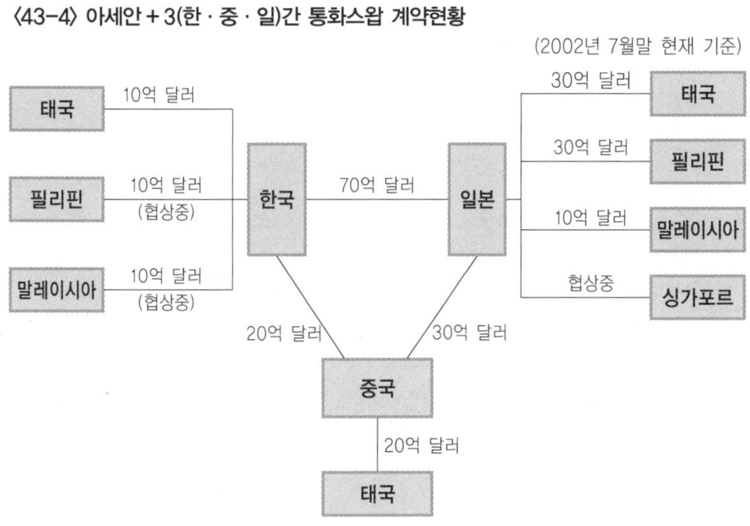

화스왑 계약을 맺었고, 중국·태국 등과도 스왑계약을 체결했다. 일본도 중국, 말레이시아, 태국, 필리핀 등과 스왑계약을 맺었거나 추진중이다. 이른바 아세안[동남아국가연합] + 3[한국·중국·일본]간에 달러 방위를 위한 연합전선이 구축되고 있는 것이다. 이같은 지역연대는 아직 미약한 수준이다. 하지만 이것이 발전하면 유럽 단일통화인 유로화처럼 아시아 역내 단일통화를 창출해 내는 기반이 될 수도 있다.

44 아들·딸에게 물리는 빚
－국가채무와 재정적자

시사용어 포인트

국가채무 | 재정적자 | 균형재정 | 통합재정수지 | 재정의 경기조절 효과

국가채무와 카드 빚

일반 가계나 나라살림이나 마찬가지다. 어떤 이유에서건 나라살림〔재정〕을 꾸려가다 돈이 모자라면〔재정적자〕 빚〔국채발행이나 해외차입〕으로 메워야 한다. 이 빚〔국가채무〕은 결국 우리 후손이 세금을 더 내서 갚아야 한다. 재정적자를 내고 국가채무를 늘리는 것은 아들·딸 등 미래세대의 재산을 우리가 미리 끌어다 쓰는 것과 같다. 이 때문에 재정적자와 국가채무를 카드 빚에 비유하기도 한다. 우선 빼쓰기 편하니까 여기저기서 빌려쓰는 요령을 피우다가 마침내 뒷감당을 못하게 된다는 것이다.

눈덩이처럼 불어난 국가채무

'국가채무' 란 정부가 재정적자를 메우기 위해 국내외에서 빌려 생긴 빚이다. 국제통화기금〔IMF〕이 정한 기준에 따르면 국가채무는 순수 국채와 차입금으로 나뉜다. 따라서 예금보험공사나 자산관리공사 같은 공공기관이 금융구조조정을 위해 발행하는 채권 등에 정부가 보증을 서준 경우는 국가채무에 포함되지 않는다. 다만 구조조정이 끝난 뒤 예금보험공사나 자산관리공사가 투자한 돈을 회수하지 못할 경우 정부에서 부족분을 물어줘야 하기 때문에 국가채무가 늘어나는 요인이 될 수 있다.

우리나라 국가채무는 1997년말 IMF 사태 이후 급격히 불어났다. 1996년말 국가채무는 49조7,700억원. 그러나 1997년말에는 65조5,700억원, 1998년말에는 87조6,600억원으로 늘었고 1999년말에는 98조6,000억원을 기록했다. 국가채무가 3년 만에 2배 이상 늘어난 것이다. 2001년말 현재 국가채무는 122조1,000억원에 이른다. 이에 따라

〈44-1〉 국가채무와 지급이자 추이

구분	국가채무	국가채무 지급이자	1인당 채무액
1996년말	49조7,700억원 (11.9%)	2조2,400억원	109만원
1997년말	65조5,700억원 (14.4%)	2조2,600억원	143만원
1998년말	87조6,600억원 (19.5%)	4조3,500억원	189만원
1999년말	98조6,000억원 (20.4%)	5조8,800억원	239만원
2000년말	111조3,000억원 (21.3%)	7조5,000억원	253만원
2001년말	122조1,000억원 (22.4%)	8조4,000억원	262만원(추정치)

※ 자료 : 기획예산처
　( )안은 GDP대비 국가채무 비율

정부가 매년 지급하는 이자도 1997년 2조2,600억원에서 1998년 4조
3,500억원, 1999년 5조8,800억원, 2000년 7조5,000억원, 2001년 8조
4,000억원으로 기하급수적으로 늘어났다. 또한 국가채무를 국민수로
나눈 1인당 국가채무액도 1996년말 109만원에서 2001년말에는 262
만원으로 불어났다. 지금 국가채무를 모두 갚으려면 전국민이 1인당
262만원씩, 4인 가족이 1,048만원씩을 내야 하는 것이다.

2001년말 국가채무[122조1,000억원]는 국내총생산의 22.4% 수준으
로 외환위기 직전인 1996년[11.9%]의 2배다. 여기에 IMF가 국가채
무로 분류하지 않는 보증채무를 합할 경우 비중은 42.0%로 훨씬 커
진다. 보증채무 규모가 무려 106조8,000억원이나 되기 때문이다.

적자재정 시대

IMF 사태 이후 국가채무가 눈덩이처럼 불어난 데는 불가피한 측
면이 있었다. 기업부도가 속출하고 거리에 실업자가 넘쳐나는 긴급
상황을 맞아 무턱대고 '균형재정' 기조만 고수할 수가 없었던 것이
다. IMF도 1997년말 한국에 구제금융을 제공하면서 실업자 구제와
경기부양, 금융구조조정 등을 위해 적자재정이 불가피하다고 판단했
다.

이에 따라 우리나라는 1998년부터 본격적으로 세입보다 세출이
많은 적자재정 예산을 짜기 시작했다. 재정 씀씀이를 크게 늘리고,
부족분을 메우기 위해 국채를 대거 발행하기로 한 것이다. 1998년 우
리나라 재정수지[통합재정수지]는 18조8,000억원[GNP 대비 4.2%]의
적자를 기록했다. 그리고 다음해에는 13조1,000억원[2.7%]의 적자를
냈다. 2000년과 2001년에도 세입보다 세출이 많은 적자 예산을 짰으

구분	1999년	2000년	2001년
구조조정채권	63.4조원	68.2조원	97.4조원
공공차관보증	3.3조원	3.8조원	3.4조원
기타	14.8조원	2.6조원	6.0조원
계 (대GDP 비율)	81.5조원 (16.9%)	74.6조원 (14.3%)	106.8조원 (19.6%)

※ 자료 : 재정경제부
　　구조조정채권은 예금보험기금 채권과 부실채권정리기금 채권. 기타는 항공기 사고보증,
　　대러시아 경협차관, 농협비료계정 등

나 생각보다 세금이 많이 걷히면서 재정수지가 흑자[2000년 6조5,000억원, 2001년 7조3,000억원]로 돌아섰다.

나라를 위해 요긴하게 써야 할 재정자금을 빚과 이자를 갚는 데 소진하면서 허덕여야 한다면 정말 심각한 문제다. 정부는 이런 악순환에서 벗어나기 위해 2003년부터 균형재정 기조를 회복하고, 2004년부터 국가채무를 본격적으로 갚아나가기로 했다. 이런 약속이 공염불이 되지 않으려면 예산을 최대한 절약하고, 남은 예산은 가장 먼저 국가채무를 갚는 데 쓰는 각고의 노력이 필요하다. 또한 재정의 원천인 세금을 내는 국민들도 정부가 예산을 제대로 쓰는지, 불필요한 곳에 낭비하는 일은 없는지 감시를 강화해야 한다.

균형재정 원칙과 재정의 기능

재정적자는 일단 시작되면 극복하기 쉽지 않다는 점에서 매우 위험하다. 국가채무가 불어나면 이자부담도 갈수록 무거워지게 된다.

결국 재정적자 때문에 국가채무가 늘고, 늘어난 국가채무 때문에 다시 재정적자가 늘어나는 식이 되기 쉽다. 실제로 미국, 일본, 영국 등 많은 선진국들이 이같은 문제를 경험했다. 미국의 경우 1969년에 시작된 재정적자가 30년이 지난 1998년에 가서야 균형을 회복했다. 특히 1980년대 미국의 대규모 재정적자는 세계적 두통거리였다. 일본은 지난 1970년 재정적자가 시작된 이래 현재까지 적자상태를 벗어나지 못하고 있다.

정부가 세입과 세출이 맞아떨어지는 '균형재정'을 건전재정의 기본원칙으로 삼고 있는 이유도 여기에 있다. 하지만 균형재정이 그리 쉬운 일은 아니다. 정부나 정치인이나 지금 재정을 팍팍 풀어 선심을 쓰면 나중이야 어찌됐든 인기를 모을 수 있다. 정부가 이런 유혹과 관련없이 정책적 차원에서 재정적자를 감수하는 경우도 있다. 불경기가 심해 경제가 어려울 때 정부에서 재정자금을 넉넉하게 푸는 경우가 이에 해당한다. 2001년 정부가 심각한 불황을 극복하기 위해 재정지출을 과감히 늘린 것도 같은 맥락에서 이해할 수 있다. 정부가 각종 공공개발사업을 발굴해 재정을 집중투입하면 실업자가 줄고 시중에 돈도 돌아 경기가 풀릴 가능성이 높다. 반면 경기가 과열되었을 때는 재정긴축을 통해 열기를 식힐 수도 있다. 이른바 재정의 '경기조절 효과'다.

우리나라는 1997년까지 균형재정 기조를 유지하는 '재정 우등생'이었

〈44-3〉 통합재정수지 추이

연도	재정추이
1996년	+1.1조원
1997년	-6.9조원
1998년	-18.7조원
1999년	-13.1조원
2000년	+6.5조원
2001년	+7.3조원

※ 자료 : 재정경제부

다. 특히 재정의 핵심인 일반회계에서만큼은 '세입범위 내 세출'이라는 균형재정의 원칙을 확고히 고수했다. 1960년대부터 정부 주도의 과감한 경제개발계획을 추진한 나라로서 수십년 동안 건전 균형재정의 원칙을 지킨 점은 높이 평가할 만하다.

우리나라 통합재정수지는 1962년 GNP〔국민총생산〕대비 마이너스 11.2%에서 1970년 마이너스 1.8%로 떨어졌고, 이후 등락이 있지만 대체로 ±1% 안팎의 균형수준을 지켜왔다. '통합재정수지'란 일반회계와 특별회계는 물론 재정에서 부담하는 각종 기금까지 총괄한 세입·세출 수지를 말한다.

45 경상수지 흑자를 위하여

시사용어 포인트

국제수지 | 경상수지 | 무역수지 | 상품수지 | 서비스수지 | 소득수지 | 경상이
전수지 | 무역의존도 | 3저 호황

경상수지는 한 나라의 가계부

버는 것보다 쓰는 게 많은 사람은 빚이 많다. 이런 집은 가계수지
가 항상 적자다. 나라도 똑같다. 해외에서 버는 것은 쥐꼬리만한데
물쓰듯 펑펑 돈을 쓰면 적자가 나게 되어 있다. 적자가 나면 다른 나
라에서 돈을 꾸어다 메워야 한다. 그래도 적자가 계속되면 빚은 자꾸
늘어나고, 갚기는 더욱 어려워진다. 빚이 많은 가계나 기업이 파산하
듯 외채가 많은 나라는 망하기 십상이다.

경상수지 흑자가 중요한 것도 이 때문이다. '경상수지'란 한 나라
의 대외거래실적을 정리한 성적표다. 경상수지는 '국가의 가계부'인
셈이다. 경상수지는 무역수지〔상품수지〕, 서비스수지, 소득수지, 경

상이전수지 등 크게 네 가지로 구성된다. '무역의존도'〔수출·수입액을 국민소득 또는 GDP로 나눈 비율〕가 높은 우리나라에서 경상수지 중 가장 중요한 것은 무역수지이고 다음은 서비스수지다.

'무역수지'란 수출과 수입의 차이다. '상품수지'라고도 한다. '서비스수지'는 여행경비, 운임·보험료, 로열티〔특허권 사용료〕, 컨설팅료 등으로 해외에 지급했거나 해외에서 번 돈의 차이다. 사치성 해외여행이 붐을 이루고 무분별한 기술도입이 많으면 서비스수지는 악화된다. '소득수지'는 해외에서 벌어들인 임금, 투자배당금, 이자 등의 수입과 같은 명목으로 해외에 지급한 돈의 차이다. 외채가 많은 우리나라는 거액의 대외 지급이자 때문에 소득수지가 적자를 면치 못하고 있다. 그러나 1970년대 중동 붐을 타고 건설근로자들이 중동에서 많은 돈을 벌었을 때는 소득수지가 호전되었다. '경상이전수지'는 대가없이 해외에서 받은 돈과 해외에 준 돈의 차이다. 무상원조를 받거나 IMF 사태 때처럼 해외교포들의 송금지원이 늘어나면 경상이전

〈45-1〉 국제수지의 구성

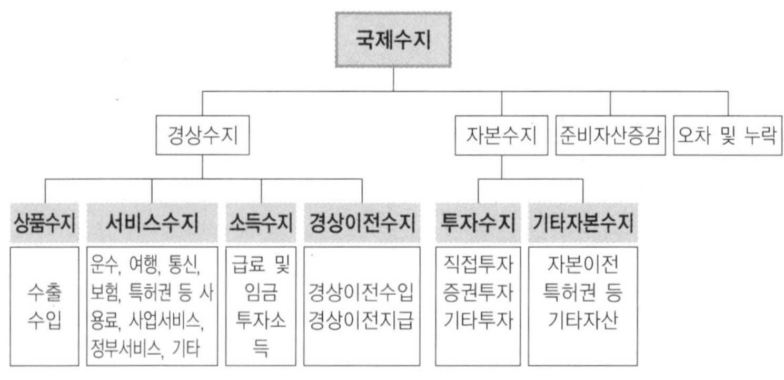

※ 자료 : 한국은행

수지는 흑자가 난다.

'국제수지'란 것도 있다. 국제수지는 경상수지에다 자본수지를 더한 것이다. 따라서 국제수지는 경상수지보다 큰 개념이다. 하지만 흔히 경상수지와 같은 의미로 혼용해서 쓰기도 한다. 자본수지는 해외에서 직접투자나 증권투자용으로 들어온 돈과 같은 명목으로 국내에서 해외로 나간 돈의 차이다. 외국인이 국내기업에 지분투자를 하거나 증권투자를 하려고 달러를 많이 가지고 들어오면 자본수지가 흑자가 된다. 반대로 외채상환[단, 외채이자 지급은 소득수지에 반영된다]이나 해외투자 등이 이보다 많으면 자본수지는 적자가 된다.

경상수지 흑자를 위하여

우리나라는 만성적인 경상수지 적자국이었다. 사람 외에는 이렇다 할 자원이 없는 나라에서 경제를 발전시키려다 보니 해외에 팔 것은 없어도 해외에서 살 것은 너무 많았던 것이다. 특히 우리나라는 원유, 원면, 천연고무, 철강석 등 주요 원자재를 거의 전량 해외에서 수입한다. 또한 자본재산업과 소재 · 부품산업이 취약해 수출을 늘리면 수입도 따라서 늘어난다. 한국은행 분석에 따르면 1999년 기계설비투자액의 56.0%가 수입품으로 채워졌다. 또한 수출 1억 달러당 3,000만 달러어치를 소재 · 부품용으로 수입했다.

이같은 구조로 인해 수출을 통한 경제개발이 본격화된 1962년부터 IMF 사태가 터진 1997년까지 36년 동안 경상수지가 흑자를 낸 적은 1965년, 1977년, 1986~1989년, 1993년 등 단 7년간에 불과했다. 특히 경상수지의 핵심인 무역수지가 흑자를 낸 적은 1986~1989년과 1993년 등 5년간이다. 1986~1989년 경상수지가 연속흑자를 낸 것은

<45-2> 경상수지 · 무역수지 동향

(단위 : 억 달러)

연도	경상수지	무역수지	연도	경상수지	무역수지
1990년	-20.0	-24.5	1996년	-230.0	-150.0
1991년	-83.2	-68.0	1997년	-81.7	-31.8
1992년	-39.4	-17.5	1998년	403.6	416.3
1993년	9.9	23.2	1999년	244.8	283.7
1994년	-38.7	-28.6	2000년	122.4	168.7
1995년	-85.1	-44.4	2001년	86.2	133.9

※ 자료 : 한국은행

정말 기록적이었다. 당시에는 이른바 '3저 호황'〔낮은 국제금리, 저유가, 엔고에 따른 원화가치 하락〕이라는 절묘한 호재가 있었다.

우리나라는 IMF 사태 이후인 1998년부터 다시 흑자를 내고 있다. 이렇게 된 데는 IMF 사태를 극복하기 위해 전국민이 수출증대에 혼신의 힘을 기울이고, 사치성 해외여행 등을 자제한 덕이 크다. 그러나 이보다 더 결정적인 이유는 국내경기의 극심한 불황과 더불어 원화가치의 폭락〔달러 강세〕여파로 수입이 급격히 줄었기 때문이다. 1998년 수출은 1,321억 달러로 1997년보다 65억 달러가 줄었다. 반면 수입은 905억 달러로 무려 513억 달러가 줄었다. 덕분에 무역수지와 경상수지 흑자는 각각 사상 최대인 426억 달러와 404억 달러에 달했다. 1998년에는 서비스수지도 6억3,000만 달러 흑자로 돌아서 경상수지 흑자를 늘리는 데 기여했다. 서비스수지가 흑자를 내기는 1989년 이후 10년 만에 처음이었다.

그러나 1999년부터 경상수지 흑자기조는 다시 흔들리고 있다. 1999년 경상수지 흑자는 245억 달러로 대폭 줄어들었다. 2000년에는 다시 110억 달러로 반토막이 났고, 2001년에는 86억2,000만 달러로 또 줄었다.

물론 경상수지 흑자가 많다고 무조건 좋은 것은 아니다. 경상수지 흑자가 많을 경우 해외로부터 견제가 강해지면서 무역분쟁이 불거지고, 지나치게 많은 달러의 유입으로 원화가 과도한 절하압력을 받게 된다. 하지만 우리나라는 해외에 갚아야 할 빚이 아직도 많다. 또한 투기적인 외국자본의 급격한 유출에 대비하기 위해 외환보유액도 많이 쌓아야 하기 때문에 적정 수준의 흑자기조를 유지하는 데 항상 노력해야 한다.

그러려면 무엇보다 자본재산업과 부품·소재산업을 골고루 발전시켜 수출을 위해 수입부터 해야 하는 취약한 수출입구조를 개선해야 한다. 이와 함께 모든 국민이 불요불급한 사치성 소비재 수입과

〈45-3〉 주요국의 무역의존도 추이

(단위 : %)

구분	1990년	1995년	1996년	1997년	1998년	1999년	2000년
세계	–	32.8	35.6	36.6	36.2	36.0	38.0
한국	53.4	53.2	53.9	58.9	71.0	64.9	72.8
미국	15.7	18.3	18.5	19.1	18.6	18.9	20.5
일본	17.6	15.2	16.5	18.1	17.7	16.8	18.1
독일	50.3	40.2	41.3	55.3	47.2	48.2	55.9
프랑스	37.3	36.4	30.6	40.0	41.2	41.2	46.8
중국	30.1	36.7	35.3	36.0	33.4	36.4	41.6
대만	76.1	81.2	78.1	81.5	80.1	80.5	91.7
말레이시아	133.4	170.7	155.4	157.5	181.6	189.7	204.5

※ 자료 : 국제통계연감(통계청), IFS, WEFA, 각국 발표자료
　무역의존도 = (수출 + 수입액) / 국민소득(또는 GDP)

무분별한 해외여행을 자제해야 한다. 에너지의 97%를 수입하는 만큼 에너지 절약도 생활화해야 한다. 전국민이 에너지 소비를 10%만 줄이면 일년에 무려 20억 달러의 외화를 절약할 수 있다.

46 국민소득 희비

국민총소득(GNI) | 1인당 국민소득 | 적정 환율

1인당 국민소득 1만 달러의 환상

1995년 우리나라는 1인당 국민소득이 1만 달러를 넘었다. 그리고 다음해인 1996년 '선진국 클럽'이라는 OECD〔경제협력개발기구〕에 가입했다. 당시 YS정부는 이 두 가지 사건을 역사적인 위업으로 내세웠다.

그러나 다시 1년 뒤인 1997년 이 모두가 순식간에 물거품이 됐다. 이제 선진국이 되었다는 환상은 IMF 사태와 함께 무너졌다. 1인당 국민소득 1만 달러 시대는 3년 만에 막을 내리고, 1998년에는 6,800달러 선으로 줄어들었다. 아무리 경제위기가 닥쳤다고 어떻게 1만 달러를 넘던 국민소득이 순식간에 반토막이 나게 됐을까?

‘1인당 국민소득’ 은 ‘국민총소득〔GNI : Gross National Income〕’ 을 국민수로 나눈 것이다. 즉 국민 한 사람이 1년 동안 얼마를 버는지를 나타낸다. 잘사는 나라일수록 1인당 국민소득도 높다. 그러나 1인당 국민소득이 높다고 반드시 잘사는 나라는 아니다.

우선 물가가 비싸면 소득이 많아도 실속이 없다. 그만큼 구매력이 떨어지기 때문이다. 환율도 정확하지 않으면 곤란하다. 국민소득은 달러로 표시된다. 따라서 적정 환율이 적용되지 않은 달러소득은 엉터리다. 예컨대 한 사람이 1년에 1,000만원을 벌었다고 하자. 만약 환율이 달러당 500원이라면 이 사람은 2만 달러를 번 셈이다. 그러나 환율이 달러당 1,000원이라면 달러표시 소득은 1만 달러에 불과하다. 잘사는 나라는 1인당 국민소득이 높을 뿐 아니라 물가와 환율이 적정 수준에서 안정되어야 한다.

‘적정 환율’ 은 외환시장에서 달러와 원화의 수급상황에 따라 결정된다. 즉 달러가 넘치면 달러를 원화로 바꾸려는 수요가 늘면서 원화 값이 뛰는 게 정상이다. 반대로 달러가 부족하면 원화 값이 떨어져야 한다. 1인당 국민소득이 실제 소득수준을 정확히 대변하려면 바로 이같은 적정 환율이 전제되어야 한다. ‘1달러＝1,000원’ 이 정상인 환율을 ‘1달러＝500원’ 으로 조작하면 국민소득을 2배로 높일 수 있다. 그러나 이는 수치상의 트릭일 뿐이다.

1인당 국민소득 희비

우리나라 1인당 국민소득은 1960년 이후의 고도성장을 그대로 반영한다. 한국전쟁 직후인 1953년 우리나라는 세계에서 가장 못사는 나라였다. 당시 1인당 국민소득은 67달러. 제1차 경제개발 5개년 계획이 본격 추진된 1962년에도 1인당 소득은 87달러에 불과했다. 그러던 것이 1975년에 500달러를 넘고, 1977년에 1,000달러를 넘더니 1989년엔 5,000달러를 넘었다. 여기서 대망의 1만 달러를 넘는 데는 6년밖에 걸리지 않았다.

1인당 소득의 순위도 급상승했다. 1975년 우리나라 1인당 소득은 세계 76위였다. 이때 북한은 78위. 그러나 20년 뒤인 1995년 우리나라는 1인당 소득 순위 32위로 뛰어올랐고, 북한은 90위권 밖으로 더 밀려났다.

진짜 문제는 여기서부터 불거진다. 1995년 1인당 국민소득을 산출할 때 적용된 연평균 환율은 달러당 771원이었다. 전년도인 1994년 환율은 달러당 804원. 따라서 1995년에는 원화 값이 4.1% 절상되었고, 그만큼 달러로 표시한 국민소득은 증가했다. 그러나 외환시장에서 원화는 강력한 절하압력을 받고 있었다. 경상수지 적자가 1994년 38억 달러에서 1995년에는 85억 달러로 2배 이상 늘어나는 등 '달러부족' 현상이 뚜렷했던 것이다.

정부는 당시 1인당 국민소득 1만 달러 조기달성과 OECD 가입을 위해 떨어져야 할 원화 값을 오히려 끌어올렸다. 그러다 보니 수출경쟁력이 떨어지고, 해외여행은 급증해 경상수지 적자가 더 불어났다. 1만 달러 소득의 환상은 이렇게 만들어졌다. 물론 IMF 위기가 환율조작에서만 비롯된 것은 아니다. 그러나 억지로 만들어낸 1만 달러 소득시대는 경제 저변이 무너지고 있는데도 벌써 선진국이 된 것마냥 자만하던 우리의 자화상을 웅변해 주고 있다.

OECD 가입이 확정적이던 1996년 5월, 정부는 '21세기 한국경제의 비전과 발전전략' 이란 중장기전망에서 2001년에는 1인당 국민소

연도	1인당 소득	연도	1인당 소득	연도	1인당 소득
1971년	289	1981년	1,741	1991년	6,810
1972년	319	1982년	1,834	1992년	7,183
1973년	396	1983년	2,014	1993년	7,811
1974년	541	1984년	2,187	1994년	8,998
1975년	594	1985년	2,242	1995년	10,823
1976년	802	1986년	2,568	1996년	11,380
1977년	1,011	1987년	3,218	1997년	10,307
1978년	1,400	1988년	4,295	1998년	6,744
1979년	1,647	1989년	5,210	1999년	8,595
1980년	1,597	1990년	5,886	2000년	9,770
				2001년	9,000
				2002년	10,013

득이 2만 달러를 넘을 것이라고 장담했다. 그리고 2020년에는 국민총생산[GDP] 규모가 세계 7위로 도약해 'G7' 국가가 될 것이라고 전망했다. 그러나 그즈음 해외에서는 "한국이 샴페인을 너무 빨리 터뜨렸고, 한강의 기적은 끝났다"는 경고가 나오기 시작했다. 1996년 12월 미국의 『US News & World Report』지는 "한국은 대외경쟁력이 급속히 약화되어 경제성장이 둔화되고 수입이 크게 늘어나 국제수지가 대규모 적자를 기록하는 등 구조적 침체국면에 빠져들고 있다"고 진단했다.

불행하게도 이 경고는 적중했다. 1997년말 외환보유액이 바닥나 나라가 부도위기에 몰리자 환율은 한때 달러당 2,000원이 넘는 수준으로 치솟았다. 1996년 달러당 805원이던 연평균 환율은 다음해 951

원으로 뛰었고, 그 다음해에는 1,399원이 됐다. 정부가 억지로 묶어 둔 '관세환율'이 순식간에 허약한 실체를 드러낸 것이다. 이와 함께 1인당 국민소득도 1998년 6,823달러로 1991년[6,810달러]의 수준으로 8년이나 후퇴했다. 2001년이면 1인당 국민소득이 2만 달러를 넘을 것이란 장미빛 전망은 물거품이 됐다. 2000년 우리나라 1인당 국민소득은 9,770달러에 그쳤고, 2001년에는 저성장에다 원화강세 여파가 겹쳐 8,855달러로 더 줄어들었다.

47 지표경기와 체감경기가 다른 이유
– GDP와 GNI

GDP | GNP | GDI | GNI | 실질 GDP성장률 | 실질 GNI성장률 | 교역조
건 | 실질구매력 | 지표경기 | 체감경기

지표경기와 체감경기가 다르다

지난 2001년 한국의 실질 GDP〔국내총생산〕는 2000년보다 3.0% 늘
었다. 즉 경제성장률이 3%였다. 그런데 실질 GNI〔국민총소득〕는 1.3%
늘어나는 데 그쳤다. 두 가지 지표가 모두 바닥을 기었지만 그 중에
서도 특히 안 좋은 게 소득이었던 것이다. 생산은 3.0% 늘었는데 소
득은 1.3% 증가에 그쳤다면 분명 실속없는 성장이다. 국민들도 소득
이 거의 늘지 않았기 때문에 GDP가 3.0% 늘었다는 사실을 실감할
수 없었다. 이른바 체감경기가 지표경기보다 훨씬 나쁜 것이다.

2000년에는 이런 현상이 더 심했다. 2000년 GDP성장률은 9.3%였
지만 GNI 성장률은 3.6%에 불과해 격차가 5.7%포인트나 됐다.

생산지표, GDP와 GNP

GDP〔Gross Domestic Product : 국내총생산〕와 GNP〔Gross National Product : 국민총생산〕는 한 나라의 경제수준을 종합적으로 나타내는 대표적인 총량지표다.

이 중 'GDP'는 외국인을 포함해 국내에 거주하는 모든 경제주체들이 생산활동을 통해 만들어낸 부가가치의 합계다. 여기서 말하는

〈47-1〉 지표경기와 체감경기

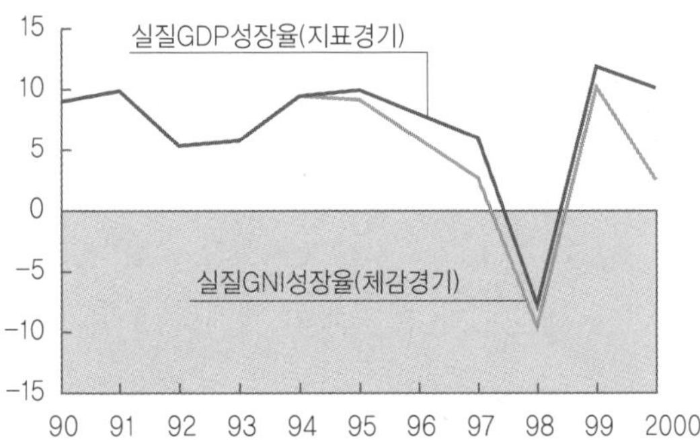

연도	실질 GDP성장률 (지표경기)	실질 GNI성장률 (체감경기)	연도	실질 GDP성장률 (지표경기)	실질 GNI성장률 (체감경기)
1990	9.0%	8.4%	1996	6.8%	4.8%
1991	9.2%	9.3%	1997	5.0%	2.1%
1992	5.4%	5.3%	1998	−6.7%	−9.1%
1993	5.5%	5.7%	1999	10.9%	9.4%
1994	8.3%	8.4%	2000	9.3%	3.6%
1995	8.9%	8.1%	2001	3.0%	1.3%

※ 자료 : 한국은행

부가가치란 새로 만들어낸 가치다. 따라서 최종 생산물에서 원재료 등 중간 투입물의 가치를 빼야 한다. 원재료 등은 다른 곳에서 만든 것이기 때문이다. 이런 점에서 GDP와 국민총판매수입은 다르다.

예전에 많이 활용했던 'GNP'는 GDP와 조금 다르다. GNP는 국민들이 국내와 국외에서 생산한 부가가치의 합계다. GDP는 내·외국인(국적)을 가리지 않고 생산지역(국내·국외)을 따진다. 반면 GNP는 생산지역을 가리지 않고 내·외국인을 따진다. 따라서 GDP에서 외국인이 생산한 부가가치를 빼고, 내국인이 해외에서 생산한 부가가치를 더하면 GNP가 된다.

최근 들어 GNP 대신 GDP를 경제총량지표로 많이 쓰는 이유는 세계 경제의 개방화와 깊은 관련이 있다. 개방화 시대에는 내국인이 해외에서 생산한 것보다 외국인이 국내에서 생산한 것이 더 중요하다. 국내에 투자한 외국기업이 해외로 생산기지를 옮긴 국내기업보다 나라 경제에 더 많은 기여를 한다. 중국이 세계적인 생산대국이 된 것도 외국기업들이 물밀 듯이 밀려들어와 중국 현지생산을 늘렸기 때문이다. 소니든 삼성이든 중국에서 제품을 만들면 모두 'made in china'가 된다.

소득지표, GDI와 GNI

GDP와 GNP는 한 나라의 경제활동을 생산측면에서 측정한 생산지표다. 이와 달리 GDI(Gross Domestic Income :국내총소득)와 GNI(Gross National Income :국민총소득)는 한 나라의 경제활동을 소득측면에서 파악한다.

'GDI'는 국내 거주자가 국내의 생산활동에 참여한 대가로 벌어들인 소득의 합계다. 반면 'GNI'는 국민이 국내와 외국에서 생산활동에 참여한 대가로 벌어들인 소득의 합계다. GDI가 영토를 기준으로 한다면, GNI는 국적을 기준으로 소득을 파악한다. 우리가 흔히 말하는 국민소득은 바로 GNI를 뜻한다.

생산과 소득은 대체로 비슷하게 움직인다. 많이 만들어 팔면 그만큼 소득도 늘어나게 마련이다. 하지만 항상 그런 것은 아니다. 수출물량은 그대로인데 수출단가가 50% 떨어졌다면 소득도 50% 줄게 된다. GDI와 GNI에는 이같은 '교역조건〔한 단위의 수출로써 구입할 수 있는 수입단위〕'의 변동에 따른 실질구매력의 변화가 반영된다. 따라서 GDP나 GNP보다 국민들이 느끼는 체감경기를 잘 나타낼 수 있다.

〈47-2〉 주요 총량지표의 개념과 활용

지표성격	지표명	개념과 활용
생산 지표	명목 국내총생산 (명목 GDP)	• 국내에서 생산된 최종 생산물의 수량에 그때의 가격을 곱해 산출. 최종 생산물의 수량과 가격변동분이 혼재 • 경제규모, 산업구조 등의 파악에 이용
	실질 국내총생산 (실질 GDP)	• 국내에서 생산된 최종 생산물의 수량에 기준년도의 가격을 곱해 산출. 가격변화분을 제거하고 순수하게 생산수량의 변동분만 나타냄. • 국내경제의 생산활동 동향을 나타내는 경제성장률 산정에 이용
소득 지표	실질 국내총소득 (실질 GDI)	• 국내에서 생산된 최종 생산물의 실질구매력 • 실질 GDP + 교역조건변화에 따른 실질무역 손익
	실질 국민총소득 (실질 GNI)	• 국민이 국내는 물론 국외에서 벌어들인 소득의 실질구매력 • 실질 GDI + 실질 국외 순수취 요소소득 • 실질구매력을 나타내는 후생지표 또는 체감지표로 이용
	명목 국민총소득 (명목 GNI)	• 국민이 국내는 물론 해외에서 생산활동에 참여한 대가로 벌어들인 명목 총소득 • 1인당 GNI, 국민총소득 규모 등의 파악에 이용

※ 자료 : 한국은행

　예컨대 국내 A기업이 1995년[기준년]에 자동차 2대를 생산해 각각 1만 달러씩 총 2만 달러에 팔고 해외의 B기업으로부터 2,000달러짜리 기계 10대를 사들였다고 하자. 그런데 5년 뒤인 2000년에는 기계 가격이 그대로인데 자동차 가격이 5,000달러로 떨어졌다면, 그래서 A기업이 자동차 4대를 생산해 B기업 기계 10대를 샀다면 GDP와 GNI에 어떤 변화가 있을까.

　우선 1995년 가격을 기준으로 산출하는 실질 GDP는 1995년 2만 달러[1만 달러×2]에서 2000년에는 4만 달러[1만달러×4]로 2배가 늘어나게 된다. 그러나 실질 GNI는 1995년[2만 달러]과 2000년[4만 달러 - 2만 달러] 모두 2만 달러로 똑같다. 즉 '실질 GDP성장률'은 100%인데 '실질 GNI성장률'[엄밀하게 말하면 증가율이 맞는 표현이다. 그러나 총체적인 경제성장을 뜻한다는 점을 감안해 성장률로 쓰는 게 관행이다]은 0%다. 옛날로 치면 4만 달러어치가 되는 자동차 4대를 생산했지만 수출가격이 절반으로 떨어지는 바람에 자동차 4대로 사들일 수 있는 구매력 한도가 2만 달러로 줄어든 것이다. 나머지 2만 달러는 교역조건이 나빠져서 입게 된 실질 무역손실이라 할 수 있다.

　이처럼 GDP와 GNI의 괴리는 교역조건이 급변할수록 커진다. 특히 교역조건이 악화될 때는 GNI성장률이 GDP성장률보다 낮게 나타난다. 국민들의 구매력이 떨어져 '체감경기'가 '지표경기'보다 나빠지기 때문이다.

48 잠재성장률 논란

시사용어 포인트

잠재성장률 | 생산갭률 | 경기과열 논쟁

무리하면 탈난다

누구나 무리하면 탈이 난다. 체력은 약골인데 무턱대고 심한 운동을 하면 병이 날 수밖에 없다. 그렇다고 운동을 안하면 더 약골이 된다. 경제도 똑같다. 고도성장이 좋다고 성장률을 지나치게 높이면 탈이 나게 되어 있다. 그렇다면 어느 정도 성장을 하는 게 좋을까. 이것을 나타내는 지표가 바로 잠재성장률〔잠재 GDP성장률〕이다.

'잠재성장률' 이란 물가상승을 유발하지 않으면서 경제가 성장할 수 있는 능력을 말한다. 원래는 자본, 노동 등 생산요소를 완전고용해 달성할 수 있는 '최대 생산수준' 을 뜻했으나 최근에는 '적정 성장' 을 지칭하는 쪽으로 의미가 바뀌었다. 잠재성장률이 낮으면 경기

<48-1> 실제 및 잠재 GDP성장률 추이

(연평균)

구분	1981~ 1985년	1986~ 1990년	1991~ 1995년	1996년	1997년	1998년	1999년
실제 GDP성장률	8.1%	10.2%	7.5%	6.8%	5.0%	−5.8%	7.3%
잠재 GDP성장률	8.4%	8.2%	8.2%	7.4%	6.4%	4.1%	4.0%

※ 자료 : 한국은행

가 조금만 가파르게 상승해도 물가상승 압력에 봉착한다. 최선의 경제정책은 부작용이 없는 성장 상한선인 잠재성장률을 높이고 이에 최대한 가깝게 실제성장률을 유지하는 것이다.

생산갭률도 인플레이션 압력을 판단할 때 쓰이는 주요 지표다. '생산갭률'이란 생산갭〔실제 GDP − 잠재GDP〕을 잠재GDP로 나눈 비율이다. 생산갭률이 마이너스이면 경제성장이 부진하다는 뜻이다. 따라서 물가불안을 염려할 필요는 없지만 실업문제 등이 불거질 수 있다. 반대로 생산갭률이 플러스이면 경기과열에 따른 물가불안이 현실화될 우려가 크다.

잠재성장률 공방

잠재성장률은 가동률, 실업률, 생산성 등 여러가지 복잡한 경제변수를 감안해 추정하기 때문에 산출기관에 따라 조금씩 다르다. 우리나라에서는 한국은행이 1973년부터 정기적으로 추정해 왔고, 한국개발연구원〔KDI〕 등도 필요에 따라 잠재성장률을 계산했다.

한국은행 추정에 따르면 우리나라 잠재성장률은 1970년대 8.5~10.4%에 달했다. 그러나 1980년대 들어 8.0~8.7%로 낮아졌고, 1990

년대에는 IMF 사태 직전인 1996년까지 대체로 7~8%대를 유지했다. 그러나 1997년 6.4%로 떨어졌고, 1998년에는 4.1%, 1999년에는 4.0%로 추락했다. 경제체질이 갈수록 허약해져 과거와 같은 고도성장이 불가능해진 것이다.

IMF 사태 2년째인 1999년 경기가 급반등하자 곧바로 '경기과열 논쟁'이 벌어진 이유도 이 때문이다. 잠재성장률은 4%로 떨어졌는데 실제성장률은 무려 10%에 달해 물가가 걱정된다는 게 과열론자들의 주장이었다. 이런 판단에 따를 경우 정부는 긴축정책을 통해 성장속도를 줄이면서 인플레 압력을 해소해야 한다.

그러나 경제총괄부서인 재정경제부는 한국은행이 추정한 잠재성장률 자체가 지나치게 낮게 계산되었다고 반박했다. 우리 경제의 실력을 과소평가했다는 것이다. 재정경제부는 우리나라의 잠재성장률을 5~6%로 보았다. 또 KDI는 1990년대 잠재성장률을 6.7%로 추정

〈48-2〉 잠재성장률 전망

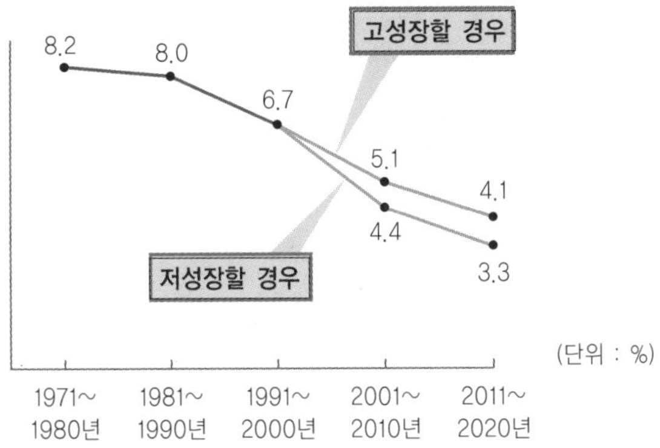

※ 자료 : 한국개발연구원

했고, 2001~2010년에는 인구증가율 감소와 노동시간 단축 등을 감안할 때 잠재성장률이 4.4~5.1%, 2011~2020년에는 3.3~4.1%로 각각 낮아질 것으로 전망하고 있다. 잠재성장률 추산치가 제각각이다 보니 과열인지 아닌지에 대한 판단도 서로 엇갈릴 수밖에 없다.

그래도 과열논쟁을 벌일 정도면 다행이다. 1999년의 과열논쟁은 잠깐으로 끝났고 2001년에는 상황이 완전히 뒤바뀌었다. 10년 호황을 구가하던 미국이 IT〔정보기술〕산업을 중심으로 심한 불황에 빠지고, 일본마저 장기불황에서 벗어나지 못하자 미·일 의존도가 높은 우리나라는 성장률이 가파르게 추락했다. 성장의 견인차인 수출과 투자는 계속 뒷걸음질쳤고, 이 여파로 성장기반이 흔들리는 위기에 몰리게 됐다. 성장기반이 훼손되면 잠재성장률도 떨어지게 된다.

이처럼 '경기과열 논쟁'과 성장기반 훼손 우려가 수시로 반복되는 것은 그만큼 우리 경제가 취약하다는 증거이기도 하다.

49 유동성 함정, 밑빠진 독에 돈붓기

시사용어 포인트

유동성 | 유동성 함정 | 제로금리

돈을 삼키는 블랙홀

금리가 떨어지면 돈 쓰는 사람이 늘어난다. 기업들도 부담없이 돈을 빌려 투자할 수 있다. 불경기 때 중앙은행이 돈을 풀고 금리를 낮추는 이유도 소비와 투자를 자극해 경기를 살려보려는 것이다. 정상적인 상황이라면 중앙은행에서 풀린 돈은 은행을 통해 기업과 가계 부문에 대출된다. 자금공급이 많아진 만큼 금리는 떨어지고, 기업들은 값싼 자금을 빌려 투자를 확대할 것이다. 이렇게 투자가 늘면 고용이 늘고 소비가 활성화되면서 경기가 살아나게 된다.

그런데 이같은 경제상식이 잘 통하지 않을 때도 있다. 이른바 '유동성 함정〔Liquidity Trap〕'에 빠졌을 때이다. 유동성 함정이란 '유동

<49-1> 1999~2001년 한국은행의 콜금리 조정내용

구분	정책방향	변동 폭	콜금리 목표수준
1999년 1~4월	하향 안정화	-	-
1999년 5월	현 수준 유지	-	4.75%
2000년 2월	인상	↑0.25%p	5.00%
2000년 10월	인상	↑0.25%p	5.25%
2001년 2월	인하	↓0.25%p	5.00%
2001년 7월	인하	↓0.25%p	4.75%
2001년 8월	인하	↓0.25%p	4.50%
2001년 9월	인하	↓0.5%p	4.00%

성이 파놓은 함정'이 아니라 '유동성을 무한정 집어삼키는 함정'이다. 이 함정에 빠지면 중앙은행이 아무리 돈을 풀고, 금리를 낮추어도 돈이 돌지 않는다. 사람들은 돈을 갖고만 있지 전혀 쓰려고 하지 않는다. 금융기관들도 넘치는 돈을 빌려주지 않는다. 이처럼 너나 할 것 없이 돈을 쥐고만 있으면 경제가 제대로 돌아갈 수 없다.

통화정책을 무력화시키는 함정

유동성 함정을 처음 지적한 사람은 영국의 경제학자인 케인즈였다. 그는 현대 경제학의 '성서'가 된 『고용, 이자 및 화폐의 일반이론』에서 유동성 함정이란 개념을 소개했다. 그때가 1936년. 그는 금리가 지나치게 많이 떨어진 경우 사람들은 곧 금리가 다시 오를 것〔채권 값 하락〕이라고 생각해 채권을 내다 팔고 현금만 보유하려고 할 것이라고 지적했다.

유동성 함정에 빠지면 크게 두 가지 현상이 두드러지게 나타난다.

첫째, 금리가 조금만 떨어져도 '지금이 진짜 금리 바닥' 이라는 생각 때문에 현금수요가 폭발적으로 늘어나게 된다. 금리에 대한 통화수요의 탄력성이 무한대에 가까워지는 것이다. 둘째, 돈을 아무리 늘려도 돈이 돌지 않아 금리는 더이상 떨어지지 않고 통화 유통속도만 뚝 떨어지게 된다. 이런 상황에서 중앙은행의 통화정책은 무용지물이다.

유동성 함정에 빠진 일본

일본은 지금 '제로금리' 상태다. 이는 중앙은행이 금융기관에 원하는 만큼 무이자로 돈을 빌려준다는 뜻이다. 일본은 1990년대 중반부터 이같은 초저금리 기조를 유지하면서 경기회복을 꾀해 왔다. 그러나 돈을 아무리 풀어도 투자와 소비는 늘지 않고 경기는 살아날 기미를 보이지 않고 있다.

금융회사들은 막대한 부실채권에 짓눌려 빌려줄 돈이 별로 없는 상태다. 기업들은 과잉설비를 털어내는 구조조정을 하기도 벅찬데

〈49-2〉 1990~2001년 FRB의 금리조정내용

조정패턴	횟수
인상조정	14
0.25%p	9
0.50%p	4
0.75%p	1
인하조정	34
0.25%p	23
0.50%p	11

투자가 웬말이냐는 식이다. 소비자들은 조만간 회사에서 잘릴지도 모르는 판인데 돈을 어떻게 쓰느냐며 지출을 꺼리고 있다. 금리를 '제로' 수준까지 낮춰도 돈을 쓰겠다는 사람은 없고, 불경기만 기약 없이 이어지는 전형적인 '유동성 함정'에 빠진 것이다.

2001년 우리나라 상황도 이와 비슷했다. 한국은행은 콜금리를 1년 에 4차례나 낮추었지만 돈은 금융권에 고여 좀처럼 흐르지 않았다. 투자는 계속 줄어들고, 경기침체는 갈수록 심화되었다. 미국도 유럽 도 마찬가지였다. 미국 연방준비제도이사회[FRB]는 연방기금 금리 를 11차례나 낮추었다. 그래도 경기는 살아나지 않았다. 이처럼 전세 계가 동시에 유동성 함정에 빠진 것처럼 된 데는 경제주체들의 뿌리 깊은 '불안감'이 자리하고 있었다. 향후 경기에 대한 전망이 어둡고 불투명하면 금리를 아무리 낮추어도 기업들은 투자를, 가계는 소비 를 하지 않는다. 일단 현금을 쥐고 있는 것이 만약의 사태에 대비하 는 길이라고 생각하게 되기 때문이다.

유동성 함정을 극복하려면

유동성 함정을 처음 지적한 케인즈는 불황이 심할 경우 통화정책 이 잘 통하지 않는다는 점을 강조하기 위해 이 개념을 썼다고 한다.

〈49-3〉 2001년 세계 금리인하 러시

미국 연방준비제도 이사회(FRB)	11차례	연방 기준금리	6.50% → 1.75%
유럽 중앙은행(ECB)	4차례	기준금리	4.75% → 3.25%
한국은행	4차례	콜금리	5.25% → 4.00%

그는 경기침체기에는 금리를 낮추기보다 재정지출을 늘리는 것이 경기를 살리는 데 효과적이라고 주장했다. 돈을 풀어 투자수요를 늘리려면 민간이 반응해야만 실효가 있는 만큼 그 효과가 불확실하지만 재정정책은 정부가 그냥 지출해 버리면 그만이므로 확실성이 보장된다는 것이다. 1930년대 미국이 대공황을 극복한 방법도 이같은 케인즈식 이론에 근거한 것이었다.

그러나 어떤 정책을 쓰건 가장 중요한 것은 도처에 부실이 쌓여 있어 언제 어디서 문제가 터질지 모른다는 불안감을 걷어내는 일이다. 그래야만 돈이 제대로 돌 수 있는 시스템이 작동할 수 있기 때문이다.

〈시사용어 팁 – 유동성〉

유동성 함정에서 말하는 유동성이란 무엇일까?
쉽게 말해 '돈'이다. 현금은 모든 자산 가운데 가장
유동성이 높다. 즉 현금의 유동성은 '1'이다.
유동성이란 원래 어떤 자산이 가치상 손실을 입지 않
고 돈으로 쉽게 교환될 수 있는 정도를 말한다. 예컨
대 증시에서 쉽게 사고팔 수 있는 상장주식은 유동성
이 높다. 반면 한번 사고팔려면 수수료와
세금도 많고 번거로운 절차도 많은 부동산은 유동성이
낮다. 유동성이란 용어를 기업자금 사정과 관련해 쓸
때는 '확보한 현금흐름'을 말한다.

50 뉴라운드
– 자본주의 세계화의 무대

시사용어 포인트

GATT | 우루과이라운드 | WTO | 뉴라운드 | 도하개발의제 | NTC 그룹 |
케언즈 그룹

세계 무역질서를 정하는 원탁회의

여러 나라가 원탁테이블에 앉아 무역협상을 하는 자리가 '라운
드'다. 이른바 다자간 무역협상이다. 2차 대전 후 자본주의 쪽에 줄
을 선 나라들은 1947년 이른바 '관세와 무역에 관한 일반협정〔GATT
: General Agreement on Tariffs and Trade〕' 을 맺고, 자본주의 교역질서
를 확산시키기 위한 다자간 무역협상에 시동을 걸었다. 이 무역협상
이 바로 오늘날과 같은 세계 자본주의를 만들어낸 무대이다.

그러나 GATT 회원국들이 처음부터 다자간 무역협상에 '○○라운
드'란 명칭을 붙인 것은 아니다. 다자간 무역협상에 '라운드'란 이름
이 붙은 것은 1960~1961년 스위스 제네바에서 열린 제5차 협상 때

"

가 처음이다. 이때 GATT 회원국들은 협상을 주도한 클레어런스 딜론 당시 미국 재무장관의 이름을 따 '딜론라운드'란 명칭을 붙였다. 딜론라운드에서는 4,400개 공산품에 대해 평균 7%의 관세인하를 결정했다. 그만큼 세계 교역을 가로막는 '관세장벽'을 낮춘 것이다. 이후 GATT 다자간 무역협상은 케네디라운드(1964~1967년), 도쿄라운드(1973~1979년), 우루과이라운드(1986~1994년)로 이어지면서 세계 무역질서를 좌지우지해 왔다.

쌀시장 개방문제를 놓고 '할복 자해시위'까지 벌이는 등 우리나라가 극심한 몸살을 앓았던 협상이 바로 우루과이라운드다. '우루과이라운드'는 공산품 관세 대폭 인하(약 40%), 농산물에 대한 예외없는 관세화 원칙, 서비스와 지적재산권 관련협정 마련, 세계무역기구(WTO) 출범 합의 등 그 내용에 있어 가장 방대하고 중요한 다자간 협상이었다. 특히 1995년 WTO(World Trade Organization : 세계무역기구)의 출범은 큰 변화였다. 국제 무역규범을 수록한 협정인 GATT는 법적 구속력이 없다는 약점이 있었다. 이 때문에 회원국들의 '보호무역주의'를 저지하는 데 역부족이었다. 그러나 'WTO'는 법적 구속력을 갖춘 국제기구라는 점에서 GATT보다 훨씬 강력하다.

도하개발의제로 결정된 뉴라운드

'뉴라운드'는 말 그대로 새로운 다자간 협상이라는 뜻이다. 우루과이라운드에서 타결짓지 못한 쟁점들을 다루는 후속협상을 '뉴라운드'라고 부른 게 유래가 되었다. 그러나 특정한 라운드를 지칭하는 고유명사는 아니다.

뉴라운드의 첫 무대는 1999년 시애틀에서 열린 WTO 총회였다.

<50-1> 다자간 무역협상 일지

1947	제네바(23개국) • GATT협정 체결 • 4만5,000개 관세품목에 대한 양허	1963 ~ 67	케네디라운드(62개국) • 선진국 평균 관세율 35% 인하 • 반덤핑협정 및 관세평가협정 체결
1949	앙시(29개국) • 일부 공산품 관세 인하	1973 ~ 79	도쿄라운드(99개국) • 선진국 평균 관세율 33% 인하(공산품 평균 관세율 6% 도달)
1950 ~ 51	토케이(32개국) • 일부 공산품 관세 인하	1986 ~ 94	우루과이라운드(128개국) • WTO설립, 관세 35~40% 인하 • 농산물 · 섬유 · 서비스 · 지적재산권 기준 마련
1955 ~ 56	제네바(33개국) • 일부 공산품 관세 인하	2001 ~ 2005	뉴라운드(도하개발의제 : 144개국) • 농업 · 서비스 추가개방 • 투자 · 경쟁정책 · 정부조달 투명성 · 무역원활화 신규규범 제정 • 반덤핑 · 보조금 협정 개정
1960 ~ 61	딜론라운드(39개국) • 관세 7% 인하		

※ 자료 : 외교통상부

WTO는 이 자리에서 '뉴라운드'를 출범시키려고 했으나 회원국간 견해차이가 심한데다 세계화 반대론자들의 시위가 거세 뜻을 이루지 못했다. 이때 뉴라운드가 탄생했다면 이름이 '시애틀라운드'가 되었을 것이다.

그 후 WTO는 회원국들의 입장을 조율하는 사전 준비작업을 거쳐 2001년 11월 카타르의 수도인 도하에서 다시 총회를 열었다. 이 자리에서 마침내 뉴라운드가 출범한다. 그리고 중국이 WTO 회원국으로 가입하는 '사건'도 일어난다. 그러나 뉴라운드의 공식 명칭은 '도하개발의제[DDA : Doha Development Agenda]'로 정해졌다. 회의장소의 이름을 딴 '도하라운드', 21세기 무역규범을 상징하는 '밀레니엄라운드', 개발도상국들의 입장을 폭넓게 반영한다는 취지의 '개발라운드' 등 명칭을 둘러싸고도 회원국간 의견이 분분해 이를 절충하는 과정에서 만들어진 이름이 바로 도하개발의제다.

142개 WTO 회원국들이 합의한 도하개발의제에 따라 뉴라운드 협상은 2002년 1월 1일부터 2005년 1월 1일까지 3년간 진행된다. 주요 협상쟁점은 농업, 서비스업, 수산업, 반덤핑 분야이다. 그러나 3년 안에 수많은 나라들의 이해관계가 첨예하게 엇갈리는 방대한 이슈를 일괄 타결짓기는 어려울 것이다. 우루과이라운드 때도 협상시한을 4년으로 정했지만 실제 타결에 이르는 데는 8년이 걸렸다.

뉴라운드의 득실

산업구조가 수출주도형인 우리나라 입장에서 볼 때 세계 자유무역주의의 지평을 넓히는 뉴라운드의 출범은 호재다. 잃는 것보다 얻는 것이 많기 때문이다.

〈50-2〉 뉴라운드 4대 쟁점

서비스시장 개방
• 통신서비스 외국인 지분 50% 이상 허용 • 외국인 대학설립 허용 • 외국법률 및 회계법인의 국내시장 진출 허용
농업
• 쌀시장 2005년부터 개방 • 농산물 평균 관세율(현재 60%)의 대폭 인하
수산업
• 영어자금 보조 감축 • 면세유 보조금 폐지
반덤핑
• 무분별한 반덤핑 제소 억제장치

대외경제정책연구원〔KIEP〕은 뉴라운드 협상에서 세계 각국이 공산품 관세를 34% 일괄 인하할 경우 한국의 국내총생산〔GDP〕은 연간 0.34% 증가할 것으로 분석했다. 또 세계 각국이 서비스시장을 25%씩 추가 개방하면 한국의 GDP는 연간 0.5~1.09% 늘어날 것으로 전망했다.

미국과 유럽연합〔EU〕 등

이 자국산업 보호를 위해 남발하고 있는 반덤핑 제소에도 브레이크가 걸릴 가능성이 높다. 한국의 주력산업인 철강, 자동차, 반도체, 조선은 세계 4대 통상분쟁 품목이기도 하다. 그러나 뉴라운드 협상에서 반덤핑 제소요건을 강화하면 우리로서는 큰 부담을 덜 수 있다.

하지만 농업과 수산업 쪽은 문제다. 국내 쌀값이 국제시세보다 5~9배나 비싼 상태에서 쌀시장을 본격적으로 개방하면 쌀 농가는 엄청난 타격을 입게 된다. 수산보조금도 단계적으로 폐지해야 하는데 이 경우 영세어민들은 설 땅을 잃게 된다. 우리나라는 전체 어민 가운데 5t 미만의 소형 선박을 가진 영세어민이 90%를 넘는다. 농업과 수산업의 구조조정과 경쟁력 강화가 시급한 상황인 것이다.

〈시사용어 팁 - NTC 그룹과 케언즈 그룹〉

우루과이라운드나 뉴라운드 협상과 관련된 기사를 보면 NTC 그룹과 케언즈 그룹이 서로 대립하고 있다는 말이 자주 튀어나온다. NTC는 'Non-Trade Concerns'의 약자다. 해석하면 '비교역적 관심사항'이다. 한국, 일본, 유럽연합(EU) 등 농산물 수입국들은 농업분야는 세계화 논리에 따라 무조건 개방해서는 안 되는 특별한 요인이 많다고 주장해 왔다. 즉 교역과 연결짓지 않고 고려해야. 할 변수가 많이 있다는 것이다. 식량안보, 환경, 도시와 농촌의 균형개발 등이 대표적인 예. 이처럼 농업의 다원적 기능을 내세우면서 무조건적인 개방논리에 반대입장을 취하는 농산물 수입국들을 일컬어 NTC 그룹이라고 한다.

반면 케언즈(Cairns) 그룹은 농산물 수출국 가운데 수출보조금을 지급하지 않는 나라들의 모임을 지칭하는 말이다. 1986년 호주의 북부관광도시인 케언즈에서 결성돼 이름도 케언즈 그룹으로 정해졌다. 호주, 캐나다, 뉴질랜드, 아르헨티나, 브라질, 우루과이, 칠레, 콜롬비아, 인도네시아, 말레이시아, 필리핀, 태국, 헝가리, 피지, 남아프리카공화국 등 15개국이 회원이다. 이들이야말로 가장 대표적인 농산물 수출국이다.

경제신문이 무지무지 재밌어지는 시사경제 포인트 따라잡기

지은이 김영권

초판 1쇄 펴낸날 2002년 9월 20일 ‖ 초판6쇄 펴낸날 2005년 3월 7일

펴낸이 정혜옥 ‖ 편집책임 연옥순, 김인숙 ‖ 홍보 · 마케팅 강정숙 ‖ 관리 이재중

펴낸곳 굿인포메이션 ‖ 출판등록 1999년 9월 1일 제1-2411호

주소 136-034 서울시 성북구 동소문동4가 216번지

홈페이지 www.goodinfobooks.co.kr ‖ E-mail ok@goodinfobooks.co.kr

전화 929-8153~4 ‖ 팩스 929-8164

ISBN 89-88958-25-X 03320

■ 잘못된 책은 본사나 구입하신 서점에서 바꾸어 드립니다.